周思成 著

规训、惩罚与征服

蒙元帝国的军事礼仪与军事法

山西出版传媒集团

山西人民出版社

1380 年的利科沃战役中金账汗国蒙古军的剽骚对阵罗斯军队的东正教十字旗

16 世纪《史集》抄本中的细密画，右上角描绘的是乃蛮部太阳汗的鼓舞仪仗

元人刘贯道《元世祖出猎图》所绘蒙古宫廷打围

伊利汗国蒙古军行进中的围猎

蒙古人的营地及其警戒
©Wikimedia Commons

1257年旭烈兀军围攻阿拔斯王朝都城报达（巴格达）

1238 年蒙古西征军洗劫并焚毁弗拉基米尔公国的苏兹达尔城

© Wikimedia Commons

自　序

　　北方草原的游牧政权是中原王朝在政治和文化身份上的"他者"，在中国传统的历史叙事中，游牧民族军队的形象，也是一伙打家劫舍、毫无组织纪律的乌合之众，骑射之外，实在无足称道。春秋时期的北戎军队，郑国的公子突鄙夷他们"轻而不整，贪而无亲；胜不相让，败不相救"[1]。西汉时期的匈奴军队，"人人自为趋利，善为诱兵以包敌。故其逐利，如鸟之集；其困败，瓦解云散矣"[2]。北魏的劲敌柔然军队，崔浩轻蔑称之为"鸟集兽逃"[3]。唐太宗也证实，颉利可汗的突厥大军，"虽众而不整，君臣之计，唯财利是

---

[1] 杨伯峻：《春秋左传注》（修订本）第 1 册，北京：中华书局，1990 年，第 66 页。
[2] 班固撰、颜师古注：《汉书》卷 94《匈奴传上》，北京：中华书局，1962 年，第 3752 页。
[3] 司马光编著，胡三省音注，"标点资治通鉴小组"校点：《资治通鉴》卷 120，北京：中华书局，1956 年，第 3787 页。

视"[1]。

在现代的内亚研究者看来，对游牧民族的这种军事形象，显然是中原王朝强烈的文化偏见形成的刻板印象（stereotype）。相反，美国的内亚研究泰斗丹尼斯·塞诺（Denis Sinor）在《内亚的战士》中提出，"在内亚，纪律是军队的支柱"。[2] 在他的另一篇名作《论中央欧亚》中，游牧民族高度的组织纪律性，几乎升华到了民族内在的精神气质（Volksgeist）的玄学高度："中央欧亚最伟大的成就在于，它产生了一种团结精神，一种遵守纪律和自我约束的精神，在世界史上实罕有其匹。"[3]

据说，蒙古军队能横扫欧亚，多亏了塞诺推崇备至的"内亚纪律精神"。俄国蒙古学家彼得鲁舍夫斯基（И.П. Петрушевскйи）认为，蒙元帝国的军事成就，秘密在于军事组织、纪律和士气[4]。冈田英弘胪举了"蒙古的征服战争之

---

[1] 刘昫等撰：《旧唐书》卷194《突厥传上》，北京：中华书局，1975年，第5158页。

[2]〔美〕丹尼斯·塞诺著，北京大学历史系民族史教研室译：《内亚的战士》，《丹尼斯·塞诺内亚研究文选》，北京：中华书局，2006年，第137页。

[3]〔美〕丹尼斯·塞诺著，北京大学历史系民族史教研室译：《论中央欧亚》，《丹尼斯·塞诺内亚研究文选》，第10—11页。

[4] И.П. Петрушевскйи: Поход монгольских войск в Среднюю Азию в 1219—1224 гг. и его последствия, In: С.Л.Тихвинский, Отв.ред, *Татаро-Монголы в Азии и Европе, Сборник статей*, М.: Наука Страниц, 1977, p.113–114.

所以如此成功"的七大原因，"军规严谨"赫然位居第二[1]。时至今日，对于蒙元帝国军事机器的许多方面，已经有了较为深入的研究。遗憾的是，军事纪律或者军事法，在蒙古人成为"来自中央草原而征服中原的唯一游牧民族"的历史进程中[2]，究竟起到怎样的作用，有什么具体表现，可谓内亚军事史上少数基本未被触动又亟待解决的重要问题之一，这正是本书做的第一方面的尝试。

此外，塞诺所谓的"内亚纪律精神"，主要是对游牧集团领袖的军事—政治威权的绝对服从[3]。这种威权是超部落的草原政治体产生、发展的必要条件。不过，威权从不建立在抽象空洞的心理原则之上，它必须有形化和内化。游牧领袖的威权总是透过一系列符号、策略和操作（包括威胁、说服、规训、惩罚，等等），不断维系并巩固自身。这套符号、策略和操作，不止于严峻的军事法，同时也体现为与征服战争相关的各种礼俗。二者如同硬币的两面，须臾不可分。

还可以说，正是这套征服战争中的礼与法，而不是单纯的骑马射箭之技，构成了内亚独特的军事文化。在《中华帝

---

[1]〔日〕冈田英弘著，陈心慧、罗盛吉译：《从蒙古到大清：游牧帝国的崛起与承续》，台北：商务印书馆，2016年，第34页。
[2]〔美〕巴菲尔德著，袁剑译：《危险的边疆：游牧帝国与中国》，南京：江苏人民出版社，2014年，第22页。
[3]〔美〕丹尼斯·塞诺著，北京大学历史系民族史教研室译：《内亚的战士》，《丹尼斯·塞诺内亚研究文选》，第138—141页。

自　序　　[3]

国的军事文化》一书的前言中，狄宇宙（Nicola Di Cosmo）这样定义"军事文化"："军事组织的成员应遵循的一套非连续的、外延确定的行为体系，由成文和不成文的规则与习俗（rules and conventions）构成，也包括各种独特的信仰（beliefs）和象征（symbols）"[1]。若采用狄宇宙的说法，本书探讨的内容，既包括蒙元军事活动中的规则和习俗（军事法），也包括蒙元军事活动中的信仰和象征（军事礼仪）。那么，我们是否还能够由此追溯和摹画内亚独特的军事文化传统？这是本书做的第二方面的尝试。

所幸的是，比起匈奴、鲜卑和突厥，蒙元帝国具有得天独厚的优势。一方面，蒙元帝国的历史记载空前丰富，"成吉思汗及其继承者的军事征服，让13世纪蒙古人的信仰和活动……在亚欧各国的史书中被记录下来。研究这些记录，就可以比较清晰地了解这样一个宗教和文化传统，它可以追溯到伊斯兰化之前的突厥人、匈奴人、西徐亚人，甚至3000多年前居住在亚欧大陆北部草原和森林中的印欧人和非印欧人群"[2]。另一方面，在家畜牧养、马匹使用、骑射战斗、部族制度和统治定居社会各方面，13世纪蒙古游牧民的活动，不仅处于蒙古人的全盛时代，也是历史上游牧民族活动的巅

[1] Nicola Di Cosmo(ed.): *Military Culture in Imperial China*, Cambridge, MA: Harvard University Press, 2009, pp.III–IV.

[2] John A. Boyle: *The Mongol World Empire: 1206—1370*, London: Variorum Reprints, 1977, XXIII, p.5.

峰，"蒙古在世界游牧史上的意义，不止在于它是史上疆域最广大的帝国，也不尽在军事实力惊人强大，更多是因为它作为游牧史的典型（モデル）所具有的研究价值"[1]。

本书在"导言"之外分为上、下两篇，上篇讨论蒙元帝国的军事礼仪，下篇讨论蒙元帝国的军事法。两篇的主体部分，来自笔者2015—2019年在北京大学历史学系攻读博士期间撰写的学位论文。论文近30万字，呈现在本书中的，不足三分之二。窃以为，学位论文不妨较多反映学位申请人的研究思路和研究过程，也就是马克思所谓的"Forschungsweise"（研究方法），学术专著则须注重"Darstellungsweise"（叙述方法）[2]。因此，笔者对论文的结构和文字做了较为彻底的调整，删去了与主题关系不够密切的两章，调整了大段的史料引文，舍弃了一些阿拉伯文、蒙古文、拉丁文和意大利文史料的原文，增补了一些专名术语的解说，以方便普通读者理解。书中论"同命队法"和战利品分配制度的两小节，曾作为论文单独发表，相关论述并未重复写入学位论文，而完成论文后，我对问题的思考有所深入，史料搜集也更加详赡，这些改善也都反映在了本书中。

---

[1]〔日〕岩村忍：《モンゴル社會經濟史の研究》，京都：京都大学人文科学研究所，1968年，第12—15页。

[2]〔德〕马克思：《资本论》第一卷"第二版跋"，中共中央编译局编译：《马克思恩格斯文集》第5卷，北京：人民出版社，2009年，第21—22页。

　　此书最终完成，得益于导师张帆老师、党宝海老师以及多位同门好友的指导与帮助。郭润涛、刘晓、罗新、尚衍斌、乌兰、张国旺诸位老师，为我的研究提出了宝贵的修改意见，汉唐阳光的出版策划人尚红科先生始终关心研究的进展和出版。在此，向他们表达由衷的感谢！

目　录

下篇　蒙元帝国的军事赏罚

导言 礼法之间

一、从"礼"说起

中国古代的"军礼",是军队训练以及战争中需要遵行的各种礼仪规范,包括亲征、遣将、受降、献俘、论功行赏、田猎、大阅、大射以及救日伐鼓、傩祭驱邪,等等[1]。这种军礼,据说可追溯至周代,常常是古代王朝合法性表征的必要组成。不过,笔者要探讨的蒙元帝国的"军事礼仪",与"礼"和"军礼"这对古典概念并不完全重合,而是更加宽泛一些。

谈到古代中国的"礼",首先让人想到的,便是儒家那套无所不包的家族伦理和社会秩序:"辨贵贱、序亲疏、裁群物、制庶事……名以命之、器以别之,然后上下粲然有伦,此

---

[1] 周健:《比较军事法:中国军事法的传统》,北京:海潮出版社,2002年,第103页。

礼之大经也"[1]。礼仿佛只是一套支撑并加固"存在于家族中的亲疏、尊卑、长幼的分异和存在于社会中的贵贱上下的分异"的制度[2]。不过，礼的最终儒家化，经历了从夏以前的"巫觋文化"到殷商"祭祀文化"再到西周"礼乐文化"的嬗变过程[3]，然后再经春秋战国的孔孟学派对"礼"之内在伦理本质的发掘、大一统帝国的意识形态化，最终定型为唐宋国家的礼制。经历这番曲折变化之后的礼，已然面目全非。其实，礼的原初形式，无非是"祭祀的仪节"，是部族民祭祀鬼神和祖先的集体仪式[4]。礼的起源，乃是"原始人常以具有象征意义的物品，连同一系列的象征性动作，构成种种仪式，用来表达自己的感情和愿望"，而这些带有原始宗教和巫术色彩的原始"仪式"，长期以来形成了氏族制末期的传统习惯，在贵族阶级、国家、宗法制度产生后，才被定型为一套"礼"[5]。

于是，包括军礼在内的古代礼制，主要呈现为一套理性化、人文化的"社会规范体系"：在形式上，它充斥了大

---

[1] 司马光编著，胡三省音注，"标点资治通鉴小组"校点：《资治通鉴》第一册，北京：中华书局，1956年，第4页。
[2] 瞿同祖：《中国法律与中国社会》，北京：中华书局，2003年，第295—296页。
[3] 陈来：《古代宗教与伦理——儒家思想的根源》，上海：三联书店，2009年，第12页。
[4] 何炳棣：《原礼》，载于《释中国》第4卷，上海：上海文艺出版社，1998年，第2382—2384页。
[5] 杨宽：《古史新探》，北京：中华书局，1965年，第234页。

量的儒家—法家的政治表征，巫术化或非理性的因素几乎绝迹，仅有被纳入唐宋军礼中的个别项目，如祓祭、救日伐鼓[1]，依然带有某种巫术色彩。但是，其他非汉族文明或族群的"礼"，就未必呈现这种面貌。姑且以中国历史上的游牧政权为例，契丹皇帝亲征，竟有"射鬼箭"礼："凡帝亲征，服介胄，祭诸先帝，出则取死囚一人，置所向之方，乱矢射之，名射鬼箭，以被不祥。及班师，则射所俘"[2]。这种"军礼"，就与儒家化的传统军礼大异其趣。蒙元帝国的类似制度中，也有不少带有鲜明巫术色彩的仪式，因此，我们不能简单地将之称为"军礼"，而以"军事礼仪"来统括。

另一方面，古代中国的礼制，经由唐宋国家权力的背书和认可，系统化为"五礼"（吉、凶、军、宾、嘉）。"军礼"可算这一传统分类法的次级概念。传统分类还有"六礼"（冠、昏、丧、祭、乡、相见）。陈来先生认为，"五礼"和"六礼"的本质区别在于，"五礼"是以国家为主体的礼仪制度，颇与一般社会生活脱节，"六礼"则体现社会生活意义上的普遍性（即涉及个人、家庭和宗族生活）[3]。丸桥充拓对以唐《开元礼》为代表的"五礼"，特别是"军礼"自汉魏以来

---

[1]"祓祭"是一种出征前以车碾过土山并祭祀行道之神的礼仪，而"救日伐鼓"是一种在日食期间举行的礼仪，主要是通过击鼓来对日食这一天象异变进行救护。
[2]脱脱等撰：《辽史》卷116《国语解》，北京：中华书局，1974年，第1536页。
[3]陈来：《古代宗教与伦理——儒家思想的根源》，第270—272页。

的演化史做了仔细考证。他发现，周秦以来，诸礼本分散存在于社会中，经儒家学者汇集、整理为学术化的礼学体系后，迟至南北朝时期，经过一个"分分合合，经历各异"的演化过程，才最终定型到"现实的国家礼制"中，形成"吉、凶、军、宾、嘉"的五礼结构。此前，军礼中的许多项目一度分属其他门类，如出征礼属于吉礼，射礼属于嘉礼，等等[1]。

蒙元帝国的军事礼仪，既难归入"五礼"，更难归入"六礼"，其特殊性体现在：在内容上，它是以古代蒙古国家为主体的礼仪制度，同时也保存了不少来自草原社会的军事习俗，兼具"国家"与"社会"的二重性。这种"社会性"又有别于"登降之礼""趋翔之节"（《墨子·非儒》）这类贵族君子的社会规范和习俗，而是产生于游牧族群和游牧文化。在形式上，蒙元帝国的军事礼仪也不同于唐宋时期古典形态的"军礼"，它不具备成熟、规范的文字载体（礼典），而主要存在于集体和个体的军事活动实践当中。

二、"法"的血腥面孔

西汉高后末年，太后吕雉专权，诸吕用事，刘氏天下危如累卵。年仅二十的朱虚侯刘章入侍吕后宴饮，担任监督宴

---

[1] 〔日〕丸桥充拓著，张桦译：《唐代军事财政与礼制》，西安：西北大学出版社，2018年，第241页、第243页。

席的"酒吏"。他借机陈言:"臣,将种也,请得以军法行酒。"觥筹交错、杯盘狼藉之间,吕氏权贵有一人大醉,逃避饮酒,"章追,拔剑斩之而还",回报吕后:"有亡酒者一人,臣谨行法斩之!"吕后及左右大惊失色,事先允诺以"军法"行酒,亦无从加罪[1]。

军法,是一个比军礼更为古典的概念,据说已见于《周礼》:"合其卒伍,置其有司,以军法治之。"不过,《周礼》中"军法"指军队的组织编制规定[2],后来的"军法",则多指朱虚侯执行的那种较常律倍加严酷、动辄决以死刑的血腥刑法。不过,现代学者一般认为,古代的军法有广、狭二义:广义的军法包括一切有关军事内容的法律、法令和法规,是关于军事法律规范的总和[3];狭义的军法是指军事刑法,也就是规定军事犯罪行为及相应处罚的特殊法律[4]。

这里所说的蒙元帝国的"军事法",既包括狭义的军法,即军事刑法,亦包括广义军法中一些关键门类,如武装冲突法(战争法)、军事司法和军功制度,因而要比军法这一古典概念宽泛。另一方面,此前的研究者,往往将军事法理解为包含军

---

[1] 司马迁:《史记》卷 52《齐悼惠王世家》,北京:中华书局,1959 年,第 2001 页。
[2] 夏勇、徐高:《中外军事刑法比较》,北京:法律出版社,1998 年,第 9 页。
[3] 周健:《比较军事法:中国军事法的传统》,第 3 页。
[4] 现代军事法学中的"军事法"概念,参见管建强、周健主编:《军事法基本理论研究》,北京:法律出版社,2017 年,第 5—13 页。

事行政法、兵役法、后勤装备管理、武官铨选法等方面的综合体系。就蒙元帝国而言，这类制度已经有相对充分和独立的探讨，不在本书的研究范围内。因此，本书的"军事法"，所指又较一般所谓"军事法"为窄，乃是一个有特殊规定的研究范畴，比较接近叶山（Robin D.S.Yates）在《早期中国的法律与军事》中定义的"military law"，即"一套关于军事纪律和训练、作战规则和赏罚细则的规定"[1]。后文出现"军法"的场合，多指军事刑法，或系古典文献中的原本用语。

军令是古代文献记载中与军法关系最为密切的另一范畴，是君主或君主代理人颁布的临时性或长期性的军法。秦末巨鹿之战前，宋义忤项羽意，不救赵军，下令军中："猛如虎、很（狼）如羊、贪如狼，强不可使者，皆斩之。"[2]这就是临时颁布的军法。曹魏有《军令》《军策令》《船战令》《步战令》等，《晋令》四十篇中"三十一军战，三十二军水战，三十三至三十八皆军法"[3]，这就是长期有效的军法。另外，汉文帝时，冯唐言汉朝的边关士卒，出身农家，"安知尺籍伍符？"《汉书》颜师古注引李奇："尺籍所以书军令。"又引如

---

[1] Robin D.S.Yates: *Law and the Military in Early China*, in: Nicola Di Cosmo(ed.): *Military Culture in Imperial China*.Cambridge, MA: Harvard University Press，2009，p.25.

[2] 司马迁：《史记》卷7《项羽本纪》，第305页。

[3] 沈家本：《晋律考》，载氏著《历代刑法考》，北京：中华书局，1985年，第277页。

淳:"汉军法曰吏卒斩首,以尺籍书下县移郡,令人故行,不行夺劳二岁。"[1]斋藤忠和认为:"军法"和"军律"基本是同义词,都是指相当于刑法的"罚则规定",主要同行军和作战行动有关;"军令"则兼赏令和罚条,所指较广泛[2]。

之前所述朱虚侯的故事还揭示,在古代世界,军法的触须绝不仅仅盘踞于军营一隅,它与"常律"(普通刑法),理论上虽有明确区分,现实中往往产生重叠、交集和冲突。首先,古代军事刑法的管辖权,侵入甚至替代普通刑法,自先秦已然。商鞅为秦立法,"不告奸者腰斩,告奸者与斩敌首同赏,匿奸者与降敌同罚"[3],这是以军法的赏罚比附告奸的赏罚。拓跋鲜卑初兴之时,"属晋室之乱,部落渐盛,其主乃峻刑法,每以军令从事。人乘宽政,多以违令得罪,死者以万计"[4]。这是以军法代行常律。南宋初年,州军长官对和平时期违犯常律(如劫盗杀人)的士卒,"概以军法从事","至族其家",高宗不得不下诏戒饬:"知州兼统兵去处,非

[1] 班固撰,颜师古注:《汉书》卷50《冯唐传》,北京:中华书局,1962年,第2314—2315页。
[2] 〔日〕斋藤忠和:《北宋の军法について》,梅原郁编:《中国近世の法制と社会》,京都大学人文科学研究所,1993年,第211—348页。
[3] 司马迁:《史记》卷68《商君列传》,第2230页。
[4] 杜佑撰,王文锦、王永兴、刘俊文等点校:《通典》卷164《刑法二·刑制中》,北京:中华书局,1988年,第4225页。

出师临阵，自今无得轻用重刑。"[1]可见，军法侵入常律之疆界，实为古代法律中颇不为人所注意的一个传统。[2]蒙元帝国的军事刑法，也有短暂取代普通刑法发挥作用的场合。周驰《闲邪公家传》记载，庚午秋（至元七年，1270年），河南等地发生蝗灾，李秉彝"衔命往捕，有不尽心，听以军法从事"[3]。不过，这类记载尚不多见。

三、双生的"礼"与"法"

那么，为何要将军事礼仪和军事法合并起来加以探讨？本节首先从抽象思辨的层次来回答这个问题。

在古代中国的知识体系中，军事礼仪和军事法各自从属于更高级的规范性范畴：军事礼仪属于"礼"，军事法属

---

[1] 马端临：《文献通考》卷167《刑考六》，杭州：浙江古籍出版社，2000年，影印《十通》本，第1453页。

[2] 穗积陈重指出，日本战国时期有称为"一钱切"的死罪，即盗一钱者即处斩，施行于京都洛中洛外及其他大名的领地，"一钱切"最初就是一种残酷的军事刑法。见穗积陈重：《法窗夜话》，北京：中国法制出版社，2015年，第205—206页。梁玉霞提出：军事司法和普通司法存在"双轨并行"和"扩大延伸"两种关系，二者虽然常常互相独立、互相补充、共同发展、互不取代，但在特殊情况下，国家也会将军事司法延伸至普通司法领域，扩大军事司法的适用范围，如戒严和军管。参见梁玉霞：《中国军事司法制度》，北京：社会科学文献出版社，1996年，第3—4页。

[3] 冯铨编、刘光旸刻：《快雪堂法书》，北京：北京日报出版社，1989年，第303—304页。《闲邪公家传》为赵孟頫的小楷法帖，似不见他本著录，《元人传记资料索引》于李秉彝条下亦失采录。

于"刑"或"法"。古代思想家往往认定，"礼"和"法"在社会治理或社会控制领域，构成相互补充的关系。《司马法》论军礼就提出："礼与法，表里也。"[1]"礼法表里"，首先是说，礼和法是儒家或法家用以维持社会秩序的不同方法和手段，在功能上可以形成互补[2]。《大戴礼记》的《盛德篇》就提出过"刑法者，所以威不行德法者也"的一整套理论，主张各种触犯刑律的动机和行为，实际上都是礼之所失，亦最终可通过修礼来加以匡正[3]。《后汉书·陈宠传》说得更简洁明快："礼之所去，刑之所取，失礼则入刑，相为表里者也。"[4]元人程钜夫在《题张君用赠行卷》中提出，"尔知礼与法乎？畔于此必丽于彼，合乎彼必合乎此"[5]，正是这个意思。明人叶良佩也认为："夫刑法者，礼之辅也。礼者恒润而法者震曜，礼者身躯而法者手足，礼者主君而法者弼佐，彼此相须以为道，盖阙一不可焉者也……吉、凶、宾、军、嘉，各有仪节，礼也，反是而猖狂自恣，慆慢匪彝则

[1] 刘寅直解，张实、徐韵真点校：《武经七书直解》，长沙：岳麓书社，1992年，第197页。
[2] 瞿同祖：《中国法律与中国社会》，第292页。
[3] 王聘珍撰，王文锦点校：《大戴礼记解诂》卷8《盛德》，北京：中华书局，1983年，第143—144页。
[4] 范晔撰，李贤注：《后汉书》卷46，《郭陈列传》，北京：中华书局，第1554页。
[5] 程钜夫撰，张文澍校点：《程钜夫集》，长春：吉林文史出版社，2009年，第309页。

有刑，故曰：刑者，礼之体贰也。"[1]梁任公论儒家的"礼法观"，"礼之于法，散言则通，对言则别。儒家固非尽排斥法治，然以礼治为主点，以法治为辅助，盖谓礼治所不能施之范围，然后以法治行之也"[2]，也是"礼法表里"说的一个极佳注脚。

如果将古代思想传统中的"礼法表里"转换为现代语言，不妨说礼和法殊途而同归：二者贯穿的是同一套统治伦理，都是一种人为建构并用来规定人际关系的秩序，最终服务于社会阶级和秩序的固化及强化。《礼记·乐记》还说，"礼节民心，乐和民声；政以行之，刑以防之。礼乐刑政，四达而不悖，则王道备矣"，不论是礼还是法，最终都要服务于"王道"，亦即某种理想统治秩序的实现。

传统的"礼法表里"说，还可有一种现代思想的新诠释：礼和法，同属一种"支配肉体的权力技术学"[3]。尽管在许多方面，中古时代的礼和法同福柯（Michel Foucault）所言古典时代的规训权力有精粗之别，本质上却非常相似，都是通过仪式、表象或操作，通过分割和控制空间与时间，

---

[1]转引自杨鸿烈：《中国法律发达史》，北京：中国政法大学出版社，2009年，第189页。

[2]梁启超：《中国法理学发达史论》，收入氏著《梁启超论中国法制史》，北京：商务印书馆，2012年，第53页。

[3]〔法〕福柯著，刘北成、杨远婴译：《规训与惩罚》（修订译本），北京：三联书店，2012年第4版，第33页。

对肉体加以限制、控制和约束，进而操纵灵魂。礼和法是一种"权力力学"，"规定了人们如何控制其他人的肉体，通过所选择的技术，按照预定的速度和效果，使后者不仅在'做什么'方面，而且在'怎么做'方面都符合前者的愿望"[1]。

礼与法共同的"权力技术学"和"权力力学"特征，在军事礼仪和军事法上得到了最清晰的体现和放大。周健先生指出：西周的军事礼仪和军事法，本质上都是维护"宗法制"统治秩序的工具，然而，军事礼仪又起到军法所无法替代的作用："古代军礼作为以礼治军的一种主要形式，它有以下两方面的作用：其一，是以军礼的形式进行军事训练和战备教育……其二，军礼更重要的作用，是给军队以浓重的政治、伦理思想熏陶，来维护奴隶主、封建统治阶级等级体系和思想体系。"[2]换言之，军事法是一种威吓和处罚的制胜手段，军事礼仪则是将军事刑赏烙印在个人肉体和心灵上的仪式，或者说，一种从肉体和心理层面对军队进行规训，从而达到伦理价值内化目的的手段。二者共同服务于国家和统治阶级对军队这个暴力机器进行支配的特殊目的，其实是一对双生子。

---

[1]〔法〕福柯著，刘北成、杨远婴译：《规训与惩罚》(修订译本)，第156页。
[2]周健：《比较军事法：中国军事法的传统》，第48—51页。

四、寓军法于军礼

从思想史转入制度史，笔者还发现，在历史实践中，古代的军事礼仪和军事法表现出另一种具体而微妙的关系形态，那就是军事法对军事礼仪的渗透，或说"寓军法于军礼"。以往研究者对这一层关系极少注意。

贞观十六年（642年），唐太宗在骊山附近举行大规模的围猎（大狩礼）。当日天气"阴寒晦冥"，李世民登高远眺，发现奉命形成猎圈、驱赶猎物的军队，未按规定形成连贯严密的封锁线（"围兵断绝"）。他颇为踌躇，对左右亲信说："吾见其不整而不刑，则堕军法；刑之，则是吾登高临下以求人之过也。"[1]

由此可见，作为政治景观和战争准备的大狩军礼，它的基调迥异于文质彬彬、进退有节的"吉礼""宾礼"或"嘉礼"。在军事礼仪的背后，隐藏着军事刑罚的狰狞面孔。通常被认定为"军礼"的一些军事活动，如田猎、大阅、大射等，不仅蕴含着军事法的精神，并且在很大程度上，正是以强化仪式的参与者及旁观者对军事法的熟稔和服从意识为目的而进行的。唐太宗完全意识到了这一点。早在《管子》中就提出过一种兵民合一的理想制度："三分齐国，以为三军。

---

[1] 马端临：《文献通考》卷110《王礼考五》，第997页。

择其贤民，使为里君。乡有行伍卒长，则其制令"，并希望通过举行田猎来贯彻军事纪律，最终达到强兵的目的，"且以田猎，因以赏罚，则百姓通于军事矣"[1]。杜佑《通典》将这种制度设计的基本精神归纳为"军政寓之田猎"，在笔者看来，也可以说是"寓军法于军礼"。

"寓军法于军礼"，旁证几乎可以信手拈来。例如，《周礼》设想的"大阅"军礼："中冬，教大阅：前期，群吏戒众庶修战法。虞人莱所田之野，为表，百步则一，为三表，又五十步为一表。田之日，司马建旗于后表之中，群吏以旗物鼓铎镯铙，各帅其民而致。质明弊旗，诛后至者。乃陈车徒如战之陈，皆坐。群吏听誓于陈前，斩牲以左右徇陈，曰：'不用命者斩之。'"[2]不难看出，所谓"戒众庶""修战法""诛后至""听誓""斩不用命者"等，都象征着军事法要素，而整场礼仪纯然是对现实战争活动的模拟。

由此，军事礼仪为预先演练军事法提供了载体和场所。在和平时期，不熟悉战争节奏的兵员乃至民众，通过参与军事礼仪，接收到了军事刑罚严苛无情的信号，受到了肉体和精神上的双重规训。这种制度设计，在中古以降的军事礼仪中也得到了完整的延续。北齐在季秋举行的"讲武礼"，要

---

［1］黎翔凤：《管子校注》，北京：中华书局，2004年，第413页。
［2］郑玄注，贾公彦疏，赵伯雄整理：《周礼注疏》，北京：北京大学出版社，1999年，第774—776页。

求军事统帅"教士目，使习见旌旗指麾之踪，发起之意，旗卧则跪；教士耳，使习金鼓动止之节，声鼓则进，鸣金则止；教士心，使知刑罚之苦，赏赐之利；教士手，使习持五兵之便，战斗之备"。唐《开元礼》的"皇帝讲武仪注"与北齐大同小异，其中设置了《周礼》式的"听誓"（宣布军事法）环节："大将誓曰：'今行讲武，以教人战，进退左右，一如军法。用命有常赏，不用命有常刑，可不勉之。'誓讫，左右三军，各长史二八振铎分循以警众。诸果毅各以誓词遍告其所部，遂声鼓。"[1]

"寓军法于军礼"，一定程度上也适用于描述北方游牧民族的军事活动。爱尔森在研究欧亚皇家狩猎时指出："皇家狩猎活动是一种部队训练，可以培养部队的团结性及其在命令、控制与后勤方面的能力。对他们来说，狩猎活动是一种大型的军事演习，是对战争的模仿。"[2]围猎是蒙古大汗最重要的政治军事活动之一。与唐太宗相似，成吉思汗认为"行猎是军队将军的正当职司，从中得到教益和训练是士兵和将军应尽的义务"，并且严酷处罚那些在狩猎中违反纪律的军人：放纵野兽出猎圈者，"千夫长、百夫长和十夫长要因此而受杖，有时甚至被处以极刑"；不按规定路线行进的士兵，

---

[1] 两条记载均出自马端临：《文献通考》卷157《兵考九》，第3168、3170页。

[2] 〔美〕托马斯·爱尔森著，马特译：《欧亚皇家狩猎史》，北京：社会科学文献出版社，2017年，第335页。

"就要给他严厉的惩罚，绝不宽恕"。[1]耶律楚材赞叹蒙古大汗围猎的壮观场景，有诗云："天皇冬狩如行兵，白旄一麾长围成。长围不知几千里，蛰龙震栗山神惊。"[2]"天皇冬狩如行兵"，这句诗可谓道尽了蒙古围猎中"寓军法于军礼"的性质。

五、重构蒙元帝国的军事礼仪与军事法

明确了军事礼仪与军事法这对概念，以及二者在思想史与制度史中的有机联系，仅是踏出了认识蒙元帝国的军事礼仪和军事法的第一步[3]。这项工作最困难的部分，其实在于如何从芜杂的历史记载中复原或重构军事礼仪和军事法的面貌。蒙元帝国的军事礼仪与军事法，此前少有研究者关注，主要是因为，在漫长的学术传统中，二者仿佛先验地被假定

---

[1]〔伊朗〕志费尼著，何高济译：《世界征服者史》（上），呼和浩特：内蒙古人民出版社，1980年，第29—30页。

[2]耶律楚材著，谢方点校：《湛然居士文集》卷10《扈从冬狩》，北京：中华书局，1986年，第214页。

[3]从成吉思汗漠北建国（1206年）到忽必烈即位（1260年），蒙古政权的国号是"大蒙古国"（Yeke Mongghol Ulus），这一时期通常也称为大蒙古国、蒙古帝国或"前四汗"（成吉思汗、窝阔台、贵由、蒙哥）时期。忽必烈即位到元顺帝退出中原、明军占领大都（1368年），是狭义上元朝政权的存续时期。本书使用大蒙古国和元朝这两个概念，而在使用蒙元帝国这一广泛概念时，主要描述大蒙古国、元朝以及大蒙古国分裂后的各汗国具有的共同制度渊源。

为"不存在"或者"近似不存在"[1]。这是否符合历史事实？

　　先来看军事礼仪。在文献记载中，它大致对应"军礼"。不可否认，与军礼相关的词汇，在蒙元帝国的历史记录中的确极少出现。《通典》《新唐书》《宋史》的史志都对包括军礼在内的"五礼"做了系统描述，《元史·礼乐志》恰恰缺少这一部分，仅注明："军礼，见《兵志》。"[2]但是，明人编纂的《元史·兵志》也同样疏阔，未收入军礼部分，实是无从别见。元人编纂的典志《太常集礼》《续集礼》或《经世大典·礼典》，今已不存；元人的礼学著作，关注的也不是本朝的军礼。[3]因此，柯劭忞在《新元史》中补写《礼志》时，干脆认为："（蒙古）其人以田猎为俗，无所谓蒐苗狝狩

----

[1] 关于传统中国的军事礼仪和军事法，学界已有较多研究。陈戍国《中国礼制史》、季德源主编《中国军事制度史》第6卷《军事法制卷》、陈学会主编《中国军事法制史》和周健《比较军法：中国军法的传统》是简明的通论性质著作。李蓉、丸桥充拓、任慧峰、王瑜、高明士、王博、陈锋、尹承、邹贺、任方冰等人就先秦以迄明清的古典军礼撰写过文章或专著；沈家本、大庭脩、赵科学、张功、上官红伟、斋藤忠和、张明探讨了先秦以迄唐宋的军事刑法；周正舒、贾志刚、顾吉辰、钱俊岭和张春梅、戴羽、李鸣飞探讨了古代军队的军赏制度。一些蒙古军事史的经典著作，如伊万林的《铁木真、帖木儿用兵论》、马丁的《蒙古军队论》和梅天穆的《蒙古战争艺术》也简单提到过蒙古军的军事纪律，王晓欣、吴海航和笔者探讨过蒙元帝国军事法律的部分专题，此处不再赘引，详见相关分析及参考文献。

[2] 宋濂等撰：《元史》卷71《礼乐志五》，北京：中华书局，1976年，第1777页。

[3] 元人的礼学著作，参见雒竹筠编著，李新乾编补：《元史艺文志辑本》，北京：北京燕山出版社，1999年，第46—48页。

也；战胜攻取，无所谓治兵、振旅、献俘、告庙也，故军礼亦阙而不备焉。"[1]

认定蒙元帝国并无"军礼"的，不只是柯劭忞这样的后世学者，一部分元代文化精英也这么认为。元初诗人宋无有一首题为《讲武》的绝句："军赋殷周农隙时，春蒐冬狩寖凌夷。后来武事无常典，两两相当角觝嬉。"诗后附有大段自注，抱怨殷周时代四时田猎之礼粲然大备，"皆于农隙以讲武事"，管仲治齐尚存三代遗意，春秋战国以至于秦汉，作为"王制"的讲武礼沦为杂耍，"先王之礼没于淫乐，而讲武废矣"[2]。元儒吴师道为江西乡试所拟的策问，直言元末"兵惰律废"，设问："古大司马三时教振旅、茇舍、治兵，因田以及军事，而仲冬大阅，以教其全，辨鼓铎、镯铙、车徒、旗物之用，习坐作、进退、击刺之节，其法当行欤？"[3]可见，在部分元代和后世的学者看来，蒙元帝国至少不具备古典形态的"军礼"。

那么，蒙元帝国是否存在非古典形态的"军事礼仪"？如果我们不将目光限定在《周礼》或者《开元礼》式的军礼，而是将"军事礼仪"理解为一套与军事活动相关的、兼

[1]柯劭忞：《新元史》卷81《礼志一·总序》，《元史二种》，上海：上海古籍出版社，2012年，第383页。
[2]杨镰主编：《全元诗》第19册，北京：中华书局，2013年，第407—408页。
[3]吴师道著，邱居里、邢新欣校点：《吴师道集》，长春：吉林文史出版社，2008年，第445页。

具实用目的和巫术色彩的礼俗（ritual），就不难发现，蒙元帝国的"军礼"或说军事礼仪，居然保存了较为丰富的记载，只是这些记载散落在官修史书、政典、别集和域外史籍当中，有待系统整理和考订。从这些记载看，蒙元帝国的军事礼仪不仅囊括了古典军礼的几乎全部方面，并且不像在中国历代典志中那样主要表现为形式化、风格化的条文，而是表现为承载特定文化意义和社会功能的人类实践活动。无论如何，不能够认为，蒙元帝国的"军事礼仪"是"阙而不备"。

再来看军事法。秦汉以后的军事法有两种存在形式："在军事关系的规定中，最基本的东西被编入律中，而包括赏罚在内的细则则被编入军法中。"[1]前者指汉唐以来律典中的"兴律""擅兴律"或"兵律"，后者指战时主将颁布的军令或军法的细则，多被收入《通典》《武经总要》《武备志》《纪效新书》这类著作。此外，散见于碑传资料、笔记野史中的记载，是关于军事法实践的记录，可充当前二者的补充。蒙元帝国军事法的情形，却又复杂得多。比起军事礼仪，与"军事法"直接相关的记载，在蒙元帝国的史料群中出现得频繁一些，却同样不成体系。在文献记载中，"军事法"大致表现为"军律""军法"或"军令"这样一组概念。

---

[1]〔日〕大庭脩著，林剑鸣等译：《秦汉法制史研究》，上海：上海人民出版社，1991年，第302页。

在汉文史料中，《元史·刑法志》的《军律》篇，大致相当于《唐律疏议》《宋刑统》等刑法典的《擅兴篇》，属于被纳入律典的基本军事法。其次，《元史》中的"论以军法"（《姜彧传》）、"军法从事"（《世祖本纪》），以及元人词章中常出现的"军有常刑"（刘敏中《故行中书省参议裴公神道碑铭》）[1]、"论以军律"（姚燧《河东检察李公墓志铭》）[2]，这类"军法""军律"，更多指以北宋《武经总要·罚条》为典型形式、经常性或临时颁布的军事刑法（可称"战时军法"）。军律还泛指军事上的一般约束。如"惟逆战者如军律，余止杀掠"（忽必烈谕伯颜语，出自姚燧《中书左丞姚文献公神道碑》）[3]，就是指蒙元帝国的军队广泛采取的"遇抵抗即屠城"这一类对交战行为的规定，属于一种武装冲突法。此外，如前所言，古代文献记载中，军令与军法是同义语，元代也有以"军令"代指"军法"者，如王恽《兀良氏先庙碑铭》就形容传主"军令严静，秋毫无犯"[4]。

在非汉文史料中，大蒙古国军队作战前，由大汗或主帅申明的军事纪律和处罚规定，统称为札撒（蒙古文：jasaq）

[1] 刘敏中著，邓瑞全、谢辉点校：《刘敏中集》，长春：吉林文史出版社，2008年，第52页。

[2] 姚燧撰，查洪德编校：《姚燧集》，北京：人民文学出版社，2011年，第435页。

[3] 姚燧撰，查洪德编校：《姚燧集》，第222页。

[4] 王恽著，杨亮等校注：《王恽全集汇校》第6册，北京：中华书局，2013年，第2350页。

或者命令（波斯文：hukm）。例如，在《元朝秘史》中，这类规定的旁译一般多作"法度"或"军法"。《元朝秘史》第153节记载，成吉思汗出征呼伦湖、贝尔湖以西的塔塔儿部前，颁布了"作战期间不许抢夺战利品"的军法，蒙古文表述为jasaqügüleldürün（旁译：军法共说）[1]；拉施特《史集》记载合赞汗颁布关于处置战俘和掳获物（波斯文：ūljāi va ghanīmat）的军法的行为，被表述为 hukm shudi。[2]当然，在汉文和波斯文——阿拉伯文等域外史籍中，还存在大量未明确称为"军法"、实际上却属于军事法或者与军事法相关的重要记载。

总之，在蒙元帝国的史料群中，军事礼仪和军事法的具体面貌都比较破碎和虚化，需要做大量的钩稽和复原工作；换言之，就是要广泛搜集散落在汉文史料和域外史料、同时代史料和晚近史料中关于蒙元帝国军事礼仪和军事法的记载，用语言学和历史学方法加以甄别考订，追溯历史现象背后的社会心理、经济和政治结构，解析其中蕴藏的独特的游牧军事文化。

最后还应强调，笔者试图重构蒙元帝国军事礼仪和军事

---

[1] 阿尔达扎布译注：《新译集注〈蒙古秘史〉》，呼和浩特：内蒙古大学出版社，2005年，第281—282页。此书仅存的明初汉字标音本，卷首题为《元朝秘史》，因其蒙古书名为"忙豁仑·纽察·脱卜察安"，即"蒙古秘史"，学界也常称之为《蒙古秘史》。

[2]〔波斯〕拉施特主编，余大钧译：《史集》第3卷，北京：商务印书馆，1986年，第248页。波斯文见 Rashīd al-Dīn, *Jāmiʿal-Tawārīkh*, ed. by Muhammad Rawshan, Tehrān: Nashr-i Alburz, 1953, p.1223.

法的历史实态，是把二者当作一类特殊的历史现象对待。尽管如此，笔者对这类历史现象的讨论、分类和整理，显然不能彻底摆脱中国古典礼制和法制的影响。例如，在探讨蒙元帝国的"田猎""讲武""射礼"时，笔者不得不部分采用古典礼制的概念，哪怕这种相似性是表面的，是名同实异。

这样做有三点理由。其一，从元代文化精英的视角看，他们对蒙元帝国军事礼仪和军事法的特殊性缺乏自觉的反思，多用古典制度加以比附。姚燧形容贺仁杰在元世祖时期"征伐蒐田无不从"[1]，所谓"蒐田"显然不是《周礼》的"蒐田礼"，而是蒙古大汗宫廷的"打围"。在元人的文字记录中，以古礼术语描述今礼者，也所在多有。其二，对于北方民族的军事礼仪和军事法的学术研究传统还很薄弱，特别是，迄今没有一套能够同华夏古典礼制完全剥离的独特术语和体系来进行描述，只好暂且借用形态更加完备齐整的古典礼制，来接近（approach）和再现（represent）蒙元帝国的军事礼仪。最后，蒙元帝国的军事礼仪和军事法，在功能上与其他历史时期和其他族群的相关制度有许多共通之处。严谨的比附，不仅不乏一定程度的合理性，而且反映了一定制度承担某些社会功能的普适性。因此，本书不排斥以中国古典礼制和法制为参照系，但在适当和必要的地方做了调整修正。

---

[1] 姚燧撰，查洪德编校：《姚燧集》，第269页。

上篇

蒙元帝国的军事礼仪

第一章　仪式与符号中的信仰和威权

旗色制度和旗纛祭祀，是古代军事礼仪中最为重要的内容。在古典军礼文献中，出师之际，祭祀帅旗（牙旗）多称"祃祭"。在内亚游牧民族的军事活动中也有类似的旗纛祭祀仪式。匈牙利学者乌瑞夫人（K.Uray-Köhalmi）2002年发表的论文《论契丹与蒙古传统之一致性》最早注意到契丹与蒙古有相似的旗纛礼制：

> 契丹与蒙古皆有旗帜（Standarten），又作 sūlde，表示军神（Kriegsgott），以及/或者统治家族抑或全体人民之神圣性（Heil）。战前有以军旗祭祀军神之礼，且常常以人献祭，在契丹和蒙古都是如此。除军旗之外，又有鼓作为战争与权力之象征（Kriegs-und Machtabzeichen），君主所承认之部落皆有各自的旗鼓，亦常祭祀于鼓之神灵。众所周知，成吉思汗即有多面旗纛，其色有白、黑、花之异。黑旗为战旗，今日尚保藏于鄂尔多斯之纪念地，

与其他权力之象征如鼓并存。不仅君主，其他蒙古家族与部落亦有一旗一鼓作为标志。在布里亚特人节庆之日所咏唱的传统诗歌中，亦以鼓作为本部之象征。[1]

此后，陈晓伟的《扈从仪卫与政治权力：游牧社会中的神纛与旗鼓》重点考察了契丹民族中神纛与旗鼓的政治及宗教含义，认为契丹的旗鼓（所谓"十二旗，十二鼓"）受自唐朝，是可汗权威的象征；辽朝建立后，源于内亚传统的神纛崇拜，取代了旗鼓的地位，成为契丹君主最高权力的象征[2]。马晓林对蒙古的纛制、元朝的皂纛与日月图案以及域外史料记载的蒙古四大汗国旗纛作了初步的考证[3]。不过，在蒙元帝国的史料群中，关于旗纛制度及其祭祀的记载还有很多。我们就从这些史料出发，对蒙元帝国的纛、旗鼓制度和祭祀仪式做详尽的考察。

[1] Käthe Uray-Köhalmi, "übereinstimmungen in der Tradition der Kitan und der Mongolen", in.A.Sárközi ed. *Altaica Budapestinensia MM*II: *Proceedings of the 45th Permanent International Altaistic Conference*, Budapest, Hungary, June 23–28, 2002, Budapest: Eötvös Loránd Univ.2003, pp.368–373.

[2] 陈晓伟：《扈从仪卫与政治权力：游牧社会中的神纛与旗鼓》，收入氏著《图像、文献与文化史：游牧政治的映像》，保定：河北大学出版社，2017年，第138—164页。原论文题为《信仰、礼仪、权力、羁縻：契丹社会之纛、旗与鼓研究》，2009年发表于台北《民族学报》第28期。

[3] 马晓林：《马可·波罗所见蒙古皇家旗纛》，收入氏著《马可·波罗与元代中国：文本与礼俗》，上海：中西书局，2018年，第115—129页。

一、蒙古人的"纛"

中国古典军事礼仪中的"纛"，起源于战国时期，形制的演变也大同小异。《武经总要》载有两幅帅旗的插图，题为"带甲神旗"与"转光杂色旗"，注曰："右旗之色采，名号无常，随宜呼之。竿首施铁，世谓耀筐。下注旌，谓之纛头旗。脚或三或二。"[1] 由此大抵能看出中原王朝采用的旗纛形制。大蒙古国的"纛"（蒙文：tuq，波斯文：tūq）与汉式的纛不同。德福（G. Doerfer）认为纛是由"牦牛尾"或者"马尾"所制之旗（Jakschweif-oder Roßschweifstandarte）[2]。换言之，纛就是垂有用牦牛尾或马尾制造之缨的旗帜。纛中最著者，是成吉思汗的"九脚白旄纛"。按照突厥—蒙古民族的古老习俗，纛上所垂之尾数，标志着等级差异：阿拉伯文史书《算端扎阑丁传》记载，花剌子模王子赠送给小亚细亚地区的鲁木国使者的礼物，除"荣袍"外，"尚有马尾数条，鞍具一套，冠一顶和一千第纳尔"。对于"马尾数条"的政治含义，学者解释说："这些马尾，颜色或红或白，用来悬挂在红色旗杆上，杆上常饰有一金色圆球。这是权威的

---

[1] 曾公亮等撰，陈建中、黄明珍点校：《武经总要》前集卷 13，北京：商务印书馆，2017 年，第 219 页。

[2] G.Doerfer, *Türkische und Mongolische Elemente im Neupersischen*, Band II, Wiesbaden: Franz Steiner Verlag, 1963, p.618.

象征。君王（算端）有权悬挂七条马尾，宰相（维即儿）有权悬挂三条，而高级将官则是二条。"[1]可见，这种"纛"制在内亚的突厥—蒙古族群中十分普遍。

成吉思汗统一蒙古高原之前，蒙古各部都有自己的纛。《元朝秘史》第73节讲述成吉思汗父亲也速该死后，泰亦赤兀惕氏抛弃其遗孀遗孤诃额仑夫人和铁木真，察剌合老人上前劝阻被伤。于是，"诃额仑亲自上马教人拿了英枪，领着人去，将一半人邀下了。那一半邀下的人，也不肯停住，都随着泰亦赤兀去了"。"拿了英枪"的汉字音译，写作"秃黑剌周"（tuqlajiu），旁译"英头拿着"，其词根"秃黑"就是"纛"。[2]因此，阿尔达扎布以现代汉语将之译为"打着纛旗"[3]《史集》描述当时诃额仑"亲自骑上马，高举大纛（tūq）"[4]。这就是也速该的纛。《史集》还记载，克烈部王汗与成吉思汗联军同乃蛮作战时，札木合在晨曦中"认出了王汗的大旗"[5]。"大旗"的波斯文原文是tūq，也就是克烈部君主的纛。

---

[1] Mohammed En-Nesawi, *Histoire du sultan Djelal-ed-Din Mankobirti, Prince du Kharezm*, traduit de l'arabe par O. Houdas, Paris, 1895, p.259.

[2] 据乌兰先生的校勘记，四部丛刊本作"莫头"，其他诸本皆作"英头"，见乌兰：《元朝秘史（校勘本）》，北京：中华书局，2012年，第43页、第68页。

[3] 阿尔达扎布译注：《新译集注〈蒙古秘史〉》，第123—124页。

[4] 〔波斯〕拉施特主编，余大钧、周建奇译：《史集》第一卷第二分册，第109页。

[5] 〔波斯〕拉施特主编，余大钧、周建奇译：《史集》第一卷第二分册，第152页。克烈部为居于蒙古各部以西、游牧于鄂尔浑和土拉河流域的大部，乃蛮为居于克烈部以西、游牧于阿尔泰山一带的大部，均是成吉思汗统一蒙古高原的强大阻力。

除部落首长或君主的大纛外，下属的贵族和将领亦各有其纛。1203年，成吉思汗与克烈部的王汗决战于合兰真之地（今内蒙古东乌珠穆沁旗北），成吉思汗命兀鲁一军先陷阵，其将怯台那颜（《元史》作尤彻台）"用鞭子抚弄着马鬃，犹豫不决"，而蒙古忙兀部骁将忽亦勒答儿（《元史》作畏答儿）则挺身而出，对成吉思汗说："汗啊，我的安答！我飞驰上山把大旗插到敌人后方名叫阙弈坛的山岗上去，显一显我的勇气。"[1]"大旗"的波斯文也作纛（tūq），不过，中译文漏译了tūq后的修饰语，整个词当作"tūq-i khud"，意为"我的大旗"或"我的纛"，这就是忙兀部军队或主将的旗纛。

　　纛在平时是君主或者次级权威的象征，战时则往往代表主将的权威和荣耀，指示主将所在方位。《史集》记载，与王汗最终决战前，成吉思汗的两名使臣哈柳答儿、察兀儿罕和王汗的使臣亦突儿干一同返回成吉思汗处。此时，"成吉思汗正从那方面带着军队向王汗进军。哈柳答儿的视线突然落到了成吉思汗的大旗上"[2]。此处的"大旗"，波斯文原文也是纛（tūq）。至元二十四年（1287年）春，据有哈剌温山

---

[1]〔波斯〕拉施特主编，余大钧、周建奇译：《史集》第一卷第二分册，第170页。波斯文见 Rashīd al-Dīn, *Jāmi'al-Tawārīkh*, ed. by Muhammad Rawshan, Tehrān: Nashr-i Alburz, 1953, p.355.

[2]〔波斯〕拉施特主编，余大钧、周建奇译：《史集》第一卷第二分册，第183页。波斯文见 Rashīd al-Dīn, *Jāmi'al-Tawārīkh*, ed. by Muhammad Rawshan, Tehrān: Nashr-i Alburz, 1953, p.397.

（大兴安岭）东西两侧和辽东大部的斡赤斤后王乃颜，勾结东道诸王，公然反叛忽必烈。《元史·洪俊奇传》记载，高丽将领洪茶丘追随忽必烈北上征讨乃颜：

> 猝遇乃颜骑兵万余，时茶丘兵不满三千，众有惧色。茶丘夜令军中，多裂裳帛为旗帜，断马尾为旄，掩映林木，张设疑兵。乃颜兵大惊，以为官兵大至，遂降。[1]

洪茶丘能够利用敌军也是蒙古人、熟悉旗纛的条件设下疑兵，正说明，到了元朝，君主或主帅的旗帜，仍有马尾形制的蒙古纛（tuq），同时也有布帛制造的旗帜。

二、杂色军旗

除了牦牛尾或马尾制造的纛，蒙元帝国军队还采用其他形制的军旗。近代学者屠寄的《蒙兀儿史记》叙述伯颜军队挥舞"赤帜"攻陷常州城，补充了一段考证："木合黎（木华黎）之帜，白地黑月；阿尤之帜，双赤月；忽必烈之御帜，有日有月。不知伯颜之赤帜何章也。"[2] 屠寄提到木华黎的旗

---

[1] 宋濂等撰：《元史》卷 154《洪俊奇传》，第 3630 页。
[2] 屠寄撰：《蒙兀儿史记》卷 90《伯颜传》，上海：上海古籍出版社，2012 年，第 582 页。

[030] 规训、惩罚与征服：蒙元帝国的军事礼仪与军事法

帜是"白地黑月",依据的是宋宁宗嘉定十四年(1221年)出使北方的赵珙所撰的《蒙鞑备录》:

> 今国王止建一白旗,九尾,中有一黑月,出师则张云。其下必元帅方有一旗,国王止有一鼓,临阵则用之。[1]

据《元史·木华黎传》,木华黎以"国王"称号统军北方,他的正式旗帜是成吉思汗授予的九脚白旄。[2]赵珙描述的旗帜形制,当是他出使之际亲睹:"九尾"指的是成吉思汗所赐的九脚白旄,黑月白旗则是木华黎自己的帅旗,旄与旗合为一体,遂出现了一面类似《武经总要》记载的"旄头旗"的特殊帅旗。

《马可波罗行纪》详细描述了至元二十四年(1287年)春忽必烈亲征叛王乃颜的战役。《行纪》的剌木学本(R本)提到了忽必烈的象舆和日月旗:

> 忽必烈坐于木楼之上,四周环绕弩手与弓手,在木楼之顶竖有御旗,上绘日与月之形象(la imagine del

---

[1] 王国维:《蒙鞑备录笺证》,《王国维遗书》第13册,上海:上海古籍书店,1983年,第16页。
[2] 宋濂等撰:《元史》卷119《木华黎传》,第2932页。

sole et della luna）。[1]

　　蒙元帝国军队主帅及将领的旗帜，也散见于各种史料，如攻克常州出现的伯颜的"赤帜"：

　　　　（伯颜）乃亲督帐前军临南城，又多建火炮，张弓弩，昼夜攻之。浙西制置文天祥遣尹玉、麻士龙来援，皆战死。甲申，伯颜叱帐前军先登，竖赤旗城上，诸军见而大呼曰："丞相登矣。"师毕登。宋兵大溃。[2]

　　又如至元十三年（1276年）丁村栅之战出现的阿尤的"双赤月"帜：

　　　　六月甲戌，姜才知高邮米运将至，果夜出步骑五千犯丁村栅。至晓，伯颜察儿来援，所将皆阿尤牙下精兵，

[1] Marco Polo: *Dei Viaggi di Messer Marco Polo, Gentilhuomo Venetiano*（Giovanni Battista Ramusio, Navigationi et Viaggi, II, 1559）Edizione digitale 1, http://virgo.unive.it/ecf-workflow/books/Ramusio/commenti/R_II_1-main.html, 2018-02-21. 剌木学本这段记载的一种译文，亦见冯承钧译本，文字颇有差异。冯本作："忽必烈坐木楼上，四象承之。象环革甲，覆锦衣，楼上布弓弩手，树皇帝之日月旗。"见〔意〕马可·波罗著，冯承钧译：《马可波罗行纪》，上海：世纪出版集团，2006年，第179页。今从剌木学本意大利文原文译出。
[2] 宋濂等撰：《元史》卷127《伯颜传》，第3107页。

旗帜画双赤月。众军望其尘，连呼曰："丞相来矣！"宋军识其旗，皆遁。[1]

高级军官如万户、千户之类，亦各建旗帜。[2]《元史·石天应传》记载："天应旌旗色用黑，人目之曰黑军。"[3]李进在蒙哥进攻合州的战役中隶属史天泽麾下，出战骁勇，蒙哥立马山顶观战，"指顾谓诸将曰：'白旗下服红半臂突而前者，谁也？'"[4]李进时为下级军官"总把"，无独立旗帜，故在战场上穿"红半臂"以辨识身份，"白旗"恐怕是他隶属的千户或者万户的帅旗。

蒙元帝国军队的杂色旗帜，有辨识身份和指挥作战的功能，颜色有红、白、黑多种，旗上常绘有日月等象征图案。这类图案应该来源于突厥—蒙古游牧民给牲畜烙印的财产标志Tamga[5]。在草原社会，因为游牧生活的"迁徙"和"移动"特性，以及牲畜随着季节变换和年齿增长不断改换外

[1] 宋濂等撰：《元史》卷128《阿朮传》，第3123页。
[2] 成吉思汗建国初，即将蒙古百姓分为65个千户，任命功臣、贵戚为世袭千户长，又将各千户分编为左右两翼，以万户统领。蒙古军和汉军的指挥体系及建制后来屡有调整和增置，万户、千户始终是首要的高级军官职名。参见史卫民：《中国军事通史》第14卷《元代军事史》，北京：军事科学出版社，1998年，第97—100页。
[3] 宋濂等撰：《元史》卷149《石天应传》，第3536页。
[4] 宋濂等撰：《元史》卷154《李进传》，第3539页。
[5] 中古时期突厥诸部的Tamga，参见王溥撰：《唐会要》卷72《诸蕃马印》，北京：中华书局，1955年，第1306—1308页。

表，需要一套用来辨识牧地使用权和牲畜所有权的符号，这就是Tamga（或译作"马印"）的起源。突厥—蒙古游牧社会Tamga，有些是最简单的表示鱼、鸟、马刺的象形标记，有些是具有神秘意义的天文和宗教符号文字，其中，最为常见的就是日、月、火与王座。美国人类学家瓦丁顿（C. H. Waddington）在《蒙古马印：游牧文化的符号体系》（2014年）中探讨了近现代蒙古社会的Tamga。他指出：Tamga标志，乃至烙印Tamga的烙铁，都是世代传承，"烙铁与马印一样，也称为Tamga，依照长嗣继承制在男性世系中传承，烙铁本身被视为圣物，在使用之前由喇嘛祝祷。烙铁从不接触地面，总是朝上放置，亦不用水冷却，而是用马奶。某人告诉我，丢弃父辈的Tamga，就等于丢弃父辈本身。西布里亚特蒙古人是萨满教徒，据说直接献祭于烙铁。这种仪式又被称为'祭祀祖源之仪'"[1]。

在游牧传统中，Tamga既有区分及辨识个人、家族、部落身份与权利的职能，又被认为具有某种神圣和神秘性质。成吉思汗家族建立的几个地域性汗国在旗帜和钱币上多使用Tamga。[2]

----

[1] Caroline Humphrey Waddington: *Horse Brands of the Mongolians: A System of Signs in a Nomadic Culture*, American Ethnologist, Vol. 1, No. 3（Aug., 1974）, pp. 471–488.

[2] 关于各蒙古汗国政权的"Tamga"，可参见 Bertold Spuler: *Die Goldene Horde: Die Mongolen in Russland 1223–1502*, 2nd ed., Wiesbaden, 1965, pp.262–263; Iaroslav Lebedynsky: *La Horde d'Or–Conquête mongole et "Joug tatar"*, Paris: Errance, 2013, p.85.

木华黎、阿术等人旗帜上所绘的黑月、赤月，应该也是代表他们各自身份或者家族的Tamga。至于史料中提到蒙古军将领的杂色军旗上的图案，大抵也多为各色Tamga及其变体。当然，也有例外，如东道叛王乃颜的旗帜，《马可波罗行纪》记载，因为他是"受洗之基督教徒，旗帜上以十字架为徽志"[1]。

三、旗鼓及其守卫者

在古代中国的军事活动中，旗、纛和鼓经常并列作为最高军事威权的象征，同时充当作战行动的指挥信号。《武经总要》就提到有"十二旗、十六鼓，左矛右戟，前盾后弩，旗鼓中央，大将之所"[2]，是以旗鼓为军事威权的象征；同书又记载了一套"教旗法"，训练士卒跟随旗鼓的指示行动。

北方民族政权的军队中，也有承担这两种职能的旗鼓制度。《金史·世纪》记载世祖劾里钵与桓赧、散达的决战时就提到："将战，世祖戒辞不失曰：'汝先阵于脱豁改原，待吾三扬旗，三鸣鼓，即弃旗决战。死生惟在今日，命不足惜！'"[3]德福在《新波斯语中的突厥语和蒙古语成分》中的"纛"词条中，对蒙古人的旗鼓有扼要的描述："纛与铜鼓

---

[1]〔意〕马可·波罗著，冯承钧译：《马可波罗行纪》，第180页。
[2]曾公亮等撰，陈建中、黄明珍点校：《武经总要》前集卷6，第81页。
[3]脱脱等撰：《金史》卷1《世纪》，北京：中华书局，1975年，第8页。

（Kesselpauke）并列，都是高级军官与王侯的标志……此法已见于匈奴人。"[1]笔者掌握的史料记载，也多并提纛鼓或旗鼓。

《元朝秘史》第106节叙述成吉思汗与王汗、札木合会师征讨篾儿乞部[2]。出师之前，札木合说："我祭了远处能见的纛旗，擂响了用黑牦牛皮做的响声咚咚的战鼓……我祭了远处能见的旌旗，擂响了用犍牛皮做的响声轰轰的战鼓。"[3]《史集》记载，成吉思汗与王汗大战前，王汗之子鲜昆"向自己的两个大异密必勒格·别乞和脱端下令道：'我们出征吧！举起大旗，敲起鼓来，将马儿牵来，让我们骑上马向成吉思汗进军！'"[4]其中的旗和鼓，波斯文分别作"tūqha"与"ṭabl"[5]，也就是纛和鼓。以上是漠北统一之前，蒙古各部首领的旗鼓。

1206年，成吉思汗统一蒙古诸部后，在斡难河源头召开大会，详细规定了怯薛（大汗禁卫军）的职司，其中："宿卫管理宫帐里的宫女扯儿宾们、家仆们、放骆驼的、放牛

---

[1] G.Doerfer, *Türkische und Mongolische Elemente im Neupersischen*, Band II, Wiesbaden: Franz Steiner Verlag, 1963, p.620.

[2] 篾儿乞部，又作蔑里乞，是游牧于色楞格河的蒙古部落，后为成吉思汗所灭。

[3] 阿尔达扎布译注：《新译集注〈蒙古秘史〉》，第185页、第746页（蒙古文转写）。

[4] 阿尔达扎布译注：《新译集注〈蒙古秘史〉》，第180页。

[5] Rashīd al-Dīn, *Jāmi'al-Tawārīkh*, ed. by Muhammad Rawshan, Tehrān: Nashr-i Alburz, 1953, p.292.

的。保管宫帐、车辆，保管旄纛、鼓、挽钩、刺枪等。"旄纛和鼓，《秘史》旁译分别作"秃黑"（纛）和"古兀儿格"（鼓）[1]。《史集》在记载合赞汗与拜都争夺汗位时，也提到了合赞有"王旗和汗室的半圆鼓"（波斯文：tūq-i mubārak wa kuhūrgāyi khāḍ）[2]。有时候，单独的旗或鼓，也可以作为最高君主之标志。1299年（大德三年）冬，合赞汗出征叙利亚。《史集》记载，在战斗中，尽管合赞汗在中军，右翼的忽都鲁沙"下令击鼓"，结果埃及马穆鲁克与叙利亚军误以为合赞汗就在右翼军中，"他们一下子冲向那里，成千上万的人不断冲来。突破了队伍［的抵御］后，打退了勇士们，异密［忽都鲁沙］部队中的许多人被杀和打伤"[3]。以上是大蒙古国大汗和各汗国君主的旗鼓。

除象征最高军政大权的旗鼓外，在外远征的主将也可以有"大将旗鼓"，这一点类似中原传统的军事礼仪。《元史·伯颜传》记载：

> （至元十三年正月）庚寅，伯颜建大将旗鼓，率左右翼万户巡临安城，观潮于浙江。暮还湖州市，宋宗室

---

［1］阿尔达扎布译注：《新译集注〈蒙古秘史〉》，第439页、第667页。

［2］〔波斯〕拉施特主编，余大钧译：《史集》第3卷，第268页。波斯文见 Rashīd al-Dīn, *Jāmi' al-Tawārīkh*, ed. by Muhammad Rawshan, Tehrān: Nashr-i Alburz, 1953, p.1235.

［3］〔波斯〕拉施特主编，余大钧译：《史集》第3卷，第313页。

大臣皆来见。[1]

在焦山之战中，董文炳"乘轮船，建大将旗鼓，士选、士表船翼之，大呼突阵，诸将继进，飞矢蔽日"[2]。在两都之战[3]中，燕铁木儿每亲自临阵督战，凯旋之际，文宗"遣使赐燕铁木儿上尊，谕旨曰：'丞相每临阵，躬冒矢石，脱有不虞，奈何？自今第以大将旗鼓督战可也。'"[4]

君主与大帅的旗鼓，在战争中既是军权象征，也是全军的指挥信号，这类记载十分常见。其中，有大汗用旗鼓督战的情形。至元二十四年（1287年）春，斡赤斤后王乃颜联络势都儿、火鲁哈孙、胜纳合儿和合丹等东道诸王，反叛忽必烈。《马可波罗行纪》对忽必烈御驾亲征与叛军交战有一段细致的描写：

> 大汗既至阜上，坐大木楼，四象承之，楼上树立旗帜，其高各处皆见……当两军列阵之时，种种乐器之声及歌声群起，缘鞑靼人作战以前，各人习为歌唱，弹两

---

[1] 宋濂等撰：《元史》卷 127《伯颜传》，第 3110 页。
[2] 宋濂等撰：《元史》卷 156《董文炳传》，第 3671 页。
[3] 两都之战是致和元年（1328 年）泰定帝在上都驾崩后，以燕铁木儿为首的、拥护元武宗后裔的势力（以大都为中心），同拥护泰定帝太子的势力（以上都为中心）进行的帝位争夺战争。
[4] 宋濂等撰：《元史》卷 32《文宗纪一》，第 711—712 页。

弦乐器，其声颇可悦耳。弹唱久之，迄于鸣鼓之时，两军战争乃起，盖不闻其主大鼓声不敢进战也。当两军列阵弹唱之后，大汗鸣鼓之时，乃颜亦鸣鼓，由是双方部众执弓弩、骨朵、刀、矛而战，其迅捷可谓奇观。[1]

也有军中主将建旗鼓督战的情形。蒙哥汗率大军与川蜀宋军战于黑石峡：

> 帝立马东山，拥兵二万，夹江而阵，（史）天泽乃号令于众曰："听吾鼓，视吾旗，无少怠也。"顷之，闻鼓声，视其旗东指，诸军遂鼓噪而入。兵一交，宋前锋溃走，战舰继乱，顺流纵击，死者不可胜计。[2]

大汗的旗鼓有专人负责管理和维护，这种官员属于怯薛护卫，被称为tūqči。德福将tūqči译为Fahnenträger或Standartenträger，也就是"旗手"[3]；按照《元朝秘史》的译例，汉文可译为秃黑赤或者纛赤。《史集》记载，合赞汗乳母的儿子是"旗手长速勒都思氏哈散"[4]。此处的旗手长，波

[1]〔意〕马可·波罗著，冯承钧译：《马可波罗行纪》，第180页。
[2]宋濂等撰：《元史》卷154《李进传》，第3683页。
[3] G.Doerfer, *Türkische und Mongolische Elemente im Neupersischen*, Band II, p.624.
[4]〔波斯〕拉施特主编，余大钧译：《史集》第3卷，第235页。

斯文作amīri-yi tūqčiyān，直译为秃黑赤之长或者纛长。《元史》记载粘合重山追随成吉思汗征战，"围凉州，执大旗指麾六军，手中流矢，不动"[1]。粘合重山应该就是成吉思汗的tūqči。

除大汗外，军队主将亦得建旗鼓指挥督战，所以，元朝军队中也设有一种特殊职司，与tūqči遥遥相对，名为"帐前总戒旗鼓司"。伪题胡祗遹撰的《韩氏新莹世德之碑》就提到一名叫韩进的军官在至元十八年"升武德将军，佩金符，复征日本。不妨本职充行省都镇抚，兼提举帐前总戒旗鼓司事"[2]。元朝行省设有"都镇抚司"掌管本行省的统帅权和军政权，"上承大帅方略，指授诸将，诸军有所关白，必因以上达。与夫训练、调遣、巡逻等事，皆所领治"[3]，是主帅帐前协助指挥的作战参谋人员[4]。韩进以行省都镇抚而兼管帐前旗鼓司，主要是方便以作战参谋的身份控制旗鼓，传递主

---

[1] 宋濂等撰：《元史》卷146《粘合重山传》，第3466页。

[2] 李修生主编：《全元文》第5册，南京：江苏古籍出版社，1999年，第441页。关于此伪作，参见魏崇武、周思成：《胡祗遹诗文集版本源流考》，《民俗典籍文字论丛》第5辑，北京：商务印书馆，2009年。

[3] 王恽：《大元故宣武将军千户张君家传》，见《王恽全集汇校》第6册，第2257—2258页。关于都镇抚司，参见〔日〕村上正二：《元朝の行中书省と都镇撫司について》，载于氏著《モンゴル帝國史研究》，風間书房，1993年，第42—54页；李治安：《元代行省制度》（上），北京：中华书局，2011年，第47—48页。

[4] 见周思成：《平宋战争中伯颜军前行省的参谋组织与人员：兼论伯颜幕僚在至元中后期政治中的浮沉》，《暨南史学》第十三辑，第61页。

帅军令。

描绘至元十一年（1274年）和至元十八年（1281年）两次征日战争（又称文永之役和弘安之役）的《蒙古袭来绘词》，是参加了两次战役的日本武士竹崎季长为向幕府表功，请画师土佐父子绘制。其中一幅描绘了至元十八年六月初竹崎季长与大矢野兄弟在志贺岛附近海面上突袭元军兵船的场景[1]。画中题为"贼船三艘"的一艘兵船上，在船艄位置弯弓作战的士兵后方，可清晰见到四名军官或立或坐，分司旗鼓与铙钹[2]。这组人员应该就相当于"帐前总戒旗鼓司"。

四、金帐汗国的哈里发旗鼓

1283年（至元二十年），金帐汗国君主脱脱蒙哥派遣使者前往埃及的马穆鲁克算端处，求取发动"圣战"所用的埃及算端与哈里发的旗鼓[3]。这是蒙元帝国旗鼓制度的一个特殊现象，附识于后。

金帐汗脱脱蒙哥遣使埃及求取旗鼓，不少阿拉伯文史籍

[1]〔日〕竹内荣喜:《元寇の研究》，东京:雄山阁，1931年，附录第二十六。
[2] 元军也用铙钹作为辅助指挥信号。《元史·张弘范传》记载崖山之战中弘范的军令:"闻金声起战，先金而妄动者死!"（宋濂等撰:《元史》卷156《张弘范传》，第3683页。）
[3] 关于这次遣使，可参见 Bertold Spuler: *Die Goldene Horde: Die Mongolen in Russland 1223—1502*, Otto Harrassowitz, 1965, pp.68-69.

都提到过。其中，叙事简明的是埃及马穆鲁克算端卡剌温的传记《胜利君王之光荣生平纪事》。沙俄东方学家蒂森豪森（Tiesenhausen）在《金帐汗国史料集（阿拉伯文部分）》一书中，根据巴黎国家图书馆藏手抄本，排印出版了这部传记中与金帐汗国历史相关的阿拉伯文记载与俄译，对于此事有如下叙述：

> 钦察国遣使来，使节为教法学家马只答丁–阿塔，其随员为努尔丁等人。他们递交了蒙古文字书写之国书，内容为通告（脱脱蒙哥）已皈依伊斯兰教，登上大位，并施行沙里亚法。他们又口传谕旨：遣使之目的在于请求埃及之主算端赠予（脱脱蒙哥）伊斯兰之称号，以及哈里发与算端之旗帜和鼓角，以便对付信仰的敌人（指伊利汗国）。[1]

同类记载还见于《拜巴尔斯编年史》和《伊本·弗拉塔编年史》[2]。那么，脱脱蒙哥，作为成吉思汗长子术赤封地

---

[1] Влади́мир Гу́ставович Тизенга́узен: *Сборник материалов, относящихся к истории Золотой Орды, Том I. Извлечения из сочинений арабских.* СПб.: Типография Императорской Академии наук, 1884, pp.66–68.

[2] Влади́мир Гу́ставович Тизенга́узен: *Сборник материалов, относящихся к истории Золотой Орды, Том I. Извлечения из сочинений арабских,* p.105, p.362.

（尤赤兀鲁思）的首领、金帐汗国的君主，为何要向在阿音扎鲁特战役中惨败蒙古人的埃及马穆鲁克政权求取名号和旗鼓？这主要是出于现实政治和战略的考虑，关键在于史料中提到的哈里发。

1258年（回历656年），旭烈兀军队攻陷阿拔斯家族哈里发政权的首都报达（即今伊拉克首都巴格达）并杀死末代哈里发。哈里发家族的后裔阿合马（Aḥmad）在贝都因人的护送下经过伊拉克、叙利亚等地，流亡到了开罗。埃及的马穆鲁克算端拜尔斯（Baybars）篡夺了阿尤布家族的王位，急需哈里发这个穆斯林共同体领袖的名义来巩固统治，增强合法性。于是，拜巴尔斯为流亡开罗的阿合马召开了大异密、官员和宗教要人共同参加的大会，确认其家世，扶立阿合马为新的哈里发，号"穆斯坦希尔"（al-Mustansir）。所有在场人士，由算端拜巴尔斯和大法官带领，向新哈里发宣誓效忠（bay'a）。数周后，哈里发正式册封（taqlīd）拜巴尔斯为算端，敦促他进行"圣战"（jihād），授权他不仅统治马穆鲁克政权的实际领土，还有义务解放"异教徒（蒙古人和十字军）枷锁之下的土地"。此外，拜巴尔斯也经常采用"qasīm amīr al mu'minīn"也就是"信仰指挥官之副贰"的称号，表示自己的正统地位。在哈里发阿合马战死后，拜巴尔斯在1262年（回历661年）又扶立了另一任哈里发哈希姆（al Ḥākim），举行了同样一套宣誓册封典礼。不过，哈里发哈希姆长期处于半软禁状态，主要在某些礼节性场合扮演象征性角色[1]。

为了巩固自身的统治和反抗东边伊利汗国的威胁，埃及马穆鲁克政权在开罗扶立了新的阿拔斯家族哈里发。在当时的地缘政治格局中，金帐汗国和伊利汗国虽然同是蒙古人建立的政权，却有早期领土争端和宗教分歧。因此，马穆鲁克政权和金帐汗国视伊利汗国为共同的敌人。金帐汗国君主自别儿哥后多皈依伊斯兰，与马穆鲁克政权在宗教信仰上并无冲突，反而可共同利用哈里发——穆斯林共同体"乌玛"的共主——的大义名分，来对共同的敌人伊利汗国施加压力，因为伊利汗国统治的臣民主要是穆斯林。

因此，金帐汗脱脱蒙哥遣使向马穆鲁克算端及傀儡哈里发求取旗鼓，并不像汉唐向周边族裔（如契丹）赐旗鼓那样，意味着某种名义上的臣属关系，而是一种利用宗教认同和宗教号召力的政治策略。对于马穆鲁克政权和金帐汗国双方来说，哈里发及其代表的传统伊斯兰政教合一势力，已经丧失了现实意义，充分符号化了。《旧唐书·突厥传》中记载的开元十三年（725年）突厥第二汗国的毗伽可汗君臣向唐朝求娶公主的例子，可以与金帐汗求取旗鼓之事做一类比。

---

[1] 关于这段历史，参见 Reuven Amitai-Preiss: *Mongols and Mamluks, The Mamluk-Ilkhānid War, 1260–1281*, New York: Cambridge University Press, 1995, pp.56–63.

毗伽可汗和大臣阙特勤、暾欲谷等人质问唐使：吐蕃和契丹这样地位低贱的部族，唐朝亦不惜下嫁公主，为何独独屡次拒绝突厥的通婚请求？袁振推辞：突厥和唐朝皇帝义同父子，不合为婚姻。突厥人反驳：吐蕃、契丹都受赐李姓，并不妨碍迎娶唐女。何况，众所周知，下嫁的公主都不是天子之女，"今之所求，岂问真假，频请不得，实亦羞见诸蕃"。[1]

　　其实，无论是哈里发还是公主，在现实政治中主要是一个象征符号，所谓的"礼"起到的作用就是为这些符号的展示提供场所。这种展示场所并非封闭的，而是可以随着政治威权的需要随时开放和改变。此外，不论是唐女还是旗鼓，在内亚游牧政权的权力秩序中具有的仅仅是象征性而非实质性的意义，或者说，是出于不断变化的现实政治需要。金帐汗是否确实得到了埃及马穆鲁克算端和开罗哈里发的旗鼓，脱脱蒙哥之后的历代金帐汗是否继承并在战争中使用这套礼仪，都是颇令人怀疑的。来自古罗斯编年史的一幅插画，描述了1380年金帐汗国统治者马麦和罗斯联军之间发生的库利科沃战役。对阵双方的帅旗，左方飘扬的红旗上绘有三根横木的东正教十字，而右方则是蒙古传统的旄纛。可见，至少在罗斯人的想象中，这场战役仍然是被奴役的罗斯诸国对蒙

---

[1] 刘昫等撰：《旧唐书》卷144《突厥上》，北京：中华书局，1975年，第5175—5176页。

古异族的战争，而非东正教与伊斯兰教之间的战争。

五、嗜好马奶与鲜血的纛神

中古军队出征前有"祭牙纛"之礼，宋代亦称"祃祭"。研究者认为，元代蒙古人的旗纛祭礼也是一种军礼，采取的是洒马湩的仪式，常常并祭旗鼓。不过，史料常以祃牙或祭旗代指蒙古式祭旄纛，特别是元代汉文史料中多见祃牙一词，难以判断是否为蒙古式的旗纛祭礼[1]。借助同时代及晚近蒙古史料对蒙古旗纛祭礼的记载，笔者发现，这一军事礼仪有两种最重要的形态："洒祭"和"人祭"。

洒祭

《元朝秘史》第193节记载：

> 鼠儿年［甲子，1204年］，夏首［四月］十六红望
> 日，洒［马奶子］祭了旗纛出征。[2]

其中的tuq sačuʼad，汉字音写为"秃黑撒出阿惕"，就是

---

[1] 马晓林：《元代国家祭祀研究》，南开大学博士论文，2012年，第242—
245页。
[2] 阿尔达扎布译注：《新译集注〈蒙古秘史〉》，第354、635、779页。

以"洒马湩"为主要内容的"洒祭"仪式。从另一条史料看，早在1204年之前，在蒙古部与蔑儿乞部之间的战争中，就出现过这样的旗纛祭礼：

> 当脱黑台的使者将合丹太师的话传给了［他］后，脱黑台按照习惯在大纛上涂了油，让军队上马，非常娴熟地去迎击敌人。[1]

"涂油"的波斯文借用了一个突厥语词："tūq ra yāghlāmīšī kard"，实际上仍应指给军旗洒马奶[2]。不过，关于"洒祭"最详细生动的记载，却并非来自蒙元帝国时代的记录。印度莫卧儿王朝的建立者巴布尔，对中亚蒙兀儿军队延续了蒙古的"旧礼"有一段更详细的描述：

> 其后，即按蒙兀儿的方式展旗。汗下马。在他的前面，地上插了九面旗。一个蒙兀儿人把一条长长的白布系在一头牛的前腿骨上，并手执白布的另一端；还有三条长白布系在三面旗子的旗杆的穗带下，其中一条白布的另一端由汗踏着，另外两条白布各由我和

［1］〔波斯〕拉施特主编，余大钧、周建奇译，《史集》第一卷第二分册，第50页。

［2］Rashīd al-Dīn, *Jāmiʻ al-Tawārīkh*, ed. by Muhammad Rawshan, Tehrān: Nashr-i Alburz, 1953, p.259.

速檀·穆罕默德·汗尼卡踏着。那位手执牛腿上拴的白布的蒙兀儿人，看着旗子，用蒙兀儿语说了些什么，然后向他们示意。于是汗和站在他身边的所有的人就朝旗子泼马奶子。一下子鼓乐齐鸣，站列成行的战士一齐呼喊战斗口号。这一共进行了三次，然后上马，喊着口号，绕营奔驰。[1]

中亚蒙兀儿军队的旗纛祭礼，与13世纪大蒙古国军队的军礼有着直接的继承关系，因为，巴布尔紧接着写道："在蒙兀儿人当中，这些规矩仍像成吉思汗制定它们的时候那样被遵行着。"

人祭

蒙元帝国的旗纛祭礼，除了围绕"洒祭"的各个环节（建旗、祝祷、奏乐和呼喊等），还有以被俘的敌人献祭的仪式。《元史·伯颜传》记载，至元二十九年（1292年）秋，伯颜率军北上讨伐叛王明里铁木儿：

斩首二千级，俘其余众以归。诸将言：古礼，兵胜必

---

[1]〔印〕巴布尔著，王治来译：《巴布尔回忆录》，北京：商务印书馆，2009年，第152页。

祃旗于所征之地。欲用囚虏为牲，伯颜不可，众皆叹服。[1]

在后至元元年（1335年）唐其势兄弟发动的叛乱中，也出现了以敌俘祭旗的记载：

> 六月三十日，唐其势伏兵东郊，身率勇士突入宫阙。伯颜及完者帖木儿、定住、阔里吉思等掩捕获之。唐其势及其弟塔剌海皆伏诛。而其党北奔答里所，答里即应以兵，杀使者哈儿哈伦、阿鲁灰用以祃旗。[2]

这种军事礼仪渊源何处？《伯颜传》中元军将领要求遵循"古礼"，"祃旗于所征之地"，似乎也可以解读为中原传统的军礼（如唐宋的"皇帝亲征祃于所征之地"）；并且，"用囚虏为牲"也类似《太白阴经》《武经总要》等书记载的"衅鼓之法"：

> 凡出军攻敌，有衅鼓之法压伏敌人。军临敌境，使游弈捉敌一人，立于六纛之前，祝曰："贼人不道，敢干天威，皇天授我旗鼓，摧剪凶渠。见吾旗纛者目眩，闻吾鼓鼙者魂散。"令敌人跪纛下，乃腰斩之，首横路

_____

[1] 宋濂等撰：《元史》卷127《伯颜传》，第3114页。
[2] 宋濂等撰：《元史》卷138《燕铁木儿传》，第3334页。

之左，足横路之右，取血以衅鼓鼙，乃持六纛从首足间过，兵马六军从之而出，往必胜敌。[1]

不过，《元史》这两则记载发生在镇戍北方的蒙古军队中，笔者更倾向于认为，蒙元军队中以人祭旗的"古礼"，应该与古代突厥的战争习俗有关。段成式所撰《酉阳杂俎》中关于"突厥之先曰射摩舍利海神"的著名传说，就提到"突厥以人祭纛"的习俗[2]。此外，明清时期蒙古诸部延续了以人祭旗的习俗，似乎也暗示它应该来自草原传统。

17世纪初，喀尔喀蒙古的乌巴什·洪台吉率军攻打四卫拉特部，兵败身死。[3]卫拉特著名的文学作品《乌巴什·洪台吉传》即为歌咏此役而作。乌巴什派遣的侦察部队俘获卫拉特部一名男童，最终以之祭旗的事件，占了这部史诗相当多的篇幅。冈田英弘在《〈乌巴什皇太子传〉考释》一文中对这部史诗做了"近乎以全译"的介绍。以下节引自冈田英弘著作的中译本：

> ……于搜索巴只、斤只里河源时，遇一腰系绸带、脚蹬毡靴之七岁男童、乘三岁粉嘴枣骝马。追该童子自

---

[1] 曾公亮等撰，陈建中、黄明珍点校：《武经总要》后集卷20，第675页。
[2] 岑仲勉：《突厥集史》（上），北京：中华书局，1958年，第641—642页。
[3] 喀尔喀与卫拉特（瓦剌）分别是明代东、西两大蒙古势力。喀尔喀部封建主乌巴什·洪台吉自17世纪初发兵进攻卫拉特，一度使其称臣纳贡。

朝至夕方捉获。拿之置于二百哨兵中央,审问敌情:

"谁之子?所为何事?"

"我乃拜巴噶斯·汗(Bayibaɣas qaɣan)之部民。搜寻白骆驼九口而去。"男童答道。

"四卫拉特已备战耶?否耶?牧地在何处?"

男童曰:"汝等非奉命前来审问者,岂奉命抓拿而来者耶?话应向主人而言,衣应提其领而着,非耶?请活我而携我以行,将亲口道来。"

言已,虽百般威胁诱骗,皆无法使之招供,于是众蒙古兵乃携此儿以归,先遣二人,报知拿获七岁男童之事。

蒙古军阵营中,乌巴什皇太子以下众人,皆知此讯并相与议。于时男童遭携。因已闻此儿甚倔强,乌巴什皇太子乃拔刀置于八角梽檀木桌上。而后该儿遭押入乌巴什皇太子帐中,跪于桌下,双手被反绑于背后,赛因·玛济克制其右膝,巴罕·彻辰(Baqan čečen)制其右膝使坐。

于是遂答乌巴什皇太子之审问,卫拉特诸酋之情况,乃自男童口中道出……

闻讫,乌巴什皇太子下令:

"押此儿出,以之祭纛(tuɣ)。"(杀了男童作军旗之牺牲祭品——冈田原注)

男童忽又曰:

"仍有事相禀。"

遂再押入而作此言道：

"蒙古之赛因·赉瑚尔·汗（Sayin layiqur qaγan）与四卫拉特之善官人等于额莫勒河口之沙喇·呼鲁逊对垒而后议和，班师时宁不有盟耶？为鞫问而见俘之人，诚实以对乃遂杀之，犯此罪者当遭割舌而死，宁不有誓耶？忘崇高之盟、背崇高之誓，殿下以何杀我？我不过七岁竖子耳。愿殿下赦我之命。"

乌巴什皇太子无所答……

遂命将男童押出祭纛。时蒙古军中无人能念诵致纛祝词，故男童曰：

"我将成纛之灵，由我念诵何如？"

"小儿，好生祷祝。"

"我亦欲好生祷祝。请殿下仔细听闻。

"皇皇军神，饮食其飨。乌巴什皇太子，鲜血其淌。彼横其尸。折其黑纛，弃于通衢，舍于大道。彼之所爱，达拉·可敦，万人之主，拜巴噶斯，是夺是吞。长长黑纛，践于卫拉特人之足下。彼之所乘，嗜啮金毛马（uruγ šarγal mori），红绢辔头，曳之以行，卫拉特一人，将以长枪，牵其缰绳，捕之以乘。与巴只河，溃如雪崩，广阔平原，如覆如倾。于额莫勒之昆岱（Köndei）河口遭粉碎，尔之福、德皆将为卫拉特众孩儿所夺。至高山遂将扑倒。"

言讫，男童遂绝命。

蒙古军悉为此凶兆而大忧。[1]

卫拉特小儿临刑之际咏唱的祭旗歌词，是因为喀尔喀人公然违反传统而对乌巴什军队的诅咒。这也暗示，蒙古式旗纛祭礼中的"祷祝"，应该带有对敌人的"诅"的原始巫术意味。这一点与中原的衅鼓之礼诅咒敌寇"见吾旗纛者目眩，闻吾鼓鼙者魂散"，可谓殊途同归。

汉式祭旗

"洒祭"和"人祭"是内亚游牧社会色彩浓郁的军事礼仪，不过，蒙元帝国的汉军和新附军，是否采用这种军事礼仪呢？从目前发现的少数记载来看，元朝的汉人军队采用的旗纛祭礼，还是中原传统的祭旗礼。

《郝文忠公陵川文集》收有郝经撰《祃牙文》一篇：

> 维年月日，具位将南辕启行，谨以清酌庶馐之奠，昭告于牙旗之神：
>
> 维我国家，威定万国。前矛所指，莫不顿折。际天之覆，海外有截。逖尔荆楚，邈尔吴越。江淮一流，而乃限绝。譬彼金瓯，粤东南缺。经备戎行，受天之钺。

---

[1]〔日〕冈田英弘著，陈心慧、罗盛吉译：《从蒙古到大清：游牧帝国的崛起与承续》，台北：商务印书馆，2016 年，第 362—365 页。

谓余爪士，薄言往伐。载饬王度，载申师律。搜乘补卒，敦陈固列。兹尔桓桓，兹尔烈烈。建而旆之，王灵赫赫。蚩尤竟天，太白扫月。以缨扱矢，酾酒衃血。毋作神羞，驻看鲸捷。[1]

《元史·世祖本纪》记载："岁戊午，冬十一月戊申，祃牙于开平东北，是日启行。"[2]这是忽必烈奉蒙哥之命，率领原隶属塔察儿国王麾下的东路军，继续南下征宋之际（1258年）。郝经当时正在忽必烈幕府中，《祃牙文》就是此时写的。文中虽然出现了"酾酒衃血"等字句，总体来看，这篇《祃牙文》仍然是反映传统的牲祭军礼的大手笔。

刘鹗在至正十九年（1359年）夏五月作为广东道肃政廉访副使"募兵屯韶，修城池，缮兵甲，勉励将士，恢办军储"[3]。他有一首七言古诗《关武行》，记录了在韶州对当地军队的一次战前检阅。诗中描述的旗纛祭祀也是传统的牲祭：

> 台前独建大将旗，云散天清日当午。宝刀一挥牛首落，血祭旌旐洒红雨。命官奏喜得吉卜，士卒喧呼发金鼓。旷怀浩荡纳乾坤，老气蓊郁生云雾。祭余分胙各有

---

[1] 郝经撰，秦雪清点校：《郝文忠公陵川文集》，太原：山西古籍出版社，2006年，第312页。
[2] 宋濂等撰：《元史》卷4《世祖本纪一》，第61页。
[3] 刘鹗：《惟实集》卷六，影印文渊阁四库全书本。

序，旨酒盈樽肉登俎。[1]

石抹宜孙（字申之）以"行枢密院判官""同佥行枢密院事"率军镇压元末南方地区的叛乱，"或捣以兵，或诱以计，未几，皆歼殄无遗类"[2]。王毅《木讷斋文集》中收有为他的军队撰写的两篇祭旗文：《代萧申之祭旗文》和《代萧申之章溢祭旗文》，其一云：

> 盖闻三军之阵，旗为号令，阵之堂堂，旗之整整。爰有鬼神，实司其柄，况此义师，志气协应。左之右之，莫之敢竞，前之后之，莫不用命。或麾或斥，或以奇胜，殄馘丑类，化逆效顺。上照三辰，大捷之征，今将启行，临事而敬。醑酒举盟，敢告不佞，神之听之，乾清坤净。尚飨。[3]

此外，在元末文人著述中尚可搜集到三篇与早期朱元璋政权相关的祭旗文（参见本节附录）。这三篇祭旗文虽繁简各殊，却一致是数典用事的骈俪之辞。由此也不难看出，蒙元时期南、北两地的军事礼仪存在颇大的歧异，而蒙古式的

[1] 刘鹗：《惟实集》附录一，影印文渊阁四库全书本。
[2] 宋濂等撰：《元史》卷188《石抹宜孙传》，第4310页。
[3] 李修生主编：《全元文》第49册，南京：凤凰出版社，2004年，第206页。

旗纛祭祀在南方地区其实极少产生回响，入明之后更是在汉地绝迹。

本节附录

胡翰《祃牙文》（至正二十四年，1364年）

> 维岁甲辰正月某日，浙东行中书省右丞李某以清酌
> 洁牲祃于大牙之神。惟国大事，曰祀与戎，凡我有众，
> 罔敢弗恭。在昔草昧，诞启武功。涿鹿扬灵，牧野奋庸。
> 承天休命，惟神是崇。于皇汉祖，奋起沛丰。申严秩礼，
> 丕显军容。百王继轨，庶士承风。伊予不武，荷国委寄。
> 授越端闱，总干东裔。列城效顺，群丑慕义。匪曰予能，
> 实神之赐。赫赫灵旗，道扬神威。天日清照，风雷厉飞。
> 睽睽万目，具瞻指挥。何挥不跃，何指不披。薄海内外，
> 日所出入，憺其于铄，罔不震聋。肆于将士，一乃心力。
> 鞠躬将事，不越咫尺。春酒既嘉，洁牲孔腯。是用昭假，
> 令典有则。神其监之，尚永我诩。宣我神武，祚我明德。
> 削平僭乱，佑我民物。如周如汉，如古有国。登于至治，
> 轨祀罔极。[1]

---

[1] 李修生主编：《全元文》第51册，南京：凤凰出版社，2004年，第
    351—352页。

陈谟《祃旗文》（吴元年，至正二十七年，1367年）

维吴元年，岁在丁未正月戊寅朔，越二日己卯，同知赣州卫指挥使司事守御韶州张某，谨以大牢清酌，致祭于军纛大之神。惟国之大事，莫重于军旅，而军之节度，莫重于旌旗。师行之际，四方之星，各司其局，招摇在上，急缮其怒，惟尔有神，实司厥职。方今岁事更始，天运一新。永惟粤尉佗之境土未复，汉伏波之功勋未建，行将率厉兵甲，想藉国威，报效万分。惟尔有神，式克相之。[1]

周霆震《黄尚书幕府伍经历祭旗文》（年代不明）

国家用兵五年，四方次第平。余从尚书奉诏出都门，天戈所加，无不定顺。狨焉小丑，敢抗大邦？皇威显临，其党之毒于永新者，既不远二百里而送死，安成伊迩，何恃而犹陆梁？方今秋令司刑，金为兵气，诸军顺时进讨，其成厥勋，嘉谋金同，穆卜允协。大旗卓建，所以明号令，肃观瞻，揭日月而光华之。祀事孔严，重王命也。皇天后土，洞鉴丹心，惟神其歆，相我必济。[2]

---

[1]李修生主编：《全元文》第47册，南京：凤凰出版社，2004年，第307页。
[2]李修生主编：《全元文》第39册，南京：凤凰出版社，2004年，第190页。

第二章 政治景观与战争动员

　　围猎、讲武和射礼，不仅是古典军事礼仪的重要内容，三种礼仪往往还有密切的关系。在《开元礼》的篇目安排中，"讲武""田狩""射宫""观射"等礼，连续排在"军礼"子目的第九到第十二。在制度设计上，围猎和讲武尤其关系密切。《周礼》中的"四时教阅"，除例行的检阅操演外，均设有军事围猎的环节："中春教振旅"，继战阵演习后，"遂以蒐田，有司表貉，誓民，鼓，遂围禁。火弊，献禽以祭社"；"中夏教茇舍"也有"遂以苗田，如蒐之法。车弊，献禽以享礿"的内容[1]。《开元礼》规定，举行仲冬讲武礼，在操演检阅之后，可继续进行"田狩"[2]。唐代府兵每年季冬的操演，也常以围猎收尾[3]。围猎、讲武与射礼，同样是蒙元帝

---

[1] 郑玄注，贾公彦疏，赵伯雄整理：《周礼注疏》，北京：北京大学出版社，第765—774页。
[2] 杜佑撰，王文锦、王永兴、刘俊文等点校：《通典》卷132，第3379页。
[3] 马端临：《文献通考》卷151《兵考三》，第3132页。

国军事礼仪的重要内容，三者也同样关系密切。

一、"天皇冬狩如行兵"

狩猎，对于蒙古草原游牧民来说，是仅次于游牧的重要生存方式，狩猎补充了游牧经济中的食物匮乏，也保护了牧群。但是，游牧政权一旦巩固并向定居农业地带扩张，狩猎在经济生活中的地位下降，转化为一种政治军事活动。蒙古人的狩猎可分两种：个体或者少数人协作进行的ang（"昂"）和大规模的围猎aba（"阿巴"）[1]。作为军事礼仪的狩猎，仅指需要众多武装人员参与和精密配合的大规模围猎。

在成吉思汗时代的蒙古人看来，围猎和军事活动总是脱不了千丝万缕的联系。《元朝秘史》第123节记载，在阿勒坛、忽察儿和撒察·别乞等人推举铁木真做"汗"的时候，所发的誓言正是"你若作皇帝呵，多敌行俺做前哨，但掳的美女妇人，并好马都将来与你。野兽行打围呵，俺首先出去围将野兽来与你；如厮杀时违了你号令，并无事时坏了你事呵，将我离了妻子家财，废撒在无人烟地面里者"[2]。爱尔森指出，"狩猎是跨国关系、军事筹备、内政管理、通信网络

---

[1] 僧格：《人类学视野下的蒙古狩猎文化》，北京：民族出版社，2015年，第213—216页。

[2] 阿尔达扎布译注：《新译集注〈蒙古秘史〉》，第218—219页。

以及探询政治合理性的组成要素",就蒙古人而言,参加狩猎与参军都是一种强制性义务,集体狩猎构成了战争与和平之间的过渡性阶段,狩猎取得的胜利也构成战争胜利的基础[1]。不过,蒙古围猎除了具有军事动员与操练的功能,也为军事礼仪和军事法提供了实践场所。

大蒙古国军队围猎的最关键史料,来自波斯史家志费尼的《世界征服者史》。书中对成吉思汗时代的大型围猎有一段详尽的记载:

成吉思汗极其重视狩猎,他常说,行猎是军队将官的正当职司,从中得到教益和训练是士兵和军人应尽的义务,[他们应当学习]猎人如何追赶猎物,如何猎取它,怎样摆开阵势,怎样视人数的多寡进行围捕。因为,蒙古人想要行猎时,总是先派探子去探看有什么野兽可猎,数量多寡。当他们不打仗时,他们老那么热衷于狩猎,并且鼓励他们的军队从事这一活动:这不单为的是猎取野兽,也为的是习惯狩猎锻炼,熟悉弓马和吃苦耐劳。

每逢汗要进行大猎(一般在冬季初举行),他就传下诏旨,命驻扎在他大本营四周和斡耳朵附近的军队做好行猎准备,按照指令从每十人中选派几骑,把武器及

---

[1]〔美〕托马斯·爱尔森著,马特译:《欧亚皇家狩猎史》,第18页、第329页。

其他适用于所去猎场的器用等物分发下去。军队的右翼、左翼和中路，排好队形，由大异密率领；他们则携带后妃、嫔妾、粮食、饮料等，一起出发。他们花一两个月或三个月的时间，形成一个猎圈，缓慢地、逐步地驱赶着前面的野兽，小心翼翼，唯恐有一头野兽逃出圈子。如果出乎意料有一头破阵而出，那么要对出事原因作仔细的调查，千夫长、百夫长和十夫长要因此受杖，有时甚至被处极刑。如果（举个例说）有士兵没有按照路线（蒙古人称之为捏儿格）行走，或前或后错走一步，就要给他严厉的惩罚，决不宽恕。

在这两三个月中，他们日夜如此驱赶着野兽，好像赶一群绵羊，然后捎信给汗，向他报告猎物的情况，其数之多寡，已赶至何处，从何地将野兽惊起，等等。最后，猎圈收缩直径仅两三帕列散[1]时，他们把绳索连结起来，在上面覆以毛毡；军队围着圈子停下来，肩并肩而立。这时候，圈子中充满各种兽类的哀嚎和骚乱，还有形形色色猛兽的咆哮和喧嚣，全部感到这是"野兽麇集"时的大劫……猎圈再收缩到野兽已不能跑动，汗便带领几骑首先驰入；当他猎厌后，他们在捏儿格中央的高地下马，观看诸王同样进入猎圈，继他们之后，按顺

---

[1] 帕列散（parasang）又译"帕拉珊"，古代波斯的一种路程计量单位，1帕列散约合 5.5 公里。

序进入的是那颜、将官和士兵。几天时间如此过去；最后，除了几头伤残的游荡的野兽外，没有别的猎物了，这时，老头和白髯翁卑恭地走近汗，为他的幸福祈祷，替余下的野兽乞命，请求让它们到有水草的地方去。于是他们把猎获的兽全集中一起，如果清点各种动物实际不可能，他们只点点猛兽和野驴便作罢。

……现在，战争以及战争中的杀戮、清点死者和饶恕残存者，正是按这种方式进行的，确实，每个细节都是吻合的，因为战场上剩下的仅仅是些肢体破碎的可怜虫。[1]

前面已经指出，围猎这类特殊的军事礼仪，体现了许多军事法因素，很大程度上正是为了强化仪式的参与者及旁观者对军纪军法的熟稔和服从意识而举行的，"寓军法于军礼"就是蒙元帝国围猎的最大特点。

围猎有"法"

围猎首先是军事法的演练场所，因为它规模巨大、协同复杂，十分接近大规模的作战行动。围猎最关键的环节是驱逐野兽并形成猎圈。耶律楚材的《扈从冬狩》形容道："天

---

[1]〔伊朗〕志费尼著，何高济译：《世界征服者史》(上)，第29—31页。着重号是笔者加的。

皇冬狩如行兵，白旄一麾长围成。长围不知几千里，蛰龙震栗山神惊。长围布置如圆阵，万里云屯贯鱼进。"[1]宋元之交的学者周密记载："北方大打围，凡用数万骑，各分东西而往，凡行月余而围始合，盖不啻千余里矣。"[2]形成如此大规模的猎圈，需要各支部队长距离和长时间的准确配合。在缺乏现代通讯和定位技术的内亚草原，这种配合主要是靠经验和严酷的行军纪律达成的。在猎圈形成后，参与围猎的士兵还要在队列中严防死守，防止猎物逃逸，等待大汗和贵族进入猎圈。有些记载表明，在正式进入战场之前，蒙古大汗常常通过围猎来给军队热身，使之熟稔行军和战阵的相关纪律。例如，《史集》叙述长子西征时就提到：

> 其后诸王共商，各领其军作猎圈阵形之运动前进，攻取当道之诸国。蒙哥合罕作此猎圈阵形循河之左岸进，俘此境之主要异密、钦察联盟中玉里儿里克人之八赤蛮。[3]

《世界征服者史》更加详细地记载：负责形成猎圈的蒙古士兵须按固定的路线前进，"错走一步，就要给他严厉的

---

[1] 耶律楚材著，谢方点校：《湛然居士文集》卷十《扈从冬狩》，第214页。
[2] 周密撰，吴企明点校：《癸辛杂识》，北京：中华书局，1988年，第117页。
[3] 〔波斯〕剌失德丁原著，波义耳英译，周良霄译注：《成吉思汗的继承者》，天津：天津古籍出版社，1992年，第81页。

惩罚"；在严守各自岗位时，"如果出乎意料有一头破阵而出，那么要对出事原因做仔细的调查，千夫长、百夫长和十夫长要因此受杖，有时甚至被处极刑"。这些其实都是行军纪律和战时军事刑法的预演。

中国历史上的其他北方民族，也或多或少存在通过围猎贯彻军纪军法的现象。例如，《魏书·尔朱荣传》记载契胡尔朱荣：

> 好射猎，每设围誓众，便为军阵之法，号令严肃，众莫敢犯。[1]

所谓"军阵之法"，显然既包括战略战术，也包括军事刑法。《武经总要》收录的《赏格·罚条》有几条处罚规定，如"临阵非主将命，辄离队先入者，斩"，"逐贼，将帅指定远近处所而辄过者，斩；或不及指定处所者，亦斩"，"阵定后，辄进退乱行者，即前后左右所行处听便斩"，等等[2]。这些难道不是与《世界征服者史》记载的打围纪律极其相似吗？

围猎有"礼"

围猎也是军事礼仪的展示场所。所谓"礼"，主要是一

---

[1] 魏收：《魏书》卷 74，《尔朱荣传》，北京：中华书局，1974 年，第 1644 页。
[2] 曾公亮等撰，陈建中、黄明珍点校：《武经总要》前集卷 15，第 229—230 页。

套分异标准（differentiation）和等级秩序（hierarchy）。这种
分异标准和等级秩序，在蒙元帝国的围猎活动中体现在两个
方面：

一是进入猎圈的顺序。《世界征服者史》告诉我们，率
先进入猎圈的是大汗和诸王，"继他们之后，按顺序进入的
是那颜、将军和士兵"。据此，爱尔森说："在狩猎活动期间，
尤其是围猎活动期间，统治者会占据中心舞台。在大蒙古国
早期，一旦狩猎圈形成和围住之后，狩猎活动便开始执行严
格的上下级秩序。当然，第一序列是可汗及其侍从，之后是
各位王公、军队长官、政府官员，最后才是普通的士兵。此
后，在中国的元朝，皇帝会骑象进入狩猎圈并射出第一支箭；
这是一个信号，意味着其他人也可以开始捕猎了。"[1] 不过，
围猎或战斗阵形中的礼仪或秩序，不仅对于最高统治者具有
重要意义，对于其他统治层级也十分关键。《巴布尔回忆录》
提到，在中亚蒙兀儿军中，"为了谁站在右翼的一端，察拉
思部和别乞克部经常进行争执。那时，察拉思万户的伯克喀
什卡·马赫穆德，是一个很勇敢的人。别乞克万户的伯克艾
育伯，在其他万户中很著名。此二人为了谁应当站在最前端
的问题互相打起来，以致拔刀相斗。最后，解决的办法似乎
是，一个在围猎时占据最高位置，另一个在战斗队列中占据

---

[1]〔美〕托马斯·爱尔森著，马特译：《欧亚皇家狩猎史》，第321页。

最高位置"。[1]

二是猎物的分配。明人萧大亨《北虏风俗》记述，鞑靼部狩猎阴山，"积兽若丘陵"：

> 数众以均分，此不易之定规也。然亦有首从之别，若一兽之获，其皮毛蹄角以颁首射，旌其能也。肉则瓜分，同其利也。其亡矢遗簇，无人窃匿，恐罹重罚。[2]

可见，在整个围猎活动接近尾声时，蒙古人会为猎物的分配举行专门典礼，遵循特定的章程和次第，注重所谓"均分"和"首射"（第一个射中猎物的猎手）。这更多体现了草原社会朴素的礼俗。但是，在蒙古汗权崛起后，猎物的分配，就与蒙元帝国的权力层级有了对应关系，也就是按照"大汗—诸王—那颜—将领—普通士兵"这样的序列，来决定猎物分配的权利。顺带应该指出，围猎时的猎获物的分配，与战争中战利品分配也存在一定对应关系（关于这一点，后面再详细讲述）。

总之，蒙元帝国举行的大型围猎，是一种"寓军法于军礼"的准军事活动。尽管"田狩"是中国古典军事礼仪的重

---

[1]〔印〕巴布尔著，王治来译：《巴布尔回忆录》，第152—153页。

[2]萧大亨：《北虏风俗》，薄音湖、王雄编辑点校：《明代蒙古汉籍史料汇编》（第二辑），呼和浩特：内蒙古大学出版社，2000年，第243页。

要部分，但是，内亚游牧民族，特别是蒙古人的围猎，是否也可以称为军事礼仪？通过上面的考察，我们确实可以将"围猎"视作一种重要的军事礼仪：一方面，它为蒙元帝国军队的军事法尤其是行军纪律和战时军事刑法提供了预演场所；另一方面，又作为一种分异标准和等级秩序，体现了维护和加强等级制度与政治权威的国家意志。

二、由简趋繁的阅兵礼

军队检阅古称"讲武"，肇于先秦，定型于唐宋，一直是中国古代军事礼仪的重要组成部分，是古典军礼的"核心仪式"[1]，也是近年中古史研究的热门题目。典型的讲武礼，以《周礼》（"教大阅"）和《开元礼》为代表，大致包括设立阅兵场、皇帝及官员入场、军队按照旗鼓信号演练各式阵形并展示武备、宴飨赏赐等环节[2]。严格意义上的"讲武"，是指规格较高、规模较大，由皇帝亲自主持的大军检阅；国

---

[1]〔日〕丸桥充拓，张桦译：《唐代军事财政与礼制》，第211页。
[2]参见焦天然：《两汉都试考：兼论汉简中的秋射》，《鲁东大学学报（哲学社会科学版）》2014年第1期。刘莹：《北魏讲武考——草原传统与华夏礼仪之间》，收入《魏晋南北朝隋唐史资料》第三十五辑，武汉大学中国三至九世纪研究所编，上海：上海古籍出版社，2017年，第70—96页。王瑜：《关于中国古代"讲武礼"的几个问题——以唐代为中心》，《求索》，2009年第4期。尤丹丹：《宋代阅兵研究》，河南大学历史学硕士学位论文，2016年。

家典礼色彩相对薄弱的常规操演，称为"教阅"或"阅武"。

大蒙古国的军事检阅

在成吉思汗统一蒙古高原之前，活动在草原地区的蒙古军队，自然存在作战开始之前点集军马、检查武器和操练作战队形的某些活动，在史料中却无迹可寻。从常理判断，这类活动主要是实用性的，缺乏仪式色彩，很难对应古典军礼中的"讲武"。另外，在草原社会，大型围猎活动在很多时候替代了定居农业社会的"讲武"承担的军事功能，早期蒙古军队的"讲武"，或许正体现在围猎上。

大蒙古国崛起后，大规模、较正式的军队检阅也出现了，最初的记载也来自《世界征服者史》。在"成吉思汗制定的律令和他兴起后颁布的札撒"一章中，志费尼记述了大蒙古国军队举行检阅的相关规定：

> 整个世界上，有什么军队能够跟蒙古军相匹敌呢？……无论何时，只要抗敌和平叛的任务一下来，他们便征发需用的种种东西，从十八般武器一直到旗帜、针钉、绳索、马匹及驴、驼等负载的动物；人人必须按所属的十户或百户供应摊派给他的那一份。检阅的那天（rūz-i 'arż），他们要摆出军备（ālat），如果稍有缺损，负责人要受严惩（tādīb anīf hunand）。
>
> ……军队的检阅和召集（'arż gah va shumār-i lashkar），

如此有计划，以致他们废除了花名册，用不着官吏和文书。因为他们把全部人马编成十人一小队，派其中一人为其余九人之长；又从每十个十夫长中任命一人为"百夫长"，这一百人均归他指挥。每千人和每万人的情况相同……如果要突然召集士兵，就传下命令，叫若干千人在当天或当晚的某个时刻到某地集合。他们将丝毫不延误（他们约定的时间），但也不提前。总之，他们不早到或者晚到片刻。[1]

史料中的"检阅的那天"，波斯文为"rūz-i ʿarż"，ʿarż 有"检阅""呈献""展示"等多个义项。后文"军队的检阅"一词，用的也是同一词根。"召集"的波斯文为"shumār"，准确地说，应该译为"点集"，是对军队人数或军籍的现场核查。《世界征服者史》的英译者波伊勒（J.A.Boyle）使用了较为弱化的词"review"，而非较为仪式化和讲究排场的"parade"来翻译 ʿarż，或许正是考虑到，这种"检阅"的仪式性不强[2]。

大蒙古国军队的检阅礼仪，除了核对军籍和检查装备保养情况，是否还有一定的操演内容呢？前文引用过巴布尔对

[1]〔伊朗〕志费尼著，何高济译：《世界征服者史》（上），第32—33 页。
[2] 他还将"军队的检阅和召集"译为"The reviewing and mustering of the army"。参见：Alī al-Dīn Ata Malikī Juwaynī, Tārīkh-i Jahāngūsāʾī, trans. by John Andrew Boyle, *The History of the World Conqueror*, Vol.1, Manchester: University of Manchester Press, 1958, pp.30–31.

中亚蒙兀儿军队祭纛礼的描述。从上下文看，这种祭纛礼其实是军队检阅的环节之一：

> 汗听到这个消息后，立即率军自塔什干出动。他在别什干与萨姆·西拉克之间的地方将军队划分为右翼和左翼，并举行阅兵。其后，即按蒙兀儿的方式展旗……一下子鼓乐齐鸣，站列成行的战士一齐呼喊战斗口号。这一共进行了三次，然后上马，喊着口号，绕营奔驰。[1]

巴布尔认为，以上程序遵守了"成吉思汗制定它们的时候"以来的传统。因此，虽然这段文字只是简单提到"上马，喊着口号，绕营奔驰"等环节，仍不妨据此推断，大蒙古国军队的检阅，多少具备了唐宋同类军事礼仪的基本内容，不妨视为一种朴素的"讲武"礼。

金帐汗国大阅兵

堪与唐宋军事礼仪中的"皇帝讲武"礼对应的历史记载，出现在金帐汗国中期。1334年6月（回历734年开斋节），摩洛哥旅行家伊本·白图泰获邀列席金帐汗国月即别汗举行的最高规格阅兵和宴饮。白图泰描述，在旗鼓仪仗出场并做完礼拜之后，金帐汗和众汗国权贵，分别在事先搭建好的木

---

[1]〔印〕巴布尔著，王治来译：《巴布尔回忆录》，第152页。

台上就座，并举行检阅：

> 此后，为各位异密建靶鼓以供射箭之用，每位万户都
> 有自己的鼓。万户在彼处就是万人的异密。当日与会的万
> 户共有十七人，统领十七万人马，全军之数尚远多于此。
> 每位异密又各建将坛，坐于其上，观看士兵在他们面前操
> 演。上述活动持续一小时之久。其后，他们前来受赐质孙
> 荣服，每位异密各赐一袭。在穿上质孙服后，他们行至算
> 端御前谢恩。谢恩之礼如下：右膝跪地，右小腿向后平伸
> 出，左腿则保持直立。其后牵来一匹鞴好鞍鞯的骏马，举
> 起马蹄，异密亲吻马蹄后，牵马返回各自的将坛。在彼处
> 上马，整顿士兵行列待命。各万户均照此行事。[1]

这条关键史料给了我们三点启示：首先，皈依伊斯兰教
的金帐汗国统治者在穆斯林最重大的传统节日开斋节举行阅
兵，说明在大蒙古国的后继政权中，检阅已从战前检核兵员
人数、武器和作战能力的"实用型"，转化为展示政治威权

---

[1] Ibn Batoutah: *Voyages D'Ibn Batoutah: Texte Arabe, Accompagné D'une Traduction*, par C. Defrémery et B.R. Sanguinetti. Paris: Imprimerie Nationale, 1893–1922, vol 2, p.395. 此为德弗列麦里所编之法文–阿拉伯文合璧本。中译本见〔摩洛哥〕伊本·白图泰：《异境奇观——伊本·白图泰游记》，李光斌编译，马贤审校，海洋出版社 2008 年版，第 312 页。因此处中译文讹误极多，文中引文以阿拉伯文为基础，参照法文译文译出。

和军事实力的"仪式型"。

其次，月即别汗举行的开斋节大阅兵，具备最高统治者亲临主持、开辟专门场地、搭建将台、阵形演练等唐宋时期"讲武"的主要环节，同时具备宗教祈祷、赏赐宫廷礼服（质孙服）和骏马、宴飨这一类比较特殊的环节，完全可以看作是与唐宋"讲武"礼对等的礼仪制度。

最后，白图泰显然并非受邀列席阅兵的唯一外宾。金帐汗阅兵的"观礼团"必然囊括了与金帐汗国有依附关系或外交关系的各国各地方的使节。金帐汗国频繁派遣使节出使埃及，埃及统治者也举行相应的大阅兵，为使节接风洗尘并展示实力。埃及马穆鲁克算端拜巴尔斯的书记官伊本·阿卜杰扎希尔（Ибнабдеззахыръ）撰写的《拜巴尔斯算端生平》，记载了1264年（回历662年，至元元年）埃及马穆鲁克统治者为金帐汗别儿哥使节举行的大阅兵：

> 他们（使节们）自拉斯卡里萨之地返回，观看了军队的检阅（蒂森豪森译为俄文：къ смотру победоносного войса），正如我们提到的，参与检阅之士兵皆全副武装。[1]

---

[1]《拜巴尔斯算端生平》手抄本现藏于大英博物馆，书中与金帐汗国历史相关的阿拉伯文原文，已由蒂森豪森在《金帐汗国史料集（阿拉伯文部分）》排印出版，见 Влади́мир Гу́ставович Тизенга́узен: *Сборник материалов, относящихся к истории Золотой Орды, Том I. Извлечения из сочинений арабских*, p.64.

另一部马穆鲁克史书——开罗人伊本·弗拉塔（Ибнель
форатъ）所撰《编年史》，还详细记载了同一批金帐汗国使
臣在埃及亲历的阅兵礼（1264年）：

> 此时，别儿哥汗之使节到来，亲眼见证了（密昔儿）
> 军队人数之众多，服饰之华美，算端之勤于军政，步兵
> 之精良，军马之雄健。算端骑在马上，与使节一同观看
> 士兵的进退与准确的射击。上述活动持续了一整天。
>
> ……别儿哥使节向算端询问：此即埃及与苦国之军
> 队？算端答言：不然，尚未包括各地要塞之驻军，此外
> 有镇戍边境之军队，如在亚历山大里亚、达米亚特、卢
> 西特、苦思和艾尔哈尔斯及分驻其他各地的军队。别儿
> 哥使节十分惊讶，言：在算端扎阑丁和其他人的军队
> 中，吾等从未见过如此雄壮之师！[1]

金帐汗国的阅兵礼与马穆鲁克的阅兵礼的渊源及异同虽然
难以考证，但大体应该是相似的。区别或许在于，金帐汗国的
阅兵礼中的某些元素，显然与大蒙古国的军事传统（旗鼓、质
孙服、饮宴）有直接继承关系，只是加上某些伊斯兰的因素。

---

[1]《编年史》手抄本藏维也纳国家图书馆，相关的阿拉伯文原文，也由蒂
　森豪森在《金帐汗国史料集（阿拉伯文部分）》排印出版，见 Влади́мир
　Гу́ставович Тизенга́узен: *Сборник материалов, относящихся к истории
　Золотой Орды, Том I. Извлечения из сочинений арабских*, p.352, p358.

元朝军队的检阅

元朝举行"皇帝讲武"礼的历史记录，目前尚未发现。元代汉文史料中偶尔能见到与检阅军队有关的记载，可分为"阅实""阅视"和"阅习"三类。

《元史》记载的"（大德二年春正月）丙申，遣使阅诸省兵"或"（至大四年八月）庚戌，命枢密院阅各省军马"[1]，属于皇帝派遣使节到地方检阅军队。但是，这里的"阅"，大概相当于志费尼的"shumār"，也就是点集。结合其他记载可知，如果这种检阅工作涉及现役军队，通常称为"阅实军数"，如《元史·世祖本纪》记载，至元七年（1270年）五月："庚申，命枢密院阅实军数。"[2] 若涉及的是非现役兵员（军户），多称为"阅视军籍"或"阅实军籍"，如《世祖本纪》记载，至元二十七年（1290年）十二月："遣兵部侍郎靳荣等阅实安西、凤翔、延安三道军户，元籍四千外，复得三万三千二百八十丁。"[3]

这种检阅是一种核实编制，保证基本战力，防止吃空饷等贪腐行为的常规制度，大多可能是文书性质工作，至于公开检阅军队和操演阵形，似属次要。刘岳申《送郝右丞赴河

---

[1] 宋濂等撰：《元史》卷19《成宗纪二》，第416页；卷24《仁宗纪一》，第546页。

[2] 宋濂等撰：《元史》卷7《世祖本纪四》，第130页。

[3] 宋濂等撰：《元史》卷16《世祖本纪十三》，第342页。

南省序》记载，皇庆二年（1313年），郝天挺任江西行省右丞之时，"奉命与金院数军实至临江。临江军多亡逃，而官利其利，则罪万户以下"[1]可见，凡言"阅实"者，主要是清点兵籍。

在这类常规性"阅实"之外，又有因临时征发而举行的"阅视"。《元史·来阿八赤传》记载：

> 皇子镇南王征交趾，授湖广等处行中书省右丞，召见，世祖亲解衣衣之，并金玉束带及弓矢甲胄赐焉。二十四年，改湖广等处行尚书省右丞，诏四省所发士马，俾阿八赤阅视。[2]

姚燧《宣抚使张公神道碑》也提到，至元初，张庭瑞守高唐州，朝廷为进攻南宋下令"抽中民之家为兵，赋州数百人"，张庭瑞"身按籍，取其壮者，与借衣仗尉兵，权宜畀之，编诸行伍，教以进退，不相干越"。同僚有以多事责之，认为抽足人数，应付差事即可。庭瑞回答：如果一味敷衍，朝廷"或遣使，或覆阅"，发现新兵衣甲不完，免不了"留

---

[1] 李修生主编：《全元文》第21册，南京：江苏古籍出版社，2001年，第436页。刘岳申文仅言"上（仁宗）临御之初"，郝天挺出任江西行省右丞，"明年春"奉旨阅军。按《元史》本传，郝天挺出任江西行省右丞为皇庆元年，而卒于皇庆二年，故此处将阅军系为二年之事。

[2] 宋濂等撰：《元史》卷129《来阿八赤传》，第3142—3143页。

甲退乙，更逐纷纷"。果然，"阅使至，果惟曰：高唐之兵精良！"[1] 袁桷《郭公神道碑铭》也提到郭郁在浙江行省做官时，卫府调兵一万五千发往大都：

> 俾俱以九月集。（郭郁）白于省大臣，大臣许之。至则器甲精锐，士马肃给，为诸省冠。[2]

从这三条记载看，"阅视"不仅是核实兵数，在集结完毕之后，还由专人择日举行典礼，检阅衣甲器仗和训练情况。兵源不同的军队（如高唐之兵或江浙之兵），还有互相比较争先之意，带有更多军事操演的因素。

元朝军队某部的日常教阅，可称"阅习"。至元二十七年（1290年）冬，江淮行省上奏江南镇戍方略，提到要在江南22处"濒海沿江要害"，集结水军，"分兵阅习，伺察诸盗"[3]。不过，在元代军队中，关于侍卫亲军系统的"阅习"最为多见。侍卫亲军的前身是忽必烈早期设置的武卫军，后改为左右翼侍卫亲军，又添设三卫、五卫、色目卫军和蒙古卫军等等，是中央掌握的一支精锐武装力量[4]。至元十六年

---

[1] 姚燧撰，查洪德编校：《姚燧集》，第 313 页。
[2] 袁桷撰，李军等校点：《袁桷集》（下卷），长春：吉林文史出版社，2010年，第 412 页。
[3] 宋濂等撰：《元史》卷 99《兵志·镇戍》，第 2544 页。
[4] 参见史卫民：《中国军事通史》第 14 卷《元代军事史》，第 215—238 页。

（1279年），忽必烈将新组建的侍卫亲军万人划拨东宫，立侍卫亲军都指挥使司。《元史·裕宗传》对此事记载如下：

> 诏以侍卫亲军万人益隶东宫，太子命王庆端、董士亨选其骁勇者，教以兵法，时阅试焉。[1]

至元三十一年（1294年）元成宗铁穆耳即位，为伯蓝也怯赤太后立隆福宫，将东宫卫军中的侍卫亲军都指挥使司和蒙古侍卫亲军都指挥使司，改为隆福宫左都威卫使司和右都威卫使司。因此，隆福宫左都威卫府所辖，就是东宫卫军改编成的后宫卫军，东宫卫军的教阅制度似乎也为这支后宫卫军所继承。王恽撰有《隆福宫左都威卫府整暇堂记》（大德二年，1298年），文中的"整暇堂"，应该就是卫军校场的"主席台"，供"简阅车徒，角较伎能，秉号令而观威武"之用，至于"岁时都试，申明节制，旗旆精明，鼓角清亮，坐作造退"等等，更是题中之义[2]。《元史》还提到，泰定四年（1327年）二月"丙戌，诏同佥枢密院事燕帖木儿教阅诸卫军"[3]。可知，元朝统治者（至少在前中期）颇为重视卫军之教阅。

---

[1] 宋濂等撰：《元史》卷115《裕宗传》，第2899页。
[2] 王恽：《隆福宫左都威卫府整暇堂记》，《王恽全集汇校》第3册，第1924—1926页。
[3] 宋濂等撰：《元史》卷30《泰定帝纪二》，第677页。

最后，《经世大典·序录》中还有《整点》和《教习》两篇，对元朝军队的检阅制度有一番概括的描述。其《整点》篇云：

> 天子新即位，则分遣枢密院臣僚乘传行诸省洎列郡，考戍将所典之士壮若懦，校其籍之数，观马肥若瘠，与兵之利钝、甲胄鞍盾之坚脆、弢箙弓矢旗帜之新弊、什物之备否，大阅，行赏罚，还奏吏文，曰整点。一则以受图膺贡之初，振举庶政，而武事其一。一则以警动天下耳目，而备不虞，此常制也。余则或有征伐，亦阅所当遣卒，于期会启行之方。或外本兵者废革，而藩方新有其军，必核实齐一之。或受任者怠于事，而往作其弛堕，皆整点如上。法令杂载之。第是数者，非得旨，皆不敢行。

《教习》篇云：

> 阵有奇正，人有坐作，兵有击刺，必耳金鼓目旗帜千为夫如一人，则始可用矣。神元上世，北戴斗极以立国，寓兵法于猎，开阖聚散严矣。及取天下，四征不庭，水陆之师，莫不教练。故能东西讨伐，所向无前。承平既久，愈益不废。诸将麾下，悉设教首。勤赏惰罚，皆有着令。今载其见于簿书者，使后有考焉。阵图战艺，秘不示众。[1]

---

[1] 苏天爵编：《国朝文类》卷41，《四部丛刊》初编影元至正西湖书院刊本。

史卫民先生据此指出，为了保证各地军队的战斗力，中央定期派枢密院官员到各地巡视，主要考察镇戍官兵的体格和士气，是否阙额，马匹和装备的保养情况，还要通过"大阅"进行赏罚，回奏朝廷，这种形式称为"整点"；军队出征之前以及更代之后，也要派员进行整点[1]。其实，这两类整点，分别对应前面的"阅实"和"阅视"，而"教习"就是前面讨论的"阅习"。

元朝军队的"阅实""阅视"和"阅习"，具体情形怎样？元人王恽的《征士谣》描述了一次军队检阅，大致相当于前面《整点》篇提到的"或有征伐，亦阅所当遣卒，于期会启行之方"。诗句生动描绘了元初阅兵的情状：

东风连日沙尘昏，兵威掩尽春气温。汉家武备遍九有，南来探骑何纷纷。今年十抽一锥去，千里起赴和林屯。御河西岸殷牧野，万甲照水光粼粼。观容有使亲阅实，不许代名须正身。神牙猎猎见北麾，精锐全是嫖姚军。[2]

姚燧《千户所厅壁记》开篇也扼要记叙了枢密院遣使阅兵的制度：

———————————

[1] 史卫民：《中国军事通史》第 14 卷《元代军事史》，第 335 页。
[2] 王恽：《征士谣》，见《王恽全集汇校》第 2 册，第 401—402 页。此条史料史卫民先生已注意及之，见前引书，第 335 页。

我元驻戍之兵，皆错居民间。以故万夫、千夫、百
夫之长，无廨城邑者。其有统齐征发之政，无文移，惟
遣伻衔言，至受命大帅，或依高丘旷野，为律以行。[1]

姚燧提到，元朝镇戍军队的点阅地点并无一定，多"依
高丘旷野"，这与《征士谣》提到"御河西岸殷牧野"可以
互相印证。前文讨论元代军队祭旗礼，引用过刘鹗的《观武
行》。其实，此诗描述军旗祭祀的文字仅有数句，大部分笔
墨是在渲染激昂雄壮的阅兵场面：

沙场筑台高十丈，玉节光临有攸止。微风不动碧油
幢，暗尘轻拂银交椅。当轩下马一寓目，云鸟鱼丽俱得
所。帐前骏马骄如龙，帐下健儿猛如虎。五方牙旗按五
色，戈戟如林分部伍……祭余分胙各有序，旨酒盈樽肉
登俎。酒边好语相激昂，世事艰危思共济。同舟慎勿异
秦越，四海相看总兄弟。愿无争气与争功，要在相欢勿
相妒。上下心同铁石坚，城池势若金汤固。黄河如带山
若砺，当保初心与初誓。我言剀切因流涕，忠义推之人
肺腑。三军感激各再拜，愿效驱驰报明主。酒酣跽请献
所长，万马争驰置脱兔。舞剑划若掣电惊，扬旗炊见飞
星度。止齐不愆六七伐，练习初非朝夕故。花奴技痒争

---

[1] 姚燧撰，查洪德编校：《姚燧集》，第94—95页。

角逐，干盾纷纷向人舞。将军一笑挽强弓，百步穿杨骇
相顾。固知蒙恬勇无敌，尤信张良素多智。成都底用说
花卿，安西不复歌都护。曲江江头多壮士，官陵小贼奚
足数？会当飞度虎头城，为吊英雄死何苦！生擒贼奴剖
心血，洒向忠臣坟上土。功成扫归献天子，竹帛勋名耀
千古。[1]

　　从《关武行》看来，元末军队特别是南方汉人军队的
检阅礼，与唐宋传统的阅兵礼几乎相同，看不出蒙古人的
影响。
　　蒙元帝国军队的"讲武"礼，相关史料东鳞西爪，十分
难得。在大蒙古国时期，军队的大规模检阅，主要是在交战
前检查兵员、武器和后勤，这是草原游牧社会"实用主义"
军事传统的体现，大不同于唐宋"讲武礼"注重威权展示和
强化、壮观瞻而轻实效的国家典礼。在现存记载中，也几乎
见不到元朝统治者组织唐宋那种高规格、大规模的讲武礼，
或许正是由于草原军事传统的影响。不过，在与定居农业社
会产生密切接触后，大蒙古国的一些后继政权（元朝、金帐
汗国、莫卧儿帝国），确实显示出由最初的"实用型"阅兵
向"仪式型"阅兵的过渡。

---

[1] 刘鹗：《惟实集》卷6，影印文渊阁四库全书本。

三、蒙古射礼 "桓秃察周"

唐《开元礼》的"军礼"部分，在田狩与讲武之后，就是皇帝的亲射与观射之礼，分别称为"皇帝射于射宫"与"皇帝观射于射宫"。宋代讲武礼中也多安排有较射的环节，且根据中垛的成绩赏赐银钱和官身。蒙元帝国军队的较射，与此截然不同。

最早记载蒙古较射的是《移相哥碑》，又名《成吉思汗刻石》，碑高202cm、宽74cm、厚22cm，花岗岩材质，上刻5行畏兀儿（回鹘）字蒙古文。《移相哥碑》在19世纪初被俄国考古学家发现，现藏于圣彼得堡艾尔米塔什博物馆。自石刻发现以来，已有许多中外蒙古学家对碑文做过拉丁字转写复原，对个别疑难字句加以考证。[1] 这里引用澳大利亚蒙古学家罗依果（Igor de Rachewiltz）发表于《阿尔泰研究（塞诺纪念专号）》上的《移相哥碑笺证》（*Some Remarks on the Stele of Yisüngge*）一文的转写和翻译：

拉丁字分行转写：

1. Činggis qan-i

2. Sartaɣul irge〔d〕aɣuliju baɣuju qamuɣ Mongɣol ulus-un

---

[1] 敖力布著，苏苏民译：《关于〈成吉思汗碑铭〉的研究》，《西北民族大学学报（哲学社会科学版）》1981年第1期。

3. nayad-i Buqa-［s］očiɣai quriɣsan-dur.

4. Yisüngge ontudur-un ɣurban jaɣud ɣučin tabun aldas-

5. Tur ontudulaɣ-a.

译文：

> 成吉思汗征服撒儿塔兀勒百姓还师，全蒙古兀鲁思
> 之官人，聚会于不哈速赤忽之地，移相哥远射，矢中
> 335 庹之处。[1]

《移相哥碑》最初建立的时间和地点虽有争议，碑文叙
述的事件却是清楚的：1225 年，成吉思汗征讨花剌子模国，
还师途中，大军在名为"不哈速赤忽"的地方举办了一场宴
饮，并举行了一次射远比赛。在比赛中拔得头筹的是成吉思
汗的侄子、皇弟哈撒儿之子移相哥（Yisüngge，又译也松格、
亦孙哥），成绩为 335 庹。敖力布先生指出，这次较射比赛发
生在成吉思汗向全蒙古的那颜（官人）宣布西征计划（包括
绰儿马罕西征报达地区和速不台北征康里、钦察等国）之前，
也就是上一次军事行动之后、下一次军事行动前夕。将这种
较射比赛作为一种军事礼仪，大体合理，它与蒙古帝国的贵

---

[1] Igor de Rachewiltz: 'Some Remarks on the Stele of Yisüngge', in W.
Heissig et al.（eds）, *Tractata Altaica*（*D. Sinor Festschrift*）, Wiesbaden,
1976，pp.487–508. 早期蒙古人习称中亚地区的穆斯林为"撒儿塔兀勒"，
《秘史》中又译作"回回"，此处是指花剌子模。

族议事大会忽里勒台也可能有某种关系。

　　"不哈速赤忽"之地，距叶密立河（今新疆额敏河）不远，大概在畏兀儿旧地与乃蛮旧地之间，很可能就在今额尔齐斯河源附近。碑文中的"不哈—速赤忽"第二词首字母脱落，应为突厥语地名Buqa-sučïɣay，也就是"牛退避之地"。另一关键词"远射"，在第四、第五行各出现了一次，词根为ontud-，此前，部分碑文释读者直接译为"弘古都儿"（班扎罗夫）或者"洪古图尔"。罗依果指出，ontud-作为动词，意为"将箭射向空中"或"将箭射过箭垛"，这个词在《元朝秘史》的第244节和254节也出现过，旁译为"桓秃察周"。最后，碑文中所谓的aldas即复数的alda，是一种传统的蒙古长度单位，也就是两臂平张后左右中指指端之间的距离，类似英语的fathom，汉译为庹。1庹究竟有多长，众说纷纭。罗依果举出了715米、612.65米、536米和400多米共四种说法，并认为移相哥的成绩是536米较为可信。这是根据清代尺度计算出来的，也就是1庹等于5尺，等于1.60米。由此可知，1庹大概等于传统计量单位的1步。[1] 移相哥的成绩335庹大致等于530米，"虽然比穆斯林弓箭手的最佳纪录低不少，但相当可观"[2]《元朝秘史》第195节记载移相哥之父

---

[1] 古人习惯上以跨出一足之距离为"跬"，再跨出一足为"步"，一步约等于今制1.5米。

[2] 参见 Igor de Rachewiltz: "Some Remarks on the Stele of Yisüngge", pp.499–491.

哈撒儿"大拽弓，射九百步。小拽弓，射五百步"，很可能也是射远比赛的记录，可惜难以得到确证。

蒙元帝国的较射之礼，主要有以下三点值得注意之处：

首先，蒙古式较射与唐宋射礼最关键的区别，在于它不是比试射击固定箭垛的准确度，而是向空中仰射，或将箭射得越过箭垛。用《元朝秘史》的说法，就是"赛射远"，或"桓秃察周"（汉字音译）。窝阔台汗时期北觐的南宋使节徐霆，回忆自己"在金帐前，忽见鞑主（指窝阔台）同一二人出帐外射弓。只鞑主自射四五箭，有二百步之远耳。射毕，即入金帐"[1]。这就是一次小规模的射远比赛。"射远"或说"桓秃察周"，是中古以来草原民族常见的比试方式。北魏太武帝和文成帝的记射碑（又称《东巡碑》和《南巡碑》）和《金史·太祖纪》都出现过类似的记载[2]。

其次，丸桥充拓提出，中国中古的"射礼"存在一种"去军事化"趋势。他认为，射礼在汉代之前的礼学体系中，本属嘉礼，魏晋南北朝时期才定型为国家礼制。因此，在这一长期演化过程中，在制度层面，始终并存着两种倾向的"射礼"："非军事性射礼"和"军事性训练仪式"，前者以士大夫阶层的乡射、大射为代表，后者以都试（西汉郡一级

---

[1] 王国维：《黑鞑事略笺证》，《王国维遗书》第 13 册，上海古籍书店 1983 年版，第 23 页。

[2] 周思成：《北魏、金、元记射碑中的射远之戏》，《文史知识》2018 年第 4 期。

举行的年度检阅）中的"秋射"为代表。在南北朝时期，南朝的射礼军事性色彩弱化，北朝则因北方民族的"马射、讲武"风俗，射礼主要是一种军事活动，但同样表现出"加快去军事化的趋势"。《开元礼》以北齐礼制为原型，在形式上，射礼被归入军礼，实际没有什么军事性质。最终，宋代《政和五礼新仪》将射礼又归入嘉礼[1]。相反，蒙元帝国的射礼，一开始就具有鲜明的军事化、武力化色彩，属于古典射礼的演化趋势之外的一种特异现象。

最后，古代的射礼与讲武礼，一直存在颇为紧密的关系。北魏早期召集诸部在每年七月七日举行的讲武，主要内容是"戏马驰射，赐射中者金锦缯絮各有差"，是"射礼与讲武的混合礼仪"[2]。如此前所述，在蒙元帝国的军事礼仪中，不仅围猎与讲武有密切关系，而且讲武与射礼也存在同样密切的关系。《伊本·白图泰游记》记述1334年6月（回历734年开斋节）金帐汗国举行的大阅兵时就提到，在阅兵场上，"为各位异密建靶鼓以供射箭之用"。德弗列麦里（C. Defrémery）将此句译为法文"Ensuite on dressa des disques ou cibles, pour lancer des flèches"（随后设置了堞或者靶子以供

---

[1]〔日〕丸桥充拓著，张桦译：《唐代军事财政与礼制》，第240—262页。
[2]刘莹：《北魏讲武考——草原传统与华夏礼仪之间》，第70页注1。

射箭之用）^[1]。此处阿拉伯文的"ṭabla"（鼓），因何解释为箭靶，尚待考证，不过，金帐汗国的阅兵礼显然也是一种"射礼与讲武的混合礼仪"。刘鹗的《关武行》也有"将军一笑挽强弓，百步穿杨骇相顾"的诗句，大概是在实录的基础上略有夸张。

[1] Ibn Batoutah: *Voyages D'Ibn Batoutah: Texte Arabe, Accompagné D'une Traduction*, par C. Defrémery et B.R. Sanguinetti. Paris: Imprimerie Nationale, 1893–1922, vol 2, p.395.

第三章　神意干预与战争合法化

在中国古典军事礼仪中，大军出征前举行的最重要的军事礼仪，是一套肃穆的命将礼。秦汉以来多家兵书如《六韬》《尉缭子》《淮南子·兵略训》等，对这套仪式的记载大体相同，主要包括宣布任命、择吉告庙、颁授斧钺和辞行等环节。君主将象征专杀之威的斧钺交付将领时，双方会有一番意味深长的对话。君主要对权力的暂时让与表示充分信任："从此上至天者，将军制之"，"从此下至渊者，将军制之"；将领则要表示领会"军不可从中御"，"二心不可以事君，疑志不可以应敌"的道理，更要谦逊地表示"君不许臣，臣不敢将"，确认生杀之权的最终合法源头仍是君主。[1]

古典式的命将礼，关键是"将权从属君权"关系的再确认和宣示，是君权对将权的"规训"。然而，蒙元帝国的权力结构有所不同。在家产制国家中，分享政治和军事权力的

---

[1] 刘寅直解，张实、徐韵真点校：《武经七书直解》，第433—434页。

人，是与大汗保持私人纽带（亲缘关系、人身依附和个体效忠）的人。因此，蒙元帝国的军权授受，不见古典式的命将礼这类仪式。志费尼赞叹，大蒙古国军队的"服从和恭顺，达到如此地步：一个统帅十万人马的将军，离汗的距离在日出和日没之间，犯了些过错，汗只需派一名骑兵，按规定的方式处罚他，如要他的头，就割下他的头，如要金子，就从他身上取走金子"[1]。蒙元帝国的政治生态和社会组织，并未给古典式的命将礼提供发达的土壤。

不过，除祭纛、围猎和阅兵这三大军事礼仪外，蒙元帝国在投入战争前，确实也要举行一些其他的仪式，包括通过占卜选定出征将领、将领向君主辞行、向神祇祈祷凯旋和占卜作战行动的吉凶。从理性的角度看，这些活动更像是一种管控或减少未来战事的风险和不确定性的朴素手段。这一系列军事礼仪，笔者暂称为"战前军事礼仪"。[2] 这里

---

[1]〔伊朗〕志费尼著，何高济译：《世界征服者史》（上），第33页。

[2] 丸桥充拓将《开元礼·军礼》各条目首先分为战时（出征礼仪）与平时（训练礼仪、其他全年庆典）两大类，战时礼仪大致包括皇帝亲征、祃祭、宣露布和告庙等，平时礼仪则包括讲武、田狩、射礼（属训练礼仪）和祀马祖、先牧、合朔伐鼓、大傩等，见〔日〕丸桥充拓著，张桦译：《唐代军事财政与礼制》，第220页—222页；李蓉在《隋唐军事征伐礼仪》一书中将唐宋传统的征伐礼仪划分为"出师前礼仪"（包括类天、宜社、告庙、祓祭、命将）"出师礼仪"（劳遣、誓师、祭牙纛）"凯旋庆功礼仪"（宣露布、献俘、饮至、策勋）和"丧葬吊恤礼仪"（递送回乡、就地殡葬）四类，见李蓉：《隋唐军事征伐礼仪》：北京：国防工业出版社，2015年。

的"战前"是指"战斗开始前",而非"出师前",因为"战祷""军事占卜"等仪式,多发生在军队出征之后而正式投入战斗之前,甚至战争间歇期。此外,祭纛、围猎和阅兵本质上也属于"战前军事礼仪"。"战前礼仪"与"战后礼仪"这对概念的区分,主要是为了研究上的便利。

一、天授之将

"卜将",是通过某种占卜法,预判出征将领候选人同未来战事吉凶的关联。较早关于"卜将"的记载,大概出自汉武帝的《轮台诏》。在这道著名的诏书中,汉武帝为自己出兵匈奴、选择贰师将军李广利为统帅作了辩护:

> 公车方士、太史治星望气,及太卜龟蓍,皆以为吉,匈奴必破,时不可再得也。又曰"北伐行将,于鬴山必克"。卦诸将,贰师最吉。故朕亲发贰师下山,诏之必毋深入。今计谋卦兆皆反缪。[1]

不过,"卜将"或"卦将"的记载,在秦汉以来的历史文献中很少见,也鲜有人关注。《武经总要》收录的《六壬占法》转引过《曾门经》:"上将军本命与六害并,大败。故

---

[1] 班固撰:《汉书》卷96《西域传》,第3912—3914页。

曰：败不败，视六害。兼之白虎，即死。若天乙临上将行年，及在有气之乡，玄武在囚死之地，大胜。"[1] 但是，这种卜将之法究竟是否流行过，仍然存疑。不过，在蒙元帝国的诸多史料中，出现了较多关于卜将的记载。在蒙元帝国军队中，有一类专门负责"揆度日时，占候风云，刻期制胜"的数术家，为即将发生的战事选择最得天命青睐的主将，也就是卜将，是这个群体的主要职责之一[2]。

金正大九年（1232年）三峰山之战后，窝阔台与拖雷合军歼灭了金军主力，继而又命令塔思与忽都虎二人攻略河南诸地：

> 诸郡皆降，惟汴京、归德、蔡州未下。塔思遣使请曰："臣之祖父，佐兴大业，累著勋伐。臣袭世爵，曾无寸效，去岁复失利上党，罪当万死，愿分攻汴城一隅，以报陛下。"帝壮其言，命卜之，不利，乃止。[3]

至元十一年（1274年），忽必烈下诏大举南侵。一日，忽必烈"猎于柳林，御幄殿，侍臣甚众"，数术家田忠良亦

[1] 曾公亮等撰，陈建中、黄明珍点校：《武经总要》后集卷20，第678页。
[2] 关于蒙元帝国军队的数术家，参见周思成：《大汗的占卜师：蒙古帝国征服战争中的军事数术零拾》，《国际汉学研究通讯》第12期，北京大学出版社，2016年。
[3] 宋濂等撰：《元史》卷119《塔思传》，第2983页。

随侍，忽必烈问忠良："今拜一大将取江南，朕心已定，果何人耶？"忠良"环视左右，目一人，对曰：'是伟丈夫，可属大事。'"忽必烈笑曰："此伯颜也，汝识朕心。"[1] 君臣谈笑之间，已然完成了类似卜将的仪式。佛教高级僧侣似乎也参加了此次针对伯颜的卜将仪式。《汉藏史集》提到，萨迦派喇嘛八思巴早应忽必烈之请，访求胜任出征"蛮子国"（南宋）的将领。他也应邀参加了大都的宫宴，"见伯颜朝见皇帝时的仪态、行步，启奏时能言善对，知其有大功德"，就禀告忽必烈："英杰中之英杰，正是此人（mi bzangpo la mi bzangpo kopa la'dug）！"[2]

域外史籍中也有蒙古军队卜将的记载。也里史家宏达米儿（Khwandamir）在《旅行者之友》中提到，阿里不哥之乱期间，海都曾向尤赤后王别儿哥请求钱粮军队，以与察合台后王阿鲁忽开战。别儿哥召所属之星占师，令他观测海都的本命星辰（natal star）以确定是吉是凶。星占师复奏言，天象显示海都的本命星辰极有威势，故他将击败一切敌人并统治长久，别儿哥遂决意资助海都以人力物力与阿鲁忽

---

[1] 宋濂等撰：《元史》卷 203《方技传》。

[2] 达仓宗巴·班觉桑布著，陈庆英译：《汉藏史集：贤者喜乐赡部洲明鉴》，拉萨：西藏人民出版社，1986 年，第 172—173 页。藏文见《汉藏史集》（藏文版），成都：四川民族出版社，1985 年，第 181—182 页。

作战[1]。西域星占家常常通过本命星辰为蒙古诸汗推算吉凶。《史集》就提到阿鲁浑登基之日是星占家根据"人马星座"的吉兆择定的，人马星座应该就是阿鲁浑的本命星辰[2]。这与《六壬占法》依据"上将军本命"来预卜战事胜败，有异曲同工之妙。

二、大汗的嘱咐

确定出征统帅的人选后，就是正式派遣出征，古有所谓"陛辞"之礼。不过，"陛辞"不属于古典礼制中的"军礼"。在蒙元帝国时期，"陛辞"不但是一种军事礼仪，也是文武官员外任应履行的常规程序，所谓"内外通调之法"："朝官

---

[1] Khwandamir, *Habibu's-siyar, Tome Three: The Reign of the Mongols and the Turks: Genghis Khan-Emir Temur,* Trans. Wheeler M. Thackston, Cambridge, Mass.: Harvard University Press, 1994, p.41. 巴托尔德《蒙古入侵时期的突厥斯坦》和刘迎胜先生《察合台汗国史研究》都根据宏达米儿祖父米儿洪德的《洁净园》引了这则故事，然其辞简略，未提及占卜海都的"本命星辰"（参见张锡彤等译：《蒙古入侵时期的突厥斯坦（下）》，上海：上海古籍出版社，2006年，第570页；《察合台汗国史研究》，上海：上海古籍出版社，2006年，第169页）。笔者仅见上述宏达米儿书的英译本，无从比对，附识于此，以俟再考。

[2]〔波斯〕拉施特主编，余大钧译：《史集》第3卷，第186页。波斯文见 Rashīd al-Dīn, *Jāmi'al-Tawārīkh,* ed. by Muḥammad Rawshan, p.1154. 以上几则史料中"卜将"所采用的占卜方法多为星命或相术，详细参见笔者的另一篇文章《元朝皇帝与星命、相术之关系新证》，《北方文物》2016年第4期。

外补，许得陛辞，亲授帝训，责以成效。"[1]不过，在大蒙古国时期以及元朝初年，大军出征之前举行的陛辞仪式，表现出几点十分独特的面貌。

文武官员的临遣登对，自宋代以来已成常例。搜检宋金以来的历史记录，陛辞之际，多照录臣下奏对之语，而罕及君主慰遣之辞，即使有也多是例行敷衍。相反，在蒙元帝国军队出征前的陛辞礼上，蒙古大汗（通常具备丰富的军事经验）多就战争合法性、大战略（政略）甚至战役战术细节，对军队统帅加以训谕。

在与南宋的长期战争中，忽必烈借陛辞之礼，多次谆谆训谕南下的前线将领。至元十年（1273年）夏四月，"（史）天泽等陛辞，诏谕以襄阳之南多有堡寨，可乘机进取"[2]。这是就具体的作战目标提出要求。次年七月，新任南征大军统帅的伯颜、阿术等陛辞，"帝谕之曰：'古之善取江南者，唯曹彬一人。汝能不杀，是吾曹彬也。'"[3]这是就军事纪律以及军事占领政策提出要求。李璮之乱后，忽必烈对负责平叛的宗王哈必赤提出的策略也是告诫不杀：

　　　　时诸郡不为兵备，璮即袭据济南。（姜）或弃家从

---

[1] 宋濂等撰：《元史》卷140《铁木儿塔识传》，第3373—3374页。
[2] 宋濂等撰：《元史》卷8《世祖本纪五》，第149页。
[3] 宋濂等撰：《元史》卷8《世祖本纪五》，第156页。

（张）荣，招集散亡。迎诸王哈必赤进兵讨之。秋七月，捕得生口，言城中粮尽势蹙，或乃昏夜请见王曰："闻王陛辞时，面受诏曰：'发兵诛瓒耳，毋及无辜。'今旦夕城且破，王宜早谕诸将分守城门，勿令纵兵，不然城中无噍类矣。"[1]

至元十八年（1281年）初，忽必烈第二次派遣大军远征日本。在陛辞典礼上，忽必烈向两路大军（江南军和东路军）的统帅表明了自己最忧虑的问题。《元史·日本传》记载：

十八年正月，命日本行省右丞相阿剌罕、右丞范文虎及忻都、洪茶丘等率十万人征日本。二月，诸将陛辞。帝敕曰："始因彼国使来，故朝廷亦遣使往，彼遂留我使不还，故使卿辈为此行。朕闻汉人言，取人家国，欲得百姓土地，若尽杀百姓，徒得地何用。又有一事，朕实忧之，恐卿辈不和耳。假若彼国人至，与卿辈有所议，当同心协谋，如出一口答之。"[2]

忽必烈最忧虑的，是此次战争中的指挥协同。他那句"恐卿辈不和"可谓一语成谶：东路军统帅不待与江南军会

[1] 宋濂等撰：《元史》卷167《姜彧传》，第3927—3928页。
[2] 宋濂等撰：《元史》卷208《日本传》，第4628—4629页。

师，便抢先进攻博多湾，有争功之嫌；八月遇飓风破船后，诸将又"议事不相下，故皆弃军归"。因此，一些日本研究者认为，第二次元朝军队征日（又称弘安之役）失败的最重要原因之一，就是将领失和[1]。

忽必烈上述这番"陛辞训话"，还有一点十分有趣的特征：他不仅就军事方略提出要求，还公开向出征统帅——或许也希望向敌方平民——解释进行战争的正义性和合法性："始因彼国使来，故朝廷亦遣使往，彼遂留我使不还，故使卿辈为此行。"类似的合法性宣示，还见于至元二十九年（1292年）的远征爪哇之役。《元史·爪哇传》记载：

> 亦黑迷失等陛辞。帝曰："卿等至爪哇，明告其国军民，朝廷初与爪哇通使往来交好，后刺诏使孟右丞之面，以此进讨。"[2]

在派遣将领出征时，蒙古统治者多针对实际军事问题发表训谕，这种军事习俗，大概可追溯到成吉思汗颁布战前札撒和训令的传统。1205年，成吉思汗派速不台进攻蔑儿乞部。

---

[1]〔日〕池内宏:《元寇の新研究》，東洋文庫，1931年，第278—279页；
〔日〕竹内荣喜:《元寇の研究》，雄山閣，1931年，第142—143页。更多描述，可参见拙作《大汗之怒：元朝征伐日本小史》，山西人民出版社，2019年。
[2]宋濂等撰:《元史》卷210《爪哇传》，第4665页。

临行时，成吉思汗叮嘱速不台：

> 他与咱厮杀败，着走出去了，如带套竿的野马，中
> 箭的鹿一般。有翅飞上天呵，你做海青拿下来；似鼠钻入
> 地呵，你做铁锹掘出来；如鱼走入海呵，你做网捞出来。
>
> 又说你越高山，涉大河。可趁军每的马匹未瘦，行
> 粮未尽时，先要爱惜。路间不可轻易围猎，若要回猎做
> 行粮呵，也要斟酌着。马的鞦并闸环不许套上，如此则
> 军每不敢走马。
>
> 若有违号令者，我认得的，便拿将来；不认得的，
> 就那里典刑了。可谨慎者。若天护助，将脱黑脱阿子每
> 拿住呵，就那里杀了者。
>
> 再说当初我小时，被三种蔑儿乞拿我，将不儿罕山
> 绕了三遭。这般有仇的百姓，如今又发言语去了。我欲
> 教你追到极处，所以造与你铁车。你虽离得我远，如在
> 近一般行呵，天必护助你！[1]

成吉思汗的陛辞训话，涵盖了军事行动的总目标、后勤
补给和行军纪律、作战纪律乃至俘虏处置等一系列内容，堪
称巨细无遗。尤其值得注意的是，在训话末尾，成吉思汗一
如忽必烈那样，宣告了发动战争的合法性和正义性，甚至对

---

[1] 阿尔达扎布译注：《新译集注〈蒙古秘史〉》，第 376 页。

自己羽翼未丰时的窘境直言不讳。不过，比起元朝初年较为程式化的战争借口，成吉思汗公开的战争动机更加具有朴素的草原色彩——复仇。

最后，在陛辞典礼上，元朝君主还向出征将领颁赐武器和仪仗。至元十五年（1278年），忽必烈派遣张弘范指挥蒙古汉军，南下追击南宋残余势力。《元史·张弘范传》记载，陛辞之际，张弘范向忽必烈请求：按惯例，"汉人无统蒙古军者"，希望能派一位蒙古贵臣充当我的上级，镇抚全军。忽必烈不同意：你知道你父亲和察罕当年进攻南宋的事情吗？二人意见不一，决策失误，才导致狼狈撤军，"委任不专"的错误不可一犯再犯！接着，忽必烈赐弘范锦衣、玉带，弘范推辞，希望得到剑、甲。忽必烈摆出武库的装备，让弘范自择，并嘱咐："剑，汝之副也，不用令者，以此处之。"[1]

关于这次陛辞礼的记载，还可见李谦《张公墓志铭并序》和虞集《元张献武王庙碑》[2]。这两种史料，并没有忽必烈授权张弘范以尚方剑执行军法的训诲。不过，《庙碑》提到，在随后的崖山之战中，张弘范麾下有"他将自外省调至者"，不服主将约束，"有骄蹇意，几敢违其号令"，弘范

---

[1] 宋濂等撰：《元史》卷156《张弘范传》，第3682页。
[2] 苏天爵编：《国朝文类》卷21《元张献武王庙碑》，《四部丛刊》初编影元至正西湖书院刊本；又苏天爵编：《元朝名臣事略》卷6《元帅张献武王弘范》引《庙堂碑》，北京：中华书局，1996年，第105页。

"以军法斩其最甚者一人，众乃慑服听命"。由此可见，《元史》记载并非毫无根据。因此，尽管元朝没有古典军礼颁赐"斧钺"或"旌节"的正式仪式，在陛辞典礼上授予御用武器代行军法，也许可与之对应。不过，元代陛辞之际颁赐的器物，更多还是一些常见用品，如"弓矢、衣服、鞍马"（《元史·张立道传》），或"尚酝、御衣、弓矢、甲胄、卫卒"（《元史·月鲁帖木儿传》），等等。

三、战斗祈祷

"战斗祈祷"，简称"战祷"，是出阵前举行的与宗教信仰有关的祈祷仪式。与"陛辞"一样，"战祷"亦未列入古典军事礼仪。《左传》记述成公十六年的鄢陵之战，楚王目睹对面的晋军在听完军誓之后，"乘而左右皆下"，伯州犂认为，这是晋军在举行"战祷"[1]。大蒙古国有相似的战祷之礼，见于公元1236年春，窝阔台汗发动由拔都、不里、贵由等王子参加的"长子西征"。在与波兰和匈牙利军队对阵前，大蒙古国军队在战场附近举行了全军的战祷：

> 不剌儿人是一个信仰基督教的人数众多的民族；他们所在地区的边界同富浪人邻接。当他们听到拔都和

---

[1] 杨伯峻：《春秋左传注》（修订本）第 2 册，第 884—885 页。

异密们前来的消息后，便装备了四十万雄狮出征……当两军对垒时，拔都按照成吉思汗的习惯（'ādat），登上山顶（bālā-y pashti），[整个]昼夜恭顺地向神（haqq-i ta 'āla）呼吁哀告，同时命令伊斯兰教徒（musalmānan）也一同祈祷（du 'ā kardand）。[1]

《史集》这段记载有三个方面值得进一步深究：首先，它反映了大蒙古国军队战祷礼仪的许多基本元素：由大汗举行或统帅代行，地点位于高地或山丘，时间长达一昼夜，祈祷对象是蒙古人崇奉的长生天，等等。

其次，这段记载还暗示，大蒙古国军队的战祷直接源于成吉思汗的习惯（'ādat）。这是指成吉思汗在出征花剌子模前举行的长达三天三夜的祈祷。《史集》对此事叙述最为繁复：

他（成吉思汗）愤怒地独自登上山头，将腰带搭在脖子上，光着头，将脸贴到地上。他祈祷、哭泣了三天三夜，对主说道："伟大的主啊（iy khadāy buzurk）！大食人和突厥人的创造者啊！我不是挑起这次战乱的肇祸

---

[1]〔波斯〕拉施特主编，余大钧、周建奇译：《史集》第一卷第二分册，第 62 页。波斯文见 Rashīd al-Dīn, *Jāmi' al-Tawārīkh*, ed. by Muhammad Rawshan, Tehrān: Nashr-i Alburz, 1953, p.666.

者！请佑助我，赐我以复仇的力量吧！"然后他感到了吉祥的征兆，便精神抖擞、愉快地从那里走了下来，坚定地决定将作战所需的一切事情部署起来。[1]

尤兹扎尼的《纳昔儿史话》记载，在成吉思汗第一次进攻金朝（1210年—1211年）之前，也率领全体蒙古人举行了类似的战祷：

> 他整顿好军队，首先下令：蒙古各家各户在一座山脚下集合。他命令全体男子应与女子隔离，子女同其母亲隔离，如此三日三夜，所有人头上不得戴任何装饰。在此三日内，不得进食，牲畜亦不得哺乳。
> 成吉思汗本人建立起一顶毡帐（khargāh），并把一条帐索挂在自己的脖子上，三日三夜未曾出帐。在此期间，全体蒙古人都齐声大喊："腾格里！腾格里！"三日后，第四日傍晚，成吉思汗自帐中出，宣布："腾格里已经授予我胜利。现在，让我们整兵出发，向阿勒坦汗（金朝君主）复仇！"又三日，在同一地点举行宴会。三

---

[1]〔波斯〕拉施特主编，余大钧、周建奇译：《史集》第一卷第二分册，第260页；Rashīd al-Dīn, *Jāmiʿal-Tawārīkh*, ed. by Muhammad Rawshan, Tehrān: Nashr-i Alburz, 1953，pp.374–375. 志费尼对同一事件的记载要简略许多，见〔伊朗〕志费尼著，何高济译：《世界征服者史》(上)，第93页。

日后，成吉思汗率军出发。[1]

最后，成吉思汗和拔都举行的战前祈祷，还带有浓厚的萨满信仰色彩。不过，在拔都的西征军举行战祷时，同时命令军中的伊斯兰教徒（musalmānan）一同祈祷。后来皈依伊斯兰的蒙古统治者，遂将之当作一种伊斯兰化的、常规的战前礼仪。1299年（回历199年）冬，在与马穆鲁克埃及（密昔儿）军队作战之前，合赞汗就"同全体军队一起作了两次跪拜仪式祈祷后，骑上马率领所有在场的军队出去迎战敌人"[2]。

圣典宗教，即佛教、基督教和伊斯兰教这类以神圣经文为依归的成熟宗教，取代萨满教作为战祷仪式的灵魂，预示了战祷在后来、特别是在元代的另一种发展方向——除了祈求长生天的护助外，蒙元统治者竭力吸收各个宗教的神职人员为蒙元帝国的凯旋而祈祷。在昭乌达盟克什克腾旗达里诺尔湖东发现的《应昌路曼陀山新建龙兴寺记》（以下简称《寺记》），记录了至元二十四年（1287年）忽必烈亲征乃颜

［1］Maulana, Minhaj-ud-Din, Abu-Umar-i-Usman（Author）, Major H.G. Raverty（Tr.）: *Tabakat-i-Nasiri: A General History of the Muhammadan Dynasties of Asia, Including Hindustan, from A.H. 194（810 A.D.）to A.H. 658（1260 A.D.）and the Irruption of the Infidel Mughals into Islam*, Vol.2, London: Gilbert & Rivington, 1881, p.954.

［2］〔波斯〕拉施特主编，余大钧、周建奇译：《史集》第三卷，第312页。

之际发生的一起灵异事件：

> 至元丁亥，世祖皇帝躬御六师，徂征弗庭。驻跸应
> 昌之夕，一佛飞空，现金色身，如影如幻。[1]

见到这一景象，忽必烈打听到曼陀山"有佛殊相"，于
是命西番帝师"经灯呗螺，凡七昼夜"。这是以藏传佛教僧
侣来为战胜祈祷。《寺记》还提到：

> 于时乃颜，离佛正法，欲以萤火烧须弥山，世皇旋
> 乾转坤，有大力量，以一臂指，摩一切世界，金刚铁
> 围，碎如微尘。鞭弭所向，怨敌摧服，梵王帝释，恒随
> 拥卫，如来显现，克相有成。

《寺记》监造者是元代弘吉剌部[2]鲁王府的张住童，撰
写者是元人赵岩。[3]虽然不清楚鲁王府为修撰《寺记》提供
了什么材料，但是很难否认，像"鞭弭所向，怨敌摧服"这
类措辞，非常类似战祷仪式上念诵的祈祷辞。

---

[1] 王大方等编：《草原金石录》，北京：文物出版社，2013 年，第 91—92 页。
[2] 弘吉剌部是蒙古迭儿列斤诸部之一，该部首领在元代以应昌、全宁二路
（均在今内蒙古）为分地，世代与元朝皇室联姻。
[3] 曹汛：《元〈应昌路曼陀山新建龙兴寺记〉考述》，《辽海文物学刊》
1988 年第 2 期。

利用藏传佛教为战胜祈祷，最典型地反映于蒙元帝国对作为战神的"大黑天"的崇拜。大黑天是藏传佛教的护法神，梵名摩诃葛剌（Mahākāla），藏文名大黑（nag-po chen-po）或怙主（mgon-po），是一种三面六臂、面目狰狞、佩戴骷髅和人骨饰物、挥舞兵刃的愤怒尊。大黑天经西夏传入蒙古，在元朝成为国家祭祀的重要神祇[1]。对大黑天举行的战祷，是军事礼仪中极有特色的一种。柳贯为大黑天专祠撰写的《护国寺碑铭》中就强调："太祖皇帝肇基龙朔，至于世祖皇帝，绥华纠戎，卒成伐功，常隆事摩诃葛剌神。"[2]可见，蒙古统治者十分崇信大黑天对战争胜利的贡献。元朝君主在与南宋和西北叛王的战争中，也常向大黑天祈求胜利。《汉藏史集》记载：

> 皇帝又对上师八思巴道："如今遣伯颜领兵攻打蛮子地方如何？"上师回答说："彼足以胜任。我将为其设法，求得吉兆。"上师遣尼泊尔人阿尼哥，犹如幻化之工匠般出力，在巨州（实为涿州）地方兴建一座神殿，

---

[1] 关于元代大黑天崇拜的研究，参见马晓林：《元代国家祭祀研究》，第462—515页。又参见张羽新：《玛哈噶拉——元朝的护国神——从柳贯〈护国寺碑铭〉谈起》，《世界宗教研究》1997年第1期；张冰冰：《元代摩诃葛剌崇奉溯源》，《云南师范大学学报（哲学社会科学版）》2012年第6期。

[2] 柳贯撰，魏崇武、钟彦飞点校：《柳贯集》，杭州：浙江古籍出版社，2014年，第231页。

内塑护法摩诃葛剌主从之像，由上师亲自为之开光。此依怙像之脸面，朝向南方蛮子地方。并命阿阇黎胆巴贡噶在此护法处修法。[1]

《佛祖历代通载》记录了祈祷大黑天之后获得的"灵验"：

> 初，天兵南下，襄城居民祷真武，降笔云："有大黑神领兵西北方来，吾亦当避。"于是列城望风款附，兵不血刃。至于破常州，多见黑神出入其家，民罔知故。实乃摩诃葛剌神也。此云大黑。盖师祖父七世事神甚谨，随祷而应，此助国之验也。[2]

同书还记载了元成宗为西北战事的胜利而祈祷大黑天：

---

[1] 达仓宗巴·班觉桑布著，陈庆英译：《汉藏史集》，第173—174页。相似的记载见释迦仁钦德著，汤池安译：《雅隆尊者教法史》，拉萨：西藏人民出版社，1989年，第51页。另一则记载则简单叙述了胆巴国师助忽必烈向大黑天举行战祷的始末："帝命伯颜丞相攻南宋不克，遂问胆巴师父云：'护神云何不出气力？'奏云：'人不使不去，佛不请不说。'帝遂求请，不日而宋降。"（念常撰：《佛祖历代通载》卷22，《大正藏》第49册，第726页。）

[2] 念常撰：《佛祖历代通载》卷22，《大正藏》第49册，第722页。这一传说涉及的"真武避黑煞"母题，马晓林已做过详尽的分析，见马晓林：《蒙元时代真武·大黑天故事文本流传考》，《藏学学刊》第10辑，北京：中国藏学出版社，2014年，第85—99页。

是年（1296年，元贞二年），遣使诏师，问曰："海
都军马犯西番界，师于佛事中能退降否？"奏曰："但祷
摩诃葛剌，自然有验。"复问曰："于何处建坛？"对曰：
"高梁河西北瓮山有寺，僻静可习禅观。"敕省府供给严
护，令丞相答失蛮，上亲染宸翰云："这勾当怎生用心，
师理会者。师的勾当，朕理会得也。"于是建曼拏罗，
依法作观。未几，捷报至。上大悦。[1]

蒙古族学者那木吉拉曾译出元代萨迦派国师搠思吉斡节
儿所撰之蒙古文《四臂摩诃葛剌颂》。颂文残篇为19段四行
诗，其中第三部分赞叹摩诃葛剌威灵的诗句，与《史集》和
《寺记》中记载的祷辞可谓相映成趣：

摩诃葛剌显神通，他的声音像雷声，须弥山座也震
撼，血醒敌人心颤动。摩诃葛剌显神通，他的法力无边
际。众多无端阿修罗，在您脚下伏称臣。[2]

总之，战祷是一种十分独特的军事礼仪，在中古以降

---

[1] 念常撰：《佛祖历代通载》卷22，《大正藏》第49册，第726页；亦见《元
史·释老传》："元贞间，海都犯西番界，成宗命祷于摩诃葛剌神，已而
捷书果至。"（宋濂等撰：《元史》卷202《释老传》，第4519页。）

[2] 那木吉拉：《论元代蒙古人摩诃葛剌神崇拜及其文学作品》，《中央民族
大学学报》2000年第4期。

的《左传》注疏中，对"战祷"一词没有什么发挥，只有杜预注说这是"祷请于鬼神"[1]。可见，后世已经很少见到这种临阵举行的战斗祈祷。《开元礼》中包括卜日、斋戒、篆严、荐玉帛牺牲的"皇帝亲征"礼，勉强可算一种战祷。但是，对于战争行动的合法化，蒙元帝国没有唐宋古典军礼中那一套"类"（在圜丘或南郊祭天）、"宜"（在太社祭祀地神）及"告"（祭祀祖灵）的烦琐环节。这些仪式的意识形态意义，据说在于宣示君主的统帅权和征伐权源自天地和祖灵[2]。尽管如此，蒙元帝国的"战祷"多少也表明，类似表示"不敢自专""代天行罚"的自律（self-abnegation）和自我合法化（self-justifying）行为，在蒙元帝国的军事礼仪中也是存在的。

四、战场上的先知

古代军队常常利用卜筮预测战事吉凶。不过，军事占卜活动并不属于古典军事礼仪。军事占卜中应用的技术，在古代中国的传统知识分类中，称为"兵阴阳"。中古以来渐趋理性化的军事学术，对带有神秘色彩的"兵阴阳"也多持怀疑和贬低的态度。杜佑在《通典》的《兵典》序中直言："若以凤鸟可征，则谢艾枭鸣牙旗而克麻秋，宋武麾折沉水而破

---

[1] 宋濂等撰：《元史》卷144《月鲁帖木儿传》，第3435页。
[2]〔日〕丸桥充拓著，张桦译：《唐代军事财政与礼制》，第238—239页。

卢循；若以日辰可凭，则邓禹因癸亥克捷，后魏乘甲子胜敌；略举一二，不其证欤！"[1]但是，对于蒙元帝国而言，对发动战争和投入战斗进行占卜，似乎是一种必须履行的程序或仪式，并且十分重要。亚美尼亚史家乞剌可思（Kirakos）记载，蒙古人"只有在请教术士（socrciers）和巫师（magiciens），得到了他们的谕示后，才开始行军作战"[2]。元人宋子贞《耶律楚材神道碑》也说，耶律楚材凭借数术，深受成吉思汗亲信，"每将出征，必令公预卜吉凶，上亦烧羊髀骨以符之"[3]。蒙元帝国的军事占卜，更多具有军事礼仪的特征。

蒙元帝国的军事机器中有专门的数术专家负责军事占卜。这起初只是一个以萨满为核心的小群体，其首领可能称为别乞（beki）[4]。法国方济各会传教士鲁布鲁克（William of Rubruck）提到，蒙哥汗身边的占卜者（divini）"人数很多，并且总是有一个首领（capitaneum），像是一个主教（pontificem）。这个首领总是把他的帐幕安置在蒙哥汗的主要

[1] 杜佑撰，王文锦、王永兴、刘俊文等点校：《通典》卷148，第3781—3782页。

[2] E. Dulaurier. Les Mongols d'apres les historiens armeniens, *Journal Asiatique*, V serie, t. XI, 1858, pp.250–251.

[3] 宋子贞：《中书令耶律公神道碑》，苏天爵：《国朝文类》卷57，《四部丛刊》初编影元至正西湖书院刊本。

[4] 阿尔达扎布译注：《新译集注〈蒙古秘史〉》第216节，第410—411页；关于别乞，又参见 Igor de Rachewiltz, *The Secret History of the Mongols*, Brill: Leiden, Boston, 2004, Vol.2, pp.807–808.

帐幕前面，相距约一掷石之远"[1]。蒙古萨满采用的占卜术，就是灼烧羊胛骨并观察其裂纹（兆坼）。金正大九年（1232年）正月，拖雷率蒙古军与金军会战于三峰山，战前就有萨满在军中"祈雪，又烧羊胛骨，卜得吉兆"[2]。1257年，蒙古西征军中负责进攻报达城的前锋部队，虽已领受主帅旭烈兀的命令，也须"按照自己的习惯在羊胛骨上占卦，然后回去，进向报达西面"[3]。

随着大蒙古国的扩张，来自不同地域、族群和文化传统的数术专家，作为来"投拜"的百姓或被掳掠的"生口"，大批被吸纳成为蒙古军队"战场上的先知"。1222年，以天象变异为由，劝阻木华黎暂缓进攻金河南、陕西的隐士乔静真，应该是蒙古军在中原地区获得的数术家[4]。至元十一年（1274年）十二月，与南宋鏖战阳逻堡的元朝大军中，有一位名叫李国用的"军中相士"，以星占不利劝阻伯颜渡江[5]。至大二年（1309年）的一件尚书省文书提到，当时"跟随迭

---

[1]〔英〕道森编，吕浦译，周良霄注：《出使蒙古记》，北京：中国社会科学出版社，1983年，第217页。拉丁文原文见 Anastasius van den Wyngaert: *Sinica Franciscana*, Vol 1, Itinera et relationes Fratrum Minorum saeculi XIII et XIV, Ad Claras Aquas: Collegium S.Bonaventurae, 1929, p.300.

[2]宋濂等撰：《元史》卷149《郭德海传》，第3522—3523页。

[3]〔波斯〕拉施特主编，余大钧译：《史集》第3卷，第60页。

[4]宋濂等撰：《元史》卷119《木华黎传》，第2935页。

[5]刘敏中撰：《平宋录》，丛书集成初编本，北京：中华书局，1985年，第4页。

里哥儿不花太子迤北出军去的阴阳人韩瑞",向秘书监求借包括《宝元天人祥异书》《宋天文》等七部"合用的阴阳文书"[1]。这些随军"阴阳人"都是汉人。公元1257年前后,西征的旭烈兀身边有"按照合罕的圣旨"（bi farmān-i Gā'ān）侍奉他的星占家忽撒马丁（Husām al-Dīn）,专门负责"选择出征和休息的时辰"[2]。西蒙·圣宽庭（Simon de Saint-Quentin）是1245年教皇英诺森四世派往蒙古的阿思凌使团随员。他在《鞑靼史》中也提到,成吉思汗有一位名叫列边阿答（Rabben-ata）的聂斯托利教士,通过占卜"向鞑靼人指出了许多事情。因此长期以来他被鞑靼人视为巫师（un mage）"[3]。马可·波罗记载,成吉思汗与"约翰长老"作战前,"召基督教及回教之星者来前,命卜战之胜败"[4]。可见,

---

[1] 王士点、商企翁编次,高荣盛点校:《秘书监志》卷5,第102页。此"迭里哥儿不花"系忽必烈之孙甘麻剌第三子,时封北宁王,参见〔法〕韩百诗著,张国骥译:《元史·诸王表笺证》,长沙:湖南大学出版社,2005年,第174页。

[2] 〔波斯〕拉施特主编,余大钧译:《史集》第3卷,第57页;波斯文见Rashīd al-Dīn, *Jāmi'al-Tawārīkh*, ed. by Muḥammad Rawshan, Tehrān: Nashr-i Alburz, 1953, p.1006.

[3] 西蒙·圣宽庭原著,让·里夏尔法译、注释,张晓慧译:《鞑靼史》,朱玉麒主编:《西域文史》第十一辑,北京:科学出版社,2017年,第247页。J. Richard, *Au-delà de la Perse et de l'Arménie. L'Orient latin et la découverte de l'Asie intérieure. Quelques textes inégalement connus aux origines de l'alliance entre Francs et Mongols (1146-1262)*, Turnhout: Brepols, 2005, p.85.

[4] 〔意〕马可·波罗著,冯承钧译:《马可波罗行纪》,第137页。

蒙元帝国的军事占卜师，不仅有蒙古萨满、北方汉人和西域穆斯林，甚至还有聂斯托利教徒。

蒙元帝国军队的占卜师参与或主持的战前占卜，虽然源自原始信仰，很大程度上也是一种激励士气的手段。就这一点来说，军事占卜同战祷礼的作用极为相似。《马可波罗行纪》记载，成吉思汗在与王汗决战前，曾召集基督教和伊斯兰教的星占家预卜胜负：

> 回教星者卜之，不能言其实。基督教星者则明示其吉凶，命人持一杖至，中劈之为两半，分置二处，不许人触之。名此一半杖曰成吉思汗，彼一半杖曰长老约翰。谓今可注目视之，将见胜利谁属。脱有半杖自就彼半杖而覆于其上者，则为胜军。
>
> 成吉思汗答言极愿视此，命立为之。由是基督教之星者口诵圣诗集中之诗一篇，作其法术，于众目睽睽之下，忽见名成吉思汗之半杖，未经何人手触，自就名长老约翰之半杖而覆于其上。成吉思汗见之大喜，顾后来战事果如基督教徒所卜。[1]

马可·波罗偏袒基督教，不可全信，但是，成吉思汗不理睬伊斯兰教徒的占卜，却选择相信基督教徒的占卜，更多

---

[1]〔意〕马可·波罗著，冯承钧译：《马可波罗行纪》，第136—137页。

是因为有利的占卜结果可以激励军队的士气。《马可波罗行纪》剌木学本还详细记载了至元二十四年（1287年）忽必烈亲征乃颜前举行的占卜仪式：

> ［大军］抵近一山丘，逾山是一平原，即乃颜之营地。忽必烈令军队修整二日，召星者来前，命其以术卜筮两军之中何者将取得胜利。星者言，忽必烈将得胜。盖大汗用兵时，常以此占卜之法激励士气（questo effetto di divinatione sogliono sempre far li Gran Cani per far inanimar li suoi esserciti）。[1]

蒙元帝国军队的占卜师参与或主持的军事占卜仪式，还因为汇聚了来自不同地域、族群和文化传统的数术知识，而呈现出丰富多彩的面貌。前面提到了萨满的骨卜、伊斯兰传统的星占、聂斯托利教的"杖卜"等，其实，中国传统的占星和卜卦，也在蒙元帝国的军事占卜仪式中占有重要地位。劝阻忽必烈出兵日本的阴阳家张康，擅长的是"太一"，也

---

[1] Marco Polo: *Dei Viaggi di Messer Marco Polo, Gentilhuomo Venetiano* (Giovanni Battista Ramusio, Navigationi et Viaggi, II, 1559) Edizione digitale 1, http://virgo.unive.it/ecf-workflow/books/Ramusio/commenti/R_II_1-main.html, 2018-04-30. 这处剌木学本记载也有冯承钧先生译文，见〔意〕马可·波罗著，冯承钧译：《马可波罗行纪》，第178页。此处中译据冯先生译文并根据意大利原文校订。

就是《太乙数》[1]。1236年秋，蒙古军攻克南宋成都时，采用了一种罕见的"五龟蓍法"决定是否屠城。《昭忠录》记载，蒙古大军十万入成都东门，总帅"二太子"（窝阔台之子阔端）端坐成都府衙，召占卜师预卜吉凶，其方法是将五只乌龟放在五个碟子中心，再依东南西北中五个方位摆放，结果"五龟动不止"。占卜师解释：这是我军不得民心的征兆，成都将成为"四绝死地"，不能长期占领（"不过二世"），不如血洗全城而退。于是，"二太子"大书"火""杀"二字，纵火屠城，"城中百姓无得免者。火光照百里"。[2]

元代还保存了以《周易》进行军事占卜的详细记载。至元十一年秋，进攻南宋的伯颜大军一度"逾时息耗消绝"，忽必烈寝食难安，欲诉诸卜筮。杨恭懿以"道德素著，可交神明"，受到单独召对[3]。姚燧《焦德裕神道碑》透露，当时，"杨恭懿一日三筮"，前两次占卜的结果分别是"夬初九"和"颐六三"。这二卦的爻辞暗示冒进不利，亟待缓师（"夬初九"即"往不胜为咎"，"颐六三"则"拂颐；贞凶，十年勿用，无攸利"）。忽必烈颇为扫兴，命其再卜："其筮旋师"，才勉强得到一个"得节九五"（有节制则吉）的结

---

[1] 以上均见《元史》卷203《方技传》。
[2] 佚名：《昭忠录》卷1《王翊制司参议》，影印文渊阁《四库全书》本。
[3] 查洪德编校：《姚燧集》卷18，第279页。

果[1]。数日后，忽必烈急遣焦德裕南下口传"进取事宜"，又忧心他当晚宿留，耽误时日，"遣二近臣野者力、蒙各撒而践出国门，驰十五乘传以去"[2]。焦德裕此行的使命，就是要提醒大军统帅伯颜：天道不顺，可勿渡江冒进。其实，元朝大军主力此时早已横渡长江，进逼汉阳。就在20天前，也就是十二月甲寅（十二日），还发生了一个让忽必烈的占卜仪式更富戏剧性和讽刺意味的插曲。《平宋录》记载："是日，军中相士李国用告丞相曰：'天道南行，大江必渡。夜观金、木星相犯，若二星交过，则可渡矣。'"伯颜答曰："征伐大事，战胜攻取，在将之筹画。天道幽远，安可准？"毅然麾师渡江，"被坚执锐，亲冒矢石，临于行阵"[3]，宋兵大溃。特使焦德裕出发不过三日，大军渡江捷闻。

---

[1] 关于这几条爻辞的解释，参见黄寿祺、张善文撰：《周易译注》，上海：上海古籍出版社，2001年，第356页、第230页和第492页。

[2] 姚燧《有元故中奉大夫福建等处行中书省参知政事焦公神道碑铭并序》，查洪德编校：《姚燧集》"辑佚"，第603页。

[3] 刘敏中撰：《平宋录》，丛书集成初编本，第4页。

第四章　凯旋抑或死亡

在唐宋国家的军事礼仪中，战争结束后，大军还要举行"勒石纪功""露布告捷""献俘授馘""饮至策勋"等凯旋仪式[1]。对于阵亡将士，国家要造册销籍，将尸身和资财递送还家，并赠予一定的丧葬费；那些不幸无法马革裹尸而归，只能就地掩葬的战殁者，可享受"箪醪祭酹，墓深四尺，将校亲哭"的礼遇，君主甚至会派遣诏使亲临吊祭[2]。蒙元帝国在战后举行的凯旋庆功与丧葬吊恤礼仪，主要有筑京观、献俘礼、延见赏赐礼与埋祭礼四类，俱表现出颇为鲜明的内亚特征。

---

[1] 李蓉：《隋唐军事征伐礼仪》，第122页。

[2] 曾公亮等撰，陈建中、黄明珍点校：《武经总要》前集卷6《养病法》，第93页，以及李蓉：《隋唐军事征伐礼仪》，第171—183页。

一、尸骸积就的凯旋柱

在古代中国的历史记载中，战胜之师在战场上将敌军士兵的尸骸堆积成高高的台状物，这类可怖的建筑物，就称为京观，也称"武军"或"京丘"。[1]筑京观这种血腥的战胜仪式和军事习俗，早见于春秋时期的晋楚邲之战，极盛于魏晋南北朝，唐宋沿袭不辍，到明代才逐渐衰落[2]。研究者认为，这种极具视觉冲击力的具有惩戒性的纪念性建筑，主要功能除了威慑、炫耀武功外，还可能与除凶禳灾的压胜之术有关，旨在封镇住敌军亡魂[3]。

蒙元帝国也有相似的军事习俗，却极少有人关注。研究者论及蒙元时期的京观，依据的只是《元史·太祖纪》中的一条记载：

---

[1] 周建江：《"京观"及其历史轨迹》，《古籍整理研究学刊》2005 年第 1 期。

[2] 关于历代的"京观"，参见周建江：《"京观"及其文化表现》，《史学月刊》2000 年第 2 期；同氏：《"京观"及其历史轨迹》，《古籍整理研究学刊》2005 年第 1 期。朱兴和：《中国古代的京观现象及其文化解析》，《社会科学家》2011 年第 9 期。近年研究以雷闻先生的《从"京观"到佛寺——隋与唐初战场尸骸的处理与救度》（《魏晋南北朝隋唐史资料》第三十一辑，武汉大学中国三至九世纪研究所编，上海：上海古籍出版社，2015 年，第 163—182 页）最为重要。

[3] 雷闻：《从"京观"到佛寺——隋与唐初战场尸骸的处理与救度》，第 168 页。

须臾四将至，击乃蛮走，尽夺所掠归汪罕。已而与皇弟哈撒儿再伐乃蛮，拒斗于忽兰盏侧山，大败之，尽杀其诸将族众，积尸以为京观。[1]

"积尸以为京观"，看似确凿，不过，同一事件在《圣武亲征录》中记作："至忽兰盏侧山，大败之，尽杀诸部众，聚其尸焉。"伯希和（Paul Pelliot）将"聚其尸焉"译为"rassembla leurs cadavres"（收聚其尸骸），未加任何注释，可见未必就能理解为类似筑京观的行为[2]。在蒙元帝国的史料群中，笔者还发现了一些更为明确的记载。

郑思肖《心史·大义略叙》提到蒙古军队围攻襄阳—樊城的战役（1268—1273年）时记载：

（吕）文焕坚守六年，拆屋薪穷，军疲如鬼。忽樊城先破，鞑贼尽杀樊城军民，积叠骸骨，架为高山，使襄阳望见，胁吓其心。[3]

刘敏中为蒙古大将大达立（散朮台氏）撰写的神道碑，

---

[1] 宋濂等撰：《元史》卷 1《太祖纪》，第 7 页。

[2] *Histoire des Campagnes de Gengis Khan*, Traduit et annoté par Paul Pelliot et Louis Hambis, Leiden: E.J. Brill, 1951, p.287.

[3] 郑思肖著，陈福康校点：《郑思肖集》，上海：上海古籍出版社，1991 年，第 160 页。

也提到了至元十一年（1274年）伯颜南征大军弃郢（今湖北钟祥）南下，直逼沙洋（今湖北荆门东南）、新城（今湖北潜江西北），南宋赵都统率郢州援军尾随其后：

> 公（大达立）为殿，败之，取首级。抵沙洋、新城，蕴崇如京观，示城中人，令俘高呼："不降者视此！"逮夜，兵民往往踰城降。[1]

可见，在平宋战争中，蒙元帝国的军队几度用敌人尸骸筑成高丘，震慑敌军心理，并且也有一定效果。郝经在一篇墓志中还提到，更早的时候，蒙古军在攻陷金朝顺天军保州城时，也筑京观纪念胜利：

> 北兵屠保，尸积数十万，磔首于城，殆与城等。君率遗民聚瘗之，封十余冢。[2]

蒙元帝国以敌人尸骸积就的凯旋柱，在汉文史料中多简单称为京观，域外史料却提供了更加详细的描述。《世界征服者史》记载，1221年春，大蒙古国军队攻陷你沙不儿（今

---

[1] 刘敏中著，邓瑞全、谢辉点校：《刘敏中集》，第76页。
[2] 郝经：《须城县令孟君墓铭》，见郝经撰，秦雪清点校：《郝文忠公陵川文集》，第480页。

伊朗呼罗珊省内沙布尔）后，大肆屠杀：

> 他们割下死者的头，堆积如山，又把男人的头和妇
> 女、儿童的头分开来。[1]

西蒙·圣宽庭的《鞑靼史》有两处提到蒙古军队（窝阔
台时期）在战斗结束后举行的类似"筑京观"仪式。第一处
如下：

> 当鞑靼人屠杀曾被他们围困在城堡里的人们，为了
> 惩罚他们的抵抗行为，也为了保证被杀人数，为了恐吓
> 其他人，他们在一千人中选出一个，头朝下，底下是其
> 他的死尸伏在地上。就这样他们威胁恐吓所有被征服、
> 纳入他们的暴政中的人们。[2]

圣宽庭的记载，可能是他亲眼看见，也可能得自传闻。
他认为这种仪式旨在"惩罚"及"恐吓"，与郑思肖的看法
颇为一致。不过，文中提到的倒吊尸骸的做法，目前尚无法
得到其他资料的确证。圣宽庭在另一处重复记载了这种奇特

---

[1]〔伊朗〕志费尼著，何高济译：《世界征服者史》（上），第207页。

[2]西蒙·圣宽庭原著，让·里夏尔法译、注释，张晓慧译：《鞑靼史》，第
  252页。

的仪式:

> 因为鞑靼人以胜利为荣,要保证自己杀人的数量,
> 他们有这样的习惯:遵照千夫长的命令,在一块高地上
> 从一千个战败受害者中选一个,将他头朝下脚朝上倒置
> 悬空。在他们攻占谷儿只的梯弗利思期间,为了保证杀
> 人的数量,在占领的七个地方他们将七个人用头朝上脚
> 朝下的方式吊起来。[1]

这一军事习俗,在蒙古诸汗国衰亡后的中亚军队中也得
到了延续。《巴布尔回忆录》多次提到,在战胜敌军之后,
蒙兀儿军用敌军头颅搭建了一种塔状建筑:

> 生俘过来的那些人都被我下令斩首,用他们的头颅
> 在驻营地堆成一个尖塔。次日晨,我军又开拔,至韩古
> 驻营。当地的阿富汗人在一个山岭上建了一个桑固尔
> (Sangur)……我军攻破了这个桑固尔,冲入其内,斩杀
> 了一二百反叛的阿富汗人,取其首级而回。也在那里用
> 人头堆了一个尖塔。[2]

---

[1] 西蒙·圣宽庭原著,让·里夏尔法译、注释,张晓慧译:《鞑靼史》,第
255—256页。
[2]〔印〕巴布尔著,王治来译:《巴布尔回忆录》,第230页。

许多被杀的人卧尸于战场之上，另外许多感到失望而停止战斗的敌人则逃亡到沙漠中流亡，成为大乌鸦和鸢类的食品。被杀者的尸体堆成山丘，他们的头颅被堆成塔柱。[1]

伊来亚思·汗被抓到，我下令活剥其皮。我下令在营地前进行战争的小山丘上，用异教徒的头颅堆成尖塔。[2]

总之，蒙元帝国军队的"京观"，主要有两种：一种是直接以敌军尸骸架构而成，如《元史·太祖纪》《圣武亲征录》《心史·大义略叙》和《鞑靼史》描述的形制；一种是以斩下敌人头颅堆积而成，如《世界征服者史》、郝经《须城县令孟君墓铭》和《巴布尔回忆录》描述的形制，类似赫连勃勃的"髑髅台"。另外，《世界征服者史》还提到过蒙古军攻陷金朝河中城的时候，"把死者的右耳堆积成山"[3]。这几种胜利纪念碑究竟有何区别，是否反映了蒙元帝国内部的地域和族群差别，暂时还无法得出结论。

值得附带提及的是，到了元代，京观很少见，同时出现了关于露布的个别记载。"宣露布"就是将捷报高悬竿首，沿路传递，是一种标准的古典军事礼仪，《开元礼》就

---

[1]〔印〕巴布尔著，王治来译：《巴布尔回忆录》，第552—553页。
[2]〔印〕巴布尔著，王治来译：《巴布尔回忆录》，第555页。
[3]〔伊朗〕志费尼著；何高济译：《世界征服者史》（上），第229页。

有"平荡寇贼宣露布"仪[1]。金代也保存了露布之制，金宋开禧初年（1206年）的战事结束后，金朝逼迫南宋交出主战的韩侂胄和苏师旦的首级，并由"尚书省奏露布……献馘庙社，以露布颁中外"[2]。金代科举的宏词科，要考试"诏、诰、章、表、露布、檄书"[3]。金末文人的文集中，也多收有露布的代拟之作。元代的露布，目前仅见方回《平爪哇露布》和李士瞻《平山东露布》。后者是为至正二十二年（1362年）元末军阀扩廓帖木儿攻占山东而作[4]。元代是否有正式的宣露布军礼，尚缺少更多证据。

二、进献俘虏与战利品

战事奏捷后，"告功献俘"是古典军事礼仪最核心的部分。[5]献俘，是在庄严神圣的宗庙、城楼或大殿，进献被俘的敌酋，由天子或法司处分，也进献虏获的战争物资（陈军实）[6]。蒙元帝国也有向君主进献俘虏的军事礼仪。兀良合

---

[1] 李蓉：《隋唐军事征伐礼仪》，第 126 页。

[2] 脱脱等撰：《金史》卷 98《完颜匡传》，第 2172—2173 页。

[3] 脱脱等撰：《金史》卷 51《选举一》，第 1150 页。

[4] 李修生主编：《全元文》第 7 册，南京：江苏古籍出版社，1999 年，第 17—18 页。

[5] 李蓉：《隋唐军事征伐礼仪》，第 138—148 页。

[6] 〔日〕丸桥充拓，张桦译：《唐代军事财政与礼制》，第 223 页脚注 1，又第 321—326 页。

台于1256年"征白蛮国、波丽国（今云南普洱一带），（其子）阿尤生擒其骁将，献俘阙下"[1]。至元十七年（1280年），在忽必烈与昔里吉等叛王的战争中，刘哈剌八都鲁辅佐宗王别里铁穆与窝阔台系叛王脱忽的军队作战：

因获昔里吉所遣使，知其不为备，又乘势进击，大破擒之，王乃命哈剌八都鲁献俘行宫。帝见其瘵甚，辍御膳羊裁以赐，既拜受，先割其美者怀之。帝问其故，对曰："臣始与母诀，今归，母幸存，请以君赐遗之。"[2]

在至元二十四年（1287年）春的乃颜之乱中，钦察大将土土哈击溃叛王也铁哥，"献俘行在所，诛之"[3]。在与乃颜同党、叛王哈丹的战争中，忙兀部将领博罗欢"斩其子老的于阵。往返凡四岁。凯旋，俘哈丹二妃以献"[4]。天历元年（1328年）的两都之战中，燕铁木儿在古北口附近袭击上都军，擒获驸马孛罗帖木儿、平章蒙古答失等人，"献俘阙下，戮之"[5]。

有意思的是，与古典军事礼仪中的"告功献俘"具有浓

[1] 宋濂等撰：《元史》卷121《兀良合台传》，第2980页。
[2] 宋濂等撰：《元史》卷169《刘哈剌八都鲁传》，第3974页。
[3] 宋濂等撰：《元史》卷128《土土哈传》，第3133页。
[4] 宋濂等撰：《元史》卷121《博罗欢传》，第2991页。
[5] 宋濂等撰：《元史》卷138《燕铁木儿传》，第3330—3331页。

重的国家祭祀和政治威权色彩不同，蒙元帝国军队的献俘礼，更注重战争虏获物资的展示和分配。

蒙古统治者特别重视战利品，并对战利品分配有极严格的规定，自成吉思汗以来就是如此。宋宁宗嘉定十四年（1221年），出使北朝的赵珙在《蒙鞑备录》中明确记载，蒙古军队"凡破城守有所得，则以分数均之，自上及下，虽多寡每留一份，为成吉思皇帝献，余物敷表有差，宰相等在于朝漠不临戎者，亦有其数焉"[1]。这种制度也延续到了元朝。至元十三年（1276年），元军占领南宋首都临安后，大将高兴率领所部往返于江西、福建等地，扫荡残余的南宋抵抗力量。至元十六年秋，高兴应忽必烈之召，凯旋入朝：

（高兴）侍燕大明殿，悉献江南所得珍宝。世祖曰："卿何不少留以自奉？"对曰："臣素贫贱，今幸富贵，皆陛下所赐，何敢隐俘获之物！"帝悦，曰："直臣也。"兴因奏所部士卒战功，乞官之，帝命自定其秩，颁爵赏有差。[2]

在征服南宋的战争期间，忽必烈还多次接受南征将领进贡战利品。其中，最大的一次自然是至元十三年临安开城之

_____

[1] 王国维：《蒙鞑备录笺证》，《王国维遗书》第13册，第12页。
[2] 宋濂等撰：《元史》卷162《高兴传》，第3804页。

后。元军占领南宋首都后，伯颜依旨押送宋全太后与少帝，并悉辇宋朝府库北上，忽必烈御大安阁受朝，"以宋府库故物各聚置殿庭上，召后（察必皇后）视之，后遍视即去。帝遣宦者追问后，欲何所取。后曰：'宋人贮蓄以遗其子孙，子孙不能守，而归于我，我何忍取一物耶！'"[1] 在凯旋庆功仪式上，元朝君臣对展示和瓜分战利品乐此不疲，最生动的描述来自姚燧《平章政事忙兀公神道碑》。碑中的"蒙古公"就是前文的忙兀部将领博罗欢。碑文除了叙述他俘获哈丹二妃进献外，还记载忽必烈先将其中一个妃子赐给博罗欢，又在延春阁陈列赏赐，召集平叛有功的宗王和诸将，首先指着金银器询问博罗欢，家中用具有多少，是否充足："汝家是器几何，鑾带有无？"博罗欢连忙回答，仰仗陛下威德，"奉身之物"不缺。忽必烈赞扬道：博罗欢不自矜功劳，不能让他空手回去，下令"赐是器五百两"。[2]

三、延见与赏赐

对在战争中立功的将士，蒙元帝国也举行君主延见和赏赐的军事礼仪。一旦蒙古统治者亲临战场，指挥或观察作战

---

［1］宋濂等撰：《元史》卷114《世祖昭睿顺圣皇后传》，第2871页。
［2］苏天爵：《国朝文类》卷59，《四部丛刊初编》影元至正西湖书院刊本。又见姚燧撰，查洪德编校：《姚燧集》，第200页。《元史》本传记载相似，然叙事远不如姚碑详细。

情况，常在战场上或战场附近召见作战表现突出的将士，予以赏赐。前引《元史·李进传》记载，李进隶史天泽麾下，在黑石峡战役中，蒙哥汗"立马东山，拥兵二万，夹江而阵"，"兵一交，宋前锋溃走，战舰继乱，顺流纵击，死者不可胜计。帝指顾谓诸将曰：'白旗下服红半臂突而前者，谁也？'天泽以进对，赏锦衣、名马"[1]。木华黎之孙脱脱从征叛王乃颜，也因为作战勇猛而受到忽必烈的激赏：

> 至元二十四年（1287年），帝驻驿于山巅，旌旗蔽野。鼓未作，候者报有隙可乘，脱脱即擐甲率家奴数十人疾驰击之。众皆披靡不敢前。帝望见之，大加嗟赏，遣使者劳之，且召还曰："卿勿轻进，此寇易擒也。"视其刀已折，马已中箭矣。帝顾谓近臣曰："撒蛮不幸早死，脱脱幼，朕抚而教之，常恐其不立，今能如此，撒蛮可谓有子矣。"遂亲解佩刀及所乘马赐之。[2]

阿里海牙参与了忽必烈藩王时代的渡江之役［宪宗九年（1259年）忽必烈指挥东路军渡江围攻南宋鄂州的战斗］，他"先众而登，禽一人还，流矢贯喉出项，帝勇之，赐银为两

---

[1] 宋濂等撰：《元史》卷154《李进传》，第3539页。
[2] 宋濂等撰：《元史》卷119《脱脱传》，第2944页。

半百"[1]。

除了即时召见和赏赐，蒙古统治者在战争结束后延见有功将领，则是一种更为仪式化的活动。至元二十六年（1289年），钦察大将土土哈随皇孙晋王征讨叛王海都，战功卓著。阎复《枢密句容武毅王碑》及《元史·土土哈传》都记载：

> （世祖）还至京师，会宴群臣，复谕公（土土哈）曰："朔方人来，海都有言：'杭海之役，使彼边将，人人善战如土土哈，吾属安所措矣！'凡有功将士可令入见，朕欲面加优赏。"公言："庆赏之典，蒙古将士宜先之。"世祖曰："卿毋饰让，若辈诚居汝曹之右，盍效汝曹力战耶？"明日，召诸将士，颁赏有差。[2]

至少从元初开始，土土哈所说的"庆赏之典"，也就是"有功将士可令入见"，就是遵循特定程序的常规军事仪式。早在至元十五年（1278年）与叛王昔里吉的战争中，土土哈"追失烈吉逾金山，擒扎忽台等以献。又败宽折哥等，裹疮力战，获羊马辎重甚众"，因此，凯旋还朝之日，忽必烈就将他"召至榻前，亲慰劳之，赐金银酒器及银百两、金币

---

[1] 姚燧撰，查洪德编校：《姚燧集》，第552页。
[2] 李修生主编：《全元文》第9册，南京：江苏古籍出版社，1999年，第267页。

九、岁时预宴只孙冠服全、海东白鹘一，仍赐以夺回所掠大帐"[1]。至正十二年（1352年），脱脱镇压徐州红巾军芝麻李部，"师还，赐上尊、珠衣、白金、宝鞍。皇太子锡燕于私第"[2]。

延见有功将领的具体行礼经过，从方回《元兀林答碑》可以窥知一二。碑文记载，至元十五年，千户兀林答徽率领侍卫亲军一万人，随伯颜丞相征讨西北叛王，两年后：

> 圣旨于出征军内摘拨五千人，令众头目一同管领回还。火鲁火孙丞相为北征军官有功，香阁内引领朝见圣主。赐宴，赏赐银一定、段子一表一里、亚笏一枝、银匙筋一副、牙梳一只、翠花一朵。[3]

文中的"香阁"，在元朝宫殿制度中是一个概称。不过，上节所引《元史·博罗欢传》记载凯旋仪式中的战利品陈列，是"陈其金银器于延春阁"。不难推测，类似的军事典礼如果在大都举行，地点应该就是延春阁。延春阁和大明殿并为大都宫城中的两大主体建筑，其位于大明殿以北，东西一百五十尺，深九十尺，高百尺，分上下层，分别为延春阁

---

[1] 宋濂等撰：《元史》卷128《土土哈传》，第3132页。
[2] 宋濂等撰：《元史》卷138《脱脱传》，第3346页。
[3] 李修生主编：《全元文》第7册，第401页。

和延春堂，堂东建有登阁之梯，后方有柱廊与寝宫相连，元朝君主常在这里举行佛事和祠醮仪式。[1]不过，军功军赏或类似的赏赉庆典，也多在此地举行。《元史·王思廉传》描述，忽必烈"御延春阁，大赍群臣，俾十人为列以进，思廉偶在卫士之列，帝责董文忠曰：'思廉儒臣，岂宜列卫士！'"[2]以"十人为列"，按照职司和品级分班进入受赏，大抵也适用于军事性质的延见礼仪。

四、从战场到坟墓

用来筑京观的尸骸，主要是敌方阵亡将士和平民的尸骸。蒙元帝国处置己方的战殁者，也遵循特定的习俗或礼仪。这类礼俗往往同突厥—蒙古游牧民族的信仰及文化背景密切相关，我们首先须明了他们看待死亡（特别是战殁）和来世的观念。

法国内亚史家鲁保罗（Jean-Paul Roux）提出，突厥—蒙古系游牧民素有"贵兵死"的倾向："一些古代文献显示出，阿尔泰诸民族，如果可以选择，会选择'暴力死亡'（la mort voilente），更准确地说，在战斗中死亡（la mort au combat），

---

[1] 史卫民著：《都市中的游牧民：元代城市生活长卷》，长沙：湖南人民出版社，2006年，第23页。
[2] 宋濂等撰：《元史》卷160《王思廉传》，第3765页。

这无疑是一种特殊的暴力死亡方式……如果说阿尔泰诸民族更偏爱在战斗中死亡，那主要是出于一种心理上的动机，即：草原游牧民族本质上就是一名战士。"[1]鲁保罗认为，匈奴、乌桓皆有"贵兵死"的习俗，而《元朝秘史》第190节则暗示蒙古人也有类似的观念。面对乃蛮部咄咄逼人的攻势，成吉思汗的异母弟兼得力支持者别勒古台说："若生时被人将弓箭夺了呵，济甚事！男子死呵，与弓箭一处岂不好！"[2]突厥—蒙古系游牧民死亡信仰的另一个特征，是对来世的"物质主义"想象，他们不认可永生和末世审判，相信死后在另一世界仍然延续此世的游牧和战斗，所以，他们的墓地对外保密，不留坟冢，往往以马践踏变为平地，并且随葬马匹和兵器[3]。这些信仰或多或少也反映在了蒙元帝国战后处理战殁者的礼俗之中。

早期的大蒙古国军队在战斗结束后如何安置己方的阵亡将士，《黑鞑事略》有明确记载：

其从军而死也，驼其尸以归，否则罄其资橐而瘞

---

[1] Jean-Paul Roux, *La Mort Chez les Peuples Altaiques Anciens et Medievaux d'Après les Documents Ecrits.* Paris: Maisonneuve，1963. pp. 46–47.

[2] 阿尔达扎布译注：《新译集注〈蒙古秘史〉》，第 348 页。

[3] John Andrew Boyle: *The Mongol World Empire: 1206–1370,* London: Variorum Reprints, 1977, XXIII, p.5.

之。其墓无冢，以马践踩，使如平地。[1]

从这条记载看，若条件允许，蒙古勇士的尸骸要送归本部游牧之地；若迫不得已，也可就地掩葬。战殁者的随身财产，归属为他料理后事的同袍（匈奴也有"战而扶舆死者，尽得其家财"的习俗）。柏朗嘉宾（Plan Carpin）的《蒙古史》也记载了蒙古人埋葬死者的仪式：如果死者身份低微（minoribus），适用杀马食肉、长竿悬马皮祭天的葬俗；[2]如果死者属于贵族（maiores），举行不设墓碑、人殉、将墓地填平并覆以青草的秘密葬。[3]不过，更重要的是，柏朗嘉宾还提到：

> 在他们的国家里（In terra eorum），有两个墓地。一个是埋葬皇帝们、首领们和一切贵族的地方，不管这些人死在什么地方，如果能合适地办到的话，都把他们运到那里去埋葬。埋葬他们时，同时也埋进大量的金子和银子。另一个墓地是埋葬在匈牙利战死的人（illi qui in

---

[1] 许全胜校注：《黑鞑事略校注》，兰州：兰州大学出版社，2014年，第227—228页。

[2] 关于这一特殊习俗，参见 John Andrew Boyle: *The Mongol World Empire: 1206–1370*, XX, p.5.

[3] 〔英〕道森编，吕浦译：《出使蒙古记》，第13—14页。陈高华、史卫民著：《中国风俗通史：元代卷》，上海：上海文艺出版社，2001年，第280—282页。

Hungaria interfecti fuerunt），因为很多人在那里丧了命。除
了被委派在那里看守墓地的看守人以外，没有一个人敢
走近这些墓地。如果任何人走近这些墓地，他就被捉住、
剥光衣服、鞭打并受到严厉的虐待。我们自己曾经无意
之中走进了在匈牙利战死者（orum qui in Hungaria fuerunt
occisi）的墓地的界线以内，看守人冲向我们，并要用箭
来射我们，但是，由于我们是外国使节，而且不知道这
地方的风俗，因此他们就让我们自由地走开了。[1]

　　这段记载显示，大蒙古国有专门埋葬战殁将士的墓园。
"战死"的拉丁文原文是 interfecti fuerunt 或 occisi fuerunt，就
是"被杀"的意思，应该是指在蒙古远征匈牙利的战役中阵
亡的将士。柏朗嘉宾《蒙古史》的德文译注者约翰内斯·吉
斯奥夫（Johannes Gießauf）在这一节的注释中，驳斥了利希
（Risch）认为这个埋葬战殁者的墓地位于匈牙利附近的说法，
因为柏朗嘉宾明确指出，这是"在他们的国家里"（in terra
eorum）。这两块墓地很可能是在南俄、库蛮地区，或者伏尔
加河与第聂伯河之间的某地。吉斯奥夫还认为，在墓地设置
守卫，或许意味着墓地中埋葬的是蒙古统治者家族成员，若

---

[1]〔英〕道森编，吕浦译：《出使蒙古记》，第 14 页。括号中的拉丁文，由
　　笔者补加，见 Anastasius van den Wyngaert: *Sinica Franciscana*, Vol 1, Itinera
　　et relationes Fratrum Minorum saeculi XIII et XIV, Ad Claras Aquas: Collegium
　　S. Bonaventurae, 1929, p.44.

在匈牙利战死，也同样埋葬于此，因为将遗骸运回蒙古故地实在太过遥远[1]。

蒙元帝国也会为战殁将士举行凭吊仪式，不过这类记载十分稀少。中统元年（1260年）春，忽必烈即位后，授意太一道教的萧居寿在汲县的太一万寿宫"设黄箓静醮，冥荐江淮战殁一切非命者。迎奏际，阴风凄凛，若有趋赴惨泣之状"[2]。

最后，在帝国扩张战争中立功战殁者，自成吉思汗以来，就存在某种抚恤规定。1206年，成吉思汗在斡难河源召开忽里勒台，大封功臣。此时，大将忽亦勒答儿和察罕·豁阿已经牺牲，成吉思汗宣布：

> 忽亦勒答儿安达，在前厮杀时，先开口要厮杀有功的上头，教他子孙受孤独的赏赐者！……再对察罕·豁阿的子，纳邻托斡邻说：你父于我跟前谨慎，于答阑巴勒主惕地面里厮杀，被札木合废了。如今你请受孤独的赏赐者。[3]

"孤独的赏赐"，《秘史》旁译和汉字音写分别是"孤独

[1] Johannes Gießauf: *Die Mongolengeschichte des Johannes von Piano Carpine: Einführung, Text, übersetzung, Kommentar*（Schriftenreihe des Instituts für Geschichte Bd. 6）. Graz, 1995, pp.142–143.

[2] 王恽：《贞常真人行状》，见《王恽全集汇校》第 6 册，第 2250 页。

[3] 阿尔达扎布译注：《新译集注〈蒙古秘史〉》，第 412—413 页。

的受赐"和"斡那赤敦　阿里合"（önöčid-ün abliq-a）[1]，应该是指战殁功臣的直系后裔可以世袭官职和属民。不过，"孤独的赏赐"主要适用于蒙古贵族，当时对战殁的普通蒙古兵是否也有一套抚恤措施，记载不详。

普通战殁者的抚恤制度，在元朝发展得更加成熟完备。《经世大典》的《存恤篇》序言就提到：

> 国家恤军士至矣……（1）由战戍归道中，有司续食，病者疗之。不幸而死，予钞二十又五贯，曰坟瘗钱，将校倍之，使藁殡行营旁，俟其同乡县人为卒更代得归者，命负置骸骨其家，不既至矣乎？（2）始定制，卒之阵死者，复其家一年；病死者，半年；伤而扶还以毙者，比病死。枢密院以为战而伤还，死营垒中，异屯居告终枕席，亦异复一年。[2]

序言总结了元朝军事抚恤制度的两项基本内容，笔者分别用"（1）（2）"标明。揭傒斯参与编修《经世大典》，应该见过《存恤篇》。他为死于元初江南平叛战争中的文官（万户府知事）阚文兴写的《双节庙碑》提到，武官（招讨）傅全也是"阖门死难"，但"有司之请、朝廷之议皆不及"，这

---

[1] 阿尔达扎布译注：《新译集注〈蒙古秘史〉》，第 666 页、第 792 页。
[2] 苏天爵：《国朝文类》卷 41，《四部丛刊》初编影元至正西湖书院刊本。

是因为"武臣死事，国有常典"[1]。揭傒斯说的"常典"，应该就备载于《存恤篇》。可惜，《存恤篇》只有序言传世，我们只能借助另一些官方文书，略窥元朝军事抚恤制度的面貌。需要注意，这些规定具有显而易见的片面性，大多是针对汉军或者新附军的。

第一项主要内容就是战殁者和战病伤员的处置。首先是将战殁者的骸骨递送回乡。元英宗的至治改元诏书（1321年）中提到，镇守边境的新附军、汉军，如有"病者，官给医药。死者，给烧埋中统钞二十五两，拘该州、县凭准管军官印署公文，于本处课程钱内随即支付，候有同乡军人回还，就将骸骨送至其家。违者，监察御史、肃政廉访司严加纠察"[2]。

骸骨递送回乡，还要涉及置办棺木的问题。元朝军队的战殁者，是否享受唐朝那样由官方出钱买棺造棺的待遇呢？至大元年（1308年）的一道中书省咨文提到了"病死军人棺木"问题。这件文书说明，汉军和新附军在各镇戍地区病死，尸骸起初只能"席卷椽舁"，就是只用简陋的席子或木板草草收殓抬走，并无完整棺木，反不如城居的平民孤老；朝廷要求，今后"遇军病死者""如有遗留钱物，除买棺板外，

[1] 揭傒斯撰，李梦生标校：《揭傒斯全集》，上海：上海古籍出版社，2012年，第413—415页。
[2] 陈高华等点校：《元典章》第1册，北京：中华书局，天津：天津古籍出版社，2011年，第59页。

官为见数封贮。无者，照依贫子例应付，各处提调官令仵作行人扛抬于高阜利便处埋瘗，定立名牌，以待尸亲识理给付"[1]。病死军人享受"官为埋瘗"的待遇，那么，战殁军人呢？元代汉文史料常常并提"阵亡病死"或"临阵而亡、被病而死"，不难推断，"阵亡"和"病死"的规定大致相仿。至元十五年（1278年），枢密院定例："若临阵攻战，被伤还营致死，难同屯居病亡，合从阵亡例存恤。"[2]可见，"阵亡"的抚恤条件只能比"病亡"更加优厚。不过，蒙古葬俗大体是"刳木为棺"，只是所用木料有别，这是一种比较简易的葬礼。因此，对于蒙古军棺木的规定，与汉军及新附军当有所不同[3]。

第二项主要内容是战殁者子弟亲属的抚恤。就汉军和新附军而言，元朝的规定十分明确：一是给家属衣粮养赡。中统元年（1260年）忽必烈的诏书要求，"征进军人临阵而亡者、被伤而死者"，各路宣抚司要"取会见数，量给衣粮，优恤其家"[4]。至元十年（1273年）的诏书也规定，"诸路军

---

[1] 陈高华等点校：《元典章》第 2 册，第 1200—1211 页。
[2] 苏天爵编：《国朝文类》卷 41，《四部丛刊》初编影元至正西湖书院刊本。
[3] 对于病伤军人，元朝在各翼和都镇抚司还设有"安乐堂"，延请医工治疗照顾（见"各翼置安乐堂"，陈高华等点校：《元典章》第 3 册，第 1199 页）；对于征戍更代回还的病伤军人，也规定沿途"经过州城村寨"，当地乡官应该按照规定"与饮食，病患人根底医治"（见"回军米药"，陈高华等点校：《元典章》第 3 册，第 1212 页）。
[4] 陈高华等点校：《元典章》第 1 册，第 56 页。

人有阵亡病死，别无余丁，事产、家小不能自赡者"，可以从官仓中按月支取粮食养赡[1]。一是征兵的优免。通常是阵亡之家存恤一年，病亡之家存恤半年，但也有特许延长的情形，如至元三十一年（1294年）元成宗的诏书规定，对于"临阵而亡、被病而死"的军人，"例应存恤一年者，存恤二年；应存恤半年者，存恤一年。贫难单弱，不能起遣者，从枢密院定夺优恤"[2]。大德三年（1299年）又有特旨："远方阵亡军人，比之常例，更与存恤一年"[3]。

---

[1]陈高华等点校：《元典章》第2册，第1199页。
[2]陈高华等点校：《元典章》第1册，第56页。
[3]陈高华等点校：《元典章》第1册，第57页。

第五章　蒙元帝国军队服色之变迁

　　作为古代礼仪的重要组成部分，服饰首先是特定的文化认同和价值体系的象征，并承担了"区分人群、强化权力与分配利益的功能"[1]。在现代民族国家的暴力机器中，军服最鲜明地体现了威权、等级和区分[2]。其实，古代军队的服色也承担了一定的文化和政治功能。从军事礼仪角度研究古代军队的服色，不关注军戎服饰的形制（如兜鍪铠甲的材质、部件和结构）及用途[3]，而是重视军戎服饰的文化表征和附加

---

[1] 阎步克：《服周之冕：周礼六冕礼制的兴衰变异》，北京：中华书局，2009年，第5页。

[2] 〔美〕加里·约翰斯著，彭和平译：《组织行为学》，北京：求实出版社，1989年，第402页。

[3] 从军事装备角度出发对蒙元军戎服饰的研究，参见王瑜：《中国古代北方民族与蒙古族服饰》，北京：国家图书馆出版社，2007年，第68—70页、第104—109页。刘永华：《中国古代军戎服饰》，北京：清华大学出版社，2013年，第221—242页。陈大威编著／绘：《画说中国历代甲胄》，上海：上海书店出版社，2009年，第184—203页。虽然这些著作也搜集了大量元代的图像资料（壁画、书籍插画等），却均属军事装备和一般服饰史研究，未触及军队服色的社会文化意涵。

的社会功能。从军事礼仪角度出发，考察蒙元帝国军队服色的变迁史，也仅限于以下两方面问题：蒙元帝国军队是否发展出了统一的服色制度？这种服色制度，是否依据某种信仰或政治观念？

一、杂色军装

在前近代战争中，战斗多在肉眼可及的范围内进行，古代军队区分敌我，更多靠旌旗，而不是士卒的号衣。韩信攻赵，示弱诱敌，暗中派遣轻骑奇袭赵营，赵军后撤，就是见到"壁皆汉赤帜"，才断定营地已经失守。

蒙元帝国的军队，特别是早期的蒙古军，也不具备与敌军有着清晰区别的军戎服饰，同样依靠旗纛承担类似功能。这主要是因为，为全军将士统一配备颜色、形制相同的军服，需要有特定的后勤条件加上思想观念（如中国古代的德运说），而草原游牧社会恰恰缺乏这些要素。圣宽庭的《鞑靼史》记载，就甲胄而言，蒙古军中只有"贵族、士兵的首领、旗手和其他重要人物身披甲胄，即他们之中不到十分之一的人身披甲胄"[1]。

蒙古军攻破花剌子模后，花剌子模王子扎阑丁算端率残

---

[1] 西蒙·圣宽庭原著，让·里夏尔法译、注释，张晓慧汉译：《鞑靼史》，第 251 页。

部逃入印度,又自印度潜往伊朗、阿塞拜疆,辗转亚美尼亚与谷儿只(今格鲁吉亚)等地,寻求反抗蒙古人。扎阑丁的书记官奈萨维(al-Nasawi)撰写的《扎阑丁传》记载,1231年前后,窝阔台派遣蒙古雪你惕部大将绰儿马罕(又译搠里蛮)率西征军进入高加索地区追击扎阑丁[1]。一个突厥蛮(操突厥语之穆斯林)向正在肆意为长夜之乐的扎阑丁报告了蒙古军前锋抵达的消息:

> 某时,一个突厥蛮到来,找到了他(扎阑丁),并说:"在你昨日下营之处,我恰见一支军队在那里扎营。这支军队的士兵,外表看起来和你的军队一样(les soldats de cette armée ont le même extérieur que les votres),而他们所骑的马,大部分是白色的。"算端(扎阑丁)以此人谎报敌情,并说:"所有这些,都不过是那些不想让我们占据此地的宵小之辈想出来的花招。"[2]

可见,早期大蒙古国军队的军服,与同是草原军队的花刺子模军相比,并无太大差异。当然,也可能绰儿马罕为了秘密追击扎阑丁,故意采用了敌军服饰。不过,我们还有元

---

[1] 关于这段事实的扼要叙述,可参见〔俄〕皮库林等著,陈弘法译:《蒙古西征研究》,呼和浩特:内蒙古人民出版社,2015年,第85—86页。

[2] Mohammed-en-Nesawi: *Histoire du Sultan Djelal-ed-Din Mankobirti, Prince Du Kharezm*, traduit de l'arabe par O. Houdas, Paris, 1895, p.405.

代汉文史料的佐证。姚燧《史公先德碑》记载，大德二年
（1298年），西夏人乞台普济（清人妄改为"奇塔特布济"）
受元成宗派遣，追随海山（后来的武宗）前往漠北作战。大
德五年，双方有一次大规模交战：

> 寇大至，公（乞台普济）教吾军表红衣于甲以自别，
> 俾哄不迷，大崩其群。自是，寇望红衣军，则退不战。[1]

姚燧所说的"寇"，是当时察合台—窝阔台系叛王的军
队，原来就是蒙古军。乞台普济下令部下外穿红衣，区分敌
我，可知不论是忽必烈政权的军队，还是中亚的蒙古军，身
穿的大概都是杂色军服，很难截然分辨。

上述记载主要涉及蒙元帝国的两大主要军种：蒙古军和
探马赤军（从各千户抽选出的先锋军或镇戍军）。另外两大
军种，也就是汉军和新附军早期的服色，是否也是如此呢？
这方面的记载十分罕见。池内宏在《元寇之新研究》中指出，
从《蒙古袭来绘词》的画面看，部分元朝士兵所戴头盔（兜）
的"目庇"和"面颊"部件上装饰有兽毛，另一些元朝士兵
则没有这种装饰。池内宏认为，前者属于元朝的北方军队，
后者属于来自气候温暖的江南地方的新附军[2]。不过，在日

——————————

[1] 姚燧撰，查洪德编校：《姚燧集》，第399页。
[2] 〔日〕池内宏：《元寇の新研究》，第301页。

本一方关于元朝军队的目击报告或记载中，都没有提到服色的区别。

二、"号缨俱黑"

蒙元帝国的军队在早期似乎没有发展出统一的、有象征意义的军戎服色，或许是因为服色制度尚未固定，后勤条件也无法满足。在元朝后期，我们却发现了一些零星的记载，表明元朝军队的旗色和服色都有统一的迹象，那就是以黑色（青色）为主色。

在1328年（天历元年）的两都之战中，关键的一次决战，发生在昌平附近的红桥和白浮等地，燕铁木儿大败王禅军，几乎永久解除了上都军对居庸关的威胁。屠寄《蒙兀儿史记》对《燕铁木儿传》作了增补，叙述了九月二十二日的战事：

> 会日晡，对垒而宿。燕铁木儿召将校集军中，议乘夜出奇袭敌。和尚曰："两军混战，号缨皆墨，昏黑中无以自辨。我军请易以白。"从之。夜二鼓，遣阿剌帖木儿、李伦赤、岳来吉以骁骑鼓百人往，绪风鼓噪，射敌营，敌惊起，自相踩躏，至旦始悟，士马已多死伤。[1]

---

[1] 屠寄撰：《蒙兀儿史记》卷126《燕铁木儿传》，第758页。

和尚建言一段，《元史·燕铁木儿传》和马祖常《太师太平王定策元勋之碑》都未记载，是屠寄增补的内容，出自《元史·和尚传》："两军相战，当有辨，今号缨俱黑，无辨，我军宜易以白"[1]，但是没有因"昏黑"夜袭而改黑为白的情节。和尚说的"号缨"，兼指衣服和旗纛，"号"就是"号衣"（也见下引《元史》两传）[2]。这条记载说明，在元朝后期，北方的蒙古军在"号、缨"上均有相对统一的色彩，那就是黑色。

这类记载在元末就更多了。《元史·郭嘉传》记载，至正十八年（1358年），红巾军攻陷元上都：

> 嘉闻之，躬率义兵出御。既而辽阳陷，嘉将众巡逻，去城十五里，遇青号队伍百余人，始言官军，嘉疑其诈，俄果脱青衣变红。嘉出马射贼，分兵两队而夹攻之，生擒贼数百，死者无算。[3]

叛军自称官军，就是自恃冒用了元朝军队的"青色"号

［1］宋濂等撰：《元史》卷135《和尚传》，第3288页。

［2］"号衣"在宋代大概原指"带有军号（如捧日、天武、骁骑等军名）的军装"，宋仁宗天圣三年审刑院和大理寺奉敕订立"军人随身装著衣物与军号法物"名目，在许多禁军部队的服饰上，就明言"系军号"或"不系军号"，见马泓波点校：《宋会要辑稿·刑法（下）》，郑州：河南大学出版社，2011年，第817页。

［3］宋濂等撰：《元史》卷194《郭嘉传》，第4397页。

衣。"青色"尽管与黑色不完全相同（在《至元译语》等书中青色译语为"阔阔"，黑色译语为"哈剌"），在古代中国的日常用语中，却常常指代黑色。明代《华夷译语》的日本馆译语"采色门"中，"青"对应日文"谷禄亦"（くろい），正是黑色[1]。

另一条补充证明，来自《元史·王伯颜传》。《郭嘉传》记载的是在北方上都地区作战的元朝军队，而《王伯颜传》提到的是在南方福建地区平叛的元朝军队——"青衣官军"：

> 伯颜既死，贼时睹其引兵出入。明年，州有僧林德诚者，起兵讨贼，乃望空嘘曰："王州尹，王州尹，宜率阴兵助我斩贼。"时贼正祠神，睹红衣军来，以为伪帅康将军，亟往迎之，无有也，四面皆青衣官军，贼大败。[2]

元朝军队统一服色，很可能与大德年间一系列定制礼仪的举措有关。《元典章·礼部》收录了对官民人等的服色进行规范化的条格断例，其中大多产生于这一时期。另外，南方的镇戍军队从至元末年开始，就有官方提供"冬夏衣装"

---

[1]〔日〕清水茂著，蔡毅译:《清水茂汉学论集》，北京:中华书局，2003年，第415—416页。
[2]宋濂等撰:《元史》卷195《王伯颜传》，第4221页。

的待遇。《元典章·兵部》的《军装》门收录了一道至元三十年（1293年）的行省咨文，其中有如下规定：

> 至元三十年八月，福建等处行中书省咨：钦奉圣旨："应支请衣装人数：皮衣，隔二年支一遍者；请疋帛的，隔一年支一遍者；支布者，每年支者。"钦此。[1]

相似的规定还见于大德四年（1300年）。《元典章·兵部》的《军装依期支给》一条提到，这一年，南方镇戍军队已有"冬夏衣装"，并且规定了各万户府向本路申领衣装的时限："军人夏衣须要不过四月，冬衣不过十月，依例放支。"[2]

金朝初年，据说认定本朝德运在水，所以"凡用师征伐，旗帜当黑"，军服也是黑色[3]。曹金成博士指出，元代朝野也早有"肇基朔方，盛德在水"的说法。不少元代文化精英认为本朝属"水德"，水德尚黑，因此，也以黑帝玄武、黑色天马等等附会水德[4]。元朝军队在后期选择"青"或黑色为服色，大概也与元朝流行的"德运"说有密切关系。

---

[1] 陈高华等点校：《元典章》第3册，第1214—1215页。

[2] 陈高华等点校：《元典章》第3册，第1215页。

[3] 王曾瑜：《金朝军制》，保定：河北大学出版社，2004年，第144页。

[4] 元朝的"水德"说，参考了曹金成博士惠赐的未刊文稿《元朝德运问题发微》，谨致谢忱。

三、特殊服色

在蒙元帝国内部，还存在一些次要的军事服色区分，大致有三类特殊情形。

首先，士兵与军官之间的等级，在战场上也靠异样的甲胄形制和颜色来区分，例如，常见于史料记载的"青甲"。元好问《千户乔公神道碑铭》记载：

> 其攻黄州也，宋兵乘昏莫奄至，公率锐卒与战，主帅命举火视之，见青甲而黄马者战甚力，而不知为公也。明日，悬赏求之，公竟不自言。[1]

日本的《八幡愚童记》记载，至元十一年（1274年）忽必烈派遣征日的元朝军队中，征东军左副元帅刘复亨也是"青甲黄马"（青キ铠ニ苇毛ノ马ニ乘リ）[2]。除了通过铠甲辨识身份，还有一些军官在军服外增附别种醒目的标志，以自立异——前文所引《元史·李进传》就描述他在"白旗下服红半臂，突而前"。

其次，尽管随着元朝的建立和制度定型，蒙元帝国军队

---

[1] 姚奠中主编：《元好问全集》（上），第 682 页。
[2] 〔日〕池内宏：《元寇の新研究》，第 138 页。

的服色经历了一个由杂色到统一的过程，但也有不少部队，一度拥有特殊颜色的军服和旗帜，以示区别。大蒙古国时期，木华黎麾下契丹遗民组成的军队，"衣黑为号，故曰黑军"[1]。元末战乱时期，地方义军中有"黄衣军"，据说"面涂以青，额抹黄布，衣黄衣，为前锋"[2]。《元史·褚不华传》中还提到，元末军队中有"天长青军""普颜帖木尔所统黄军"[3]，大抵也是因号衣颜色而得名的小股部队。

最后要附带提及的是，在元代中国以外的地区，蒙元帝国军队的军戎服饰，出现了一定程度的变异，或说"在地化"（localization）现象。乌马里（Al-'Umari）《眼历诸国行纪》提到，当时驻扎在原花刺子模地区的金帐汗国军队：

> 他们的军服（Uniform）在穆斯林时代，与埃及和叙利亚的军队的军服非常相似，但今天，他们的军服（Montur）甚至包括了鞑靼人特有的小圆头巾（rund Turban）。[4]

[1] 宋濂等撰：《元史》卷152《石抹阿辛传》，第3603页。
[2] 宋濂等撰：《元史》卷144《道童传》，第3443页。
[3] 宋濂等撰：《元史》卷194《褚不华传》，第4395—4396页。
[4] Klaus Lech, *Das Mongolische Weltreich: al-'Umarī's Darstellung der mongolischen Reiche in seinem Werk Masālik al-absār fī mamālik al-amsār*, Wiesbaden: Harrassowitz, 1968, p.147.

德国学者莱赫（Klaus Lech）注释这条史料时指出，乌马里描述的，其实是一次军服改革，发生在金帐汗扎尼别（Ǧānī Bak，1342—1357年）统治时期，他将圆头巾（'imāma）和宽长袍（faraǧa）引入军队，作为制服；但也有史料表明，这一改革可能发生在扎尼别之父月即别汗时期（1313—1341年）。所以，扎尼别可能只是把已有的军服进一步推广到全军。[1]遗憾的是，关于其他蒙古汗国军服的记载，我们目前知之甚少。

---

[1] Klaus Lech, *Das Mongolische Weltreich: al-'Umarī's Darstellung der mongolischen Reiche in seinem Werk Masālik al-absār fī mamālik al-amsār*, p.320.

下篇

蒙元帝国的军事赏罚

第六章　蒙古军事法溯源

　　《元朝秘史》原名"忙豁仑、纽察、脱察安"，作者不详，原文据说是元朝宫廷用畏兀儿体蒙古文撰修的《国史》（脱卜赤颜）的前面部分，一般认为写于1228年（戊子鼠年），卷末部分内容是后来续写的。明朝初年，官方出于蒙古语教学和翻译的需要，才将这一部分从"脱卜赤颜"中节录出来，并用汉字音写原文，加上汉文旁译和总译[1]，题写书名，形成了一种类似大元"开国史"的特殊汉籍[2]。《元朝秘史》从蒙古人自身的内在视角叙述史事，其中有许多珍贵的记录，反映了蒙元帝国在早期发展阶段，蒙古人是如何理解和实践与军事法相关的习俗和法律的；其中还有不少记录可供我们追溯，究竟蒙元帝国的哪些军事法条，在成吉思汗

---

[1] 今本《元朝秘史》既以汉字音译蒙古文，又在每个字的音译之旁，标出词义，即"旁译"，各小节又以汉语进行节译，即"总译"。

[2] 乌兰：《〈元朝秘史〉校勘本》，第9页。

或窝阔台时代已经出现，哪些是后来进一步演化和繁衍的结果。尽管早期蒙古人的军事法，还可以进一步追溯到更早的草原游牧传统，同时不能排除受到邻近族群和文明的影响，但是《元朝秘史》中的军事法，仍然可以视为蒙元帝国军事法的"源头"。

一、"札撒黑"与"札儿里黑"

成吉思汗在南征北讨中颁布的"命令"，就是著名的"札撒"，据说是蒙古法律最初的起源[1]。然而，蒙古法制史的研究者大多聚焦于"札撒"在《元朝秘史》中的各种不同表现，而"军令"或"军法"只被视为"札撒"的表现形式之一[2]。其实，如果我们将视角从"札撒"转移到军事法，就会发现，"札撒"起初也只是军事法的一种表现形式，在《元朝秘史》中，用于表示颁布军事法的蒙文词，主要有以下三类。

"札撒黑"

"札撒黑"，蒙文形式"jasaq"，波斯文形式 yāsāq，在

---

[1] 吴海航：《元代法文化研究》，第 63 页。
[2] 朝克图先生整理了《元朝秘史》中出现"札撒"的各类情形，综为一表，参见チョクト（朝克图）：《チンギス·カンの法》，日本山川出版社，2010 年，第 35 页。

《元朝秘史》的旁译和总译中，通常对译为"军法""法度""号令"等。《秘史》提到"札撒黑"的场合，大多涉及狭义的军事法，也就是军事刑法和军纪。

《秘史》第153节记载，成吉思汗在出征塔塔儿部前，颁布了著名的禁止在战斗中抢掠战利品的规定："交战前，成吉思·合罕与众议定了［军］法，说'战胜敌人，不得逗留于［掳获］财物上。一战胜，那些财物［自然］归于我们，大家可以分份'。"[1]现代译文中的"议定了军法"，明代旁译作"军法共说"（jasaq ügüledürün），"军法"的汉字音译作"札撒黑"。

《秘史》第194节记载，与成吉思汗军交战前，乃蛮部的那颜感慨己方军队纪律松弛："为什么我们军队的法度懈怠了呢？"[2]旁译作"甚么军的咱的法度怠慢做了"（čerig-ün bidan-u jasal sülbergüi bolbi），"法度"的汉字音译作"札撒勒"。

《秘史》第199节记载，1205年，成吉思汗命令大将速别额台（速不台）统率铁车军团，追袭蔑儿乞部。前面已经提到，在临行前，成吉思汗仔细嘱咐了关于行军、后勤和作战的各种注意事项，又强调："这般制定军令后，凡违反军令

---

[1] 阿尔达扎布译注：《新译集注〈蒙古秘史〉》，第281—282页、第597—598页。

[2] 阿尔达扎布译注：《新译集注〈蒙古秘史〉》，第356页、第638页。

者，可以笞责。"[1]"违反军令者"，旁译作"法度越了的每"（jasaq dabaqsad-i），"法度"的汉字音译也作"札撒黑"。

《秘史》第257节记载，1219年，成吉思汗西征花剌子模，麾下将领脱忽察儿纵军劫掠，惊走了敌人主将。成吉思汗判决他"依军令，当处斩！"[2]旁译作"法度做斩咱"（jasaq bolqan mököri'ülüy-a），"法度"的汉字音译亦作"札撒黑"。

不过，"札撒黑"也可用来颁布具体的作战命令。《秘史》第193节记载，1204年，成吉思汗与乃蛮军交战前，扎营于撒阿里—客额儿旷野，"降旨说：'传令全军，就那样点起火来！'"[3]旁译作"军每行，法度传了"（čeri'üd-te jasaq rungqabai），"法度"的汉字音译也作"札撒黑"。《秘史》第240节记载，成吉思汗派遣朵儿伯·黑申收服贝加尔湖以西的秃马惕部，朵儿伯·黑申"传令大军循着野牛踏出的路径前进"[4]，此处的"传令"，旁译作"传号令"（jasaqlarun），音译也用"札撒黑"。

"札儿里黑"

"札儿里黑"，蒙文形式 ĵarlig，波斯文形式 yarlīg，在蒙

---

[1] 阿尔达扎布译注：《新译集注〈蒙古秘史〉》，第375页、第647页。
[2] 阿尔达扎布译注：《新译集注〈蒙古秘史〉》，第478页、第704页。
[3] 阿尔达扎布译注：《新译集注〈蒙古秘史〉》，第354页、第636页。
[4] 阿尔达扎布译注：《新译集注〈蒙古秘史〉》，第440页、第682页。

古统治者及其代理人颁发的各类命令文书中，这个词也十分常见。杉山正明甚至将蒙元帝国的命令文书统一划分为大汗圣旨，即jarlig；还有皇后、诸王及大臣、诸将发布的命令，即üge两大类[1]。朝克图先生指出，在古代突厥民族中，jarlig指神秘的"天之命令"；在大蒙古国时代，指长生天护佑下成吉思汗及其继承者发布的命令[2]。《元朝秘史》中通过"札儿里黑"颁布的军事法令，可以粗略分为五种情形。

第一，大汗通过"札儿里黑"颁布总括式的出征命令，包括作战对象、作战注意事项、行军纪律、后勤补给和战斗纪律、军事刑法的执行，甚至还有战俘处置等一系列内容。前引《秘史》第199节，成吉思汗命令速别额台追袭蔑儿乞残部，"临行时，成吉思合罕对速别额台降旨，云云"[3]。"降旨"的旁译作"圣旨做着"（jarlig boljiu），"圣旨"的汉字音译作"札儿里黑"。这段"札儿里黑"的现代汉语译文较长，此处仅节引总译，以见大概：

> 有翅飞上天呵，你做海青拿下来，似鼠钻入地呵，你做铁锹掘出来……可趁军每的马匹未瘦，行粮未尽时，先要爱惜；路间不可轻易围猎，若要回猎做行粮

---

[1]［日］杉山正明：《モンゴル帝国と大元ウルス》，第372页。

[2]チョクト（朝克图）：《チンギス·カンの法》，第50—67页。

[3]阿尔达扎布译注：《新译集注〈蒙古秘史〉》，第373页、第646页。

呵，也要斟酌着；马的鞅并闸环不许套上，如此则军每不敢走马；若有违号令者，我认得的，便拿将来；不认得的，就那里典刑了。可谨慎者，若天护助，将脱黑脱阿子每拿住呵，就那里杀了者。[1]

第二，大汗通过"札儿里黑"颁布处置溃败或被俘的敌军将领及平民、处分战利品的命令。《秘史》第198节记载，1205年，大将沉白攻陷了蔑儿乞部位于台合勒（taigal，意为"山顶"）密林中的奥鲁（a'urug，家属营和辎重队），于是"成吉思合罕降旨，把那该杀者杀尽，把那剩下的，让士兵们钞掠"[2]。此处的"降旨"，旁译也作"圣旨做"（jarliq bolurun），"圣旨"的汉字音译作"札儿里黑"。

第三，大汗通过"札儿里黑"颁布赏赐军功和抚恤阵亡将士家属的命令。《秘史》185节记载，1203年，成吉思汗与克烈部大战于哈兰真之地，忙兀部大将忽亦勒答儿率先请战，因伤而殁，成吉思汗"特降恩旨说：'为了忽亦勒答儿的功绩，让他的子子孙孙享受孤儿抚恤。'"[3]"特降恩旨"，旁译也作"圣旨做"（jarliq bolurun），汉字音译作"札儿里黑"。

---

[1]阿尔达扎布译注：《新译集注〈蒙古秘史〉》，第376页。
[2]阿尔达扎布译注：《新译集注〈蒙古秘史〉》，第372页、第646页。
[3]阿尔达扎布译注：《新译集注〈蒙古秘史〉》，第338页、第628页。

第四，大汗通过"札儿里黑"颁布任命军官和组建军队的命令。《秘史》第205节记载，成吉思汗历数孛斡儿出的功劳，并任命他掌管右翼万户："如今你坐次，坐在众人之上，九次犯罪休罚。这西边直至金山，你做万户管者。"[1]在《秘史》原文中，这段话末尾有表示宣谕的动宾词组"jarliq bolba"，旁译作"圣旨做了"，汉字音译作"札儿里黑"。《秘史》第191节记载，成吉思汗在组建最初的千人宿卫散班[2]时，"降恩诏给阿儿孩·合撒儿说：'选拔一千勇士！在厮杀的日子，站在我前面厮杀！平时，做我的散班护卫吧！'"在这段话的末尾，同样有"jarliq bolba"，旁译作"圣旨做了"[3]。

最后，大汗通过"札儿里黑"规定（怯薛）军官的职司。《秘史》第192节记载，成吉思汗在组建千人宿卫散班后，又"降旨说"："带弓箭的人，并散班护卫厨子，把门人等，教日里入班来。至日落时，将管的事物交付与宿卫的，出去宿者。若管马的，守着马。宿卫的房子周围宿。守门的轮着门口立。至次日抬汤（喝汤）时，却入来管自的事物。每三日一交换"[4]。这段关于怯薛护卫职司的具体规定，也是以

---

[1] 阿尔达扎布译注：《新译集注〈蒙古秘史〉》，第394页、第658页。

[2] 成吉思汗最初组建的万人怯薛，分为火儿赤（箭筒士）一千，客卜帖兀勒（宿卫）一千，秃鲁花八千。此处的散班即指秃鲁花军，又名质子军，系在外各千户、百户长的子弟及随从。

[3] 阿尔达扎布译注：《新译集注〈蒙古秘史〉》，第350—351页、第635页。

[4] 阿尔达扎布译注：《新译集注〈蒙古秘史〉》，第353页、第635页。

"jarliq bolurun"（圣旨做）开头的。

其他形式

　　除了札撒黑和札儿里黑，表示颁布军事法的词语，还有少数一般动词，很难与前二者相提并论。其中，最常见的一种是"说着"，蒙文副动词形式为"ke'ejiu"，汉字音译为"客额周"（也偶见其他词形）。《秘史》第176节记载，成吉思汗命主儿扯歹收服弘吉剌部，临行前，成吉思汗颁布的总括式出征命令，就是以"ke'ejiu"结尾的，旁译为"说着"："教说与翁吉剌惕百姓每，想着在前姻亲呵，投降来者。若不肯投降呵，便厮杀者。"[1]《秘史》第253节记载，成吉思汗征金朝回师，派弟弟合撒儿掠地大宁（今内蒙古赤峰市宁城西）和女真地面："若便归附，即缘彼中边郡，经涹剌纳涹二江，泝讨涹儿河回营。不然，即纵兵剿捕。"[2]此处总译中的"命"，在旁译中也不是更常见的"圣旨做了"，而是"说着"，汉字音译作"客额周"。

　　《秘史》第123节还出现了动词"合剌"：乞颜蒙古的阿勒坛、忽察儿等人推戴成吉思汗为合罕，并向他宣誓，誓言中有"厮杀时违了你号令"云云。"号令"，汉字音译作"合

---

[1]阿尔达扎布译注：《新译集注〈蒙古秘史〉》，第321页、第616页。
[2]阿尔达扎布译注：《新译集注〈蒙古秘史〉》，第467页。

刺"，也就是"qala"[1]。罗依果译注的《秘史》沿用鲍培的解释，将该词理解为"命令"（order，command）[2]。这种"号令"其实泛指战斗命令和军律军纪等各种规定，但是十分少见。

在南征北讨中，成吉思汗以札撒的形式颁布了各类"军法"和"军令"。据说，蒙元帝国的根本大法——著名的成吉思汗《大札撒》，萌芽于这些"军法"和"军令"。不过，由上述分析可知，在颁布军事法的场合，札儿里黑出现的频率和范围，却要大于札撒黑，札撒黑似乎更多是指狭义的军事法，也就是军事刑罚；有时，相同的军事法先用札撒黑，后用札儿里黑指代，二者构成同义词群（如《秘史》第193节、第199节）；不仅成吉思汗军的"法度"称为札撒黑，乃蛮军队的"法度"也称札撒黑（《秘史》第194节）。这些现象，应该促使我们重新反思札撒、大札撒、札儿里黑和军事活动的关系[3]。

---

［1］阿尔达扎布译注：《新译集注〈蒙古秘史〉》，第218页、第572页。

［2］Igor de Rachewiltz, *The Secret History of the Mongols*, Brill: Leiden, Boston, 2004, Vol.1, p.455.

［3］国内外蒙古学者关于札撒和成吉思汗《大札撒》的研究综述和相关争论，参见张长利《关于成吉思汗大札撒的若干问题》，《民族研究》1998年第6期；那仁朝格图：《成吉思汗大札撒研究中的几个问题》，《蒙古史研究》第九辑，呼和浩特：内蒙古大学出版社，2007年，第46—68页。

二、《元朝秘史》中的十一种军事法

我们把目光从军事法的颁布形式，转移到军事法的具体内容上来。《元朝秘史》中记载的军事法，大致可以分为十一类。这十一种军事法为我们深入探讨蒙元帝国的军事法提供了一个"总纲"。

交战守则。《秘史》第176节记载，成吉思汗派遣主儿扯歹收服弘吉剌部，并向主儿扯歹规定，如果该部百姓"想着在前姻亲呵，投降来者。若不肯投降呵，便厮杀者"。由于该部顺利归降，"诸般不曾动他的"[1]《秘史》第253节记载，成吉思汗征讨金朝回师，派合撒儿掠地大宁和女真地面，规定女真部"若便归附"，就沿着他们势力范围的边界返回，如果不归降，就要"纵兵剿捕"[2]。

泄露军事机密的惩罚。《秘史》第154节记载，成吉思汗战胜四塔塔儿部后，与族人商议，要把该部"男子似车辖大的尽诛了，余者各分做奴婢使用"。这一决定被成吉思汗的弟弟别勒古台泄露给了塔塔儿部的也客·扯连。塔塔儿部知道这一消息后，奋死抵抗，使成吉思汗一方损失惨重。结果"今后议大事，不许别勒古台入来，只教他在外整治斗殴

---

[1] 阿尔达扎布译注:《新译集注〈蒙古秘史〉》，第321页。
[2] 阿尔达扎布译注:《新译集注〈蒙古秘史〉》，第466—467页。

　　规训、惩罚与征服：蒙元帝国的军事礼仪与军事法

盗贼等事，议事后进一钟酒毕，方许别勒古台、答阿里台入来"，也就是剥夺了别勒古台参与军机大事的资格，仅让他负责一些刑事和民事司法[1]。

会师误期的惩罚。《秘史》第107—108节记载，成吉思汗与札木合、王汗联合起兵，向蔑儿乞部复仇。札木合与二人约定了各自的行军线路、会师地点和日期。结果，成吉思汗和王汗到达指定的会师地点——斡难河源的"字脱罕·字斡儿只"时，札木合"已自先到了三日"。札木合提出，此前三人曾立法："约会的日期，虽是有风雨呵，也必要到。"王汗表示："札木合兄弟，怪的罚的从你。"[2]后文并未记载如何惩罚，殆因三人同盟作战，旗鼓相当，实未惩罚，但可知蒙古军中必有此类规定。

行军纪律。《秘史》第199节记载，成吉思汗命令速别额台追袭蔑儿乞残部时，向他规定，此次作战，原则上要节约补给、爱惜马匹，"趁军每的马匹未瘦，行粮未尽时，先要爱惜"，包括不要轻易围猎，不给军马套上鞍具，以防过度损耗。成吉思汗还规定了违反行军纪律的两种处罚措施：普通士兵就地处决，有身份的人遣送回大营处置："我认得的，便拿将来；不认得的，就那里典刑了。"[3]《秘史》195节记

---

[1] 阿尔达扎布译注：《新译集注〈蒙古秘史〉》，第282—283页。

[2] 阿尔达扎布译注：《新译集注〈蒙古秘史〉》，第188页。

[3] 阿尔达扎布译注：《新译集注〈蒙古秘史〉》，第376页。

载，成吉思汗与乃蛮部决战前部署军队，下令："丛草般行去着。"[1]

作战纪律。《秘史》第170节记载，札木合向王汗形容成吉思汗麾下的兀鲁兀惕、忙兀惕军队善于作战，描述说"转战不失阵形，旋回不失次序"[2]。阵形，蒙文作toyi；次序，蒙文作dem。可见，成吉思汗军有一种规定的战斗阵形和战术，不容躐越。《秘史》第153节的记载更加关键：1202年，成吉思汗与塔塔儿部交战前，除了规定作战期间不许抢劫，还严格告诫要保持战斗阵形："若军马退动至原排阵处，再要翻回力战。若至原排阵处，不翻回者，斩！"[3]《秘史》第195节紧接着提到的"海子般阵立着，凿子般厮杀咱"，也是强调作战纪律。

违令不遵的惩罚。《秘史》第257节记载，1219年，成吉思汗命者别、速别额台和脱忽察儿三人追击花剌子模王子扎阑丁和罕·蔑力克。脱忽察儿擅自劫掠了罕·蔑力克边境的城池，惊走了敌方主将。成吉思汗"以脱忽察儿违令，欲废了，后不曾，只重责罚，不许管军"[4]。

战利品分配。见于著名的《秘史》第153节，其中规定"未战之先，号令诸军，若战胜时，不许贪财，既定之后均

---

[1] 阿尔达扎布译注：《新译集注〈蒙古秘史〉》，第360页、第639页。
[2] 阿尔达扎布译注：《新译集注〈蒙古秘史〉》，第309页。
[3] 阿尔达扎布译注：《新译集注〈蒙古秘史〉》，第282页。
[4] 阿尔达扎布译注：《新译集注〈蒙古秘史〉》，第479页。

分"。后来，阿勒坛、忽察儿和叔父塔里台·斡惕斥三人"犯军令抢物"，成吉思汗命令使者忽必来"尽夺了他所得的财物"[1]。

军功赏赐。这类记载较多，包括《秘史》第187节、第205节、第214节、第218节，等等[2]。其中，第208节记载，成吉思汗详细回忆了主儿扯歹立下的"紧要的大功"，也就是在与克烈部战斗中射伤王汗之子桑昆，又历数他次要的功劳，宣布将自己的妃子亦巴合·别乞赏赐给他，允诺其子孙世袭其"分位"（oro）[3]。

杀俘法。这类记载也很多，可分为四种情形。一是对战败方全体成员（主要是成年男性）进行大屠杀，幸存者沦为奴隶。如《秘史》第154节，对于四塔塔儿部，蒙古人议定要将"男子似车辖大的尽诛了，余者各分做奴婢使用"。《秘史》第265节记载，对于西夏党项人（唐兀惕），成吉思汗下令："咱军将他能厮杀的男子，并驮驮等物，尽杀虏了，其余百姓，纵各人所得者自要。"[4]二是释放和招纳主动归降者。《秘史》第185节记载，成吉思汗击溃克烈部后，敌将合答黑·把阿秃儿投降，坦陈自己为了保护旧主逃脱，血战三

---

［1］阿尔达扎布译注：《新译集注〈蒙古秘史〉》，第281—282页。

［2］阿尔达扎布译注：《新译集注〈蒙古秘史〉》，第341页、第395页、第408页、第412页。

［3］阿尔达扎布译注：《新译集注〈蒙古秘史〉》，第398—399页。

［4］阿尔达扎布译注：《新译集注〈蒙古秘史〉》，第491页。

昼夜，"如今教我死呵，便死，恩赐教活呵，出气力者"。成吉思汗十分赏识他的忠诚，"可以做伴来，遂不杀"[1]。三是前来投降但有背叛旧主劣迹的敌将，不予饶恕，见《秘史》第188节、第200节。第188节记载，克烈部王汗之子桑昆的马夫阔阔出，舍弃旧主不顾，骗得桑昆的坐骑前来投降。成吉思汗大怒："这等人如何教他作伴！""遂将他妻赏赐，将阔阔出杀了"[2]。最后，是对出身高贵的敌将，酌情赐以"不流血死"，最为典型的就是札木合的结局。《秘史》第201节记载，成吉思汗应曾经的"安答"札木合的请求，降旨："依着你的言语，不出血，教死者！"[3]

阶级法。"阶级法"一词本来借自宋朝军法，是在军队内部确定"上下尊卑身份等级秩序与隶属制度"的规定，北宋的禁军乃至厢军、乡兵弓手等，每一等级的人员，对上级要"一阶一级，全归伏事之仪"，敢于"陵犯"上级者，罪至处斩[4]。蒙古军没有如此严厉的阶级法。不过，《秘史》第228节和第278节记载，成吉思汗规定，大汗的怯薛宿卫，在尊卑等级上要大大高于在外普通军队的人员，违者将予以处罚："我的护卫散班，在在外千户的上；护卫散班的家人，在在外百户牌子的上；若在外千户，与护卫散班做同等相争

---

[1] 阿尔达扎布译注:《新译集注〈蒙古秘史〉》，第338页。
[2] 阿尔达扎布译注:《新译集注〈蒙古秘史〉》，第342—343页。
[3] 阿尔达扎布译注:《新译集注〈蒙古秘史〉》，第381—382页。
[4] 马泓波点校:《宋会要辑稿·刑法（下）》，第806—807页。

斗呵，将在外的千户要罪过者。"[1]《元史》本纪也提到，窝阔台还颁布过一般意义上的阶级法："诸千户越万户前行者，随以木镞射之。百户、甲长、诸军有犯，其罪同。不遵此法者，斥罢。"[2]

擅调兵禁令。唐宋律中的《擅兴律》有所谓"擅发兵"的罪刑："诸擅发兵，十人以上徒一年，百人徒一年半，百人加一等，千人绞。"[3]早期蒙古法中看不到这种一般性规定，但也有对调兵权的限制，就是不许"擅发怯薛"。《秘史》第233节记载，成吉思汗在组建怯薛宿卫时规定："我不出征，宿卫的亦不许出征。若有违者，起军的头目有罪。"[4]

三、早期蒙古的军事刑罚

对于违反军事法的行为，《元朝秘史》的记载也提到了相应的刑罚，主要有杖刑、免职、流放和斩首四种，还有一种独特的同害刑（详细内容，见之后论述）。

最常见的刑罚种类是笞杖刑。《秘史》第277节记载，在长子西征中，窝阔台的长子贵由与拔都产生了冲突，窝阔台

————————————

[1] 阿尔达扎布译注：《新译集注〈蒙古秘史〉》，第422—423 页。
[2] 宋濂等撰：《元史》卷 2《太宗本纪》，第 33 页。
[3] 刘俊文点校：《唐律疏议》，北京：中华书局，1983 年，第298—299 页。
[4] 阿尔达扎布译注：《新译集注〈蒙古秘史〉》，第 432 页。

训斥贵由说："你征进去时，将军人打遍，挫了威气。"[1]换言之，贵由在军中广泛施行杖刑来树立威信，凡是有"臀"（bögse）的官兵，无不受辱。可见，杖刑是当时蒙古军队中最轻和最常见的刑罚。杖刑还见于对怯薛宿卫违反轮值纪律的处罚，《秘史》第227节、第278节记载成吉思汗的立法：

> 宿卫三夜一次交替。若有合入班的人，不入者，笞三下。第二次又不入者，笞七下。第三次无事故又不入者，笞三十七下，流远方去者。[2]

这条记载中的"笞"，蒙文命令式作"别里额思，雪余秃该"（beri'es söyütüge）。虽然总译和旁译将同一个词分别译为"笞"（"条子"）和"杖"[3]，但实际并不表示唐宋律那种对笞刑和杖刑的严格区分。

免职和流放是比杖刑高一等级的刑罚。流放可见上面《秘史》第227节引文：三次无故缺勤的怯薛，处以杖刑后"流远方"（蒙文：qolo qajar-a ileye）。在《秘史》第224节中，成吉思汗规定，被选为宿卫却拒绝前来服役的人，也要处以流远之刑："若宿卫时躲避不来者，别选人补充，将那人发

---

［1］阿尔达扎布译注：《新译集注〈蒙古秘史〉》，第509页。
［2］阿尔达扎布译注：《新译集注〈蒙古秘史〉》，第421页。
［3］阿尔达扎布译注：《新译集注〈蒙古秘史〉》，第672页、第724页。

去远处。"[1]对于违反军法而拥有军职的贵族，也有先处以本刑，然后免除军职的做法。《秘史》第257节记载，脱忽察儿违反了成吉思汗事先的作战部署，擅自劫掠，惊跑了敌方主将，成吉思汗"以脱忽察儿违令，欲废了，后不曾，只重责罚，不许管军"。

最高级的刑罚是斩首刑。《秘史》第257节说的"违令，欲废了"，蒙文是"jasaq bolqan mököri'ülüy-a"，旁译作"法度做斩咱"。据罗伊果的研究，"mököriqül-"这个词根，本意是"斩首"，后多用于泛指"处死"[2]。蒙古人对于严重的军事犯罪，最高可处斩刑，脱忽察儿得到特赦，只剥夺军职。斩首刑还见于《秘史》第153节的作战纪律：军队因作战需要退回出发阵地，必须重新进攻，"不翻回者，斩（mököri'ülüy-a）!"[3]《秘史》第227节也记载，对于违反军法的怯薛，成吉思汗强调："将该斩的斩（mököri'ülü je），该打的打。"[4]

最后，《秘史》第227节记载，成吉思汗还规定，怯薛人员违反军法，须等待圣裁，怯薛长官如果擅自责罚，"将所管的人用条子打的，依旧教条子打他，用拳打的，依旧用拳

---

[1] 阿尔达扎布译注：《新译集注〈蒙古秘史〉》，第 418 页。

[2] 参见周思成：《元代刑法中的所谓"敲"刑与"有斩无绞"之说辨正》，《北京师范大学学报（社会科学版）》2015 年第 2 期。

[3] 阿尔达扎布译注：《新译集注〈蒙古秘史〉》，第 762 页。

[4] 阿尔达扎布译注：《新译集注〈蒙古秘史〉》，第 421 页。

第六章 蒙古军事法溯源　　[167]

打他"。[1]这是一种特殊的同害刑（Talio）。同害刑，通常所谓以眼还眼、以牙还牙，在古代欧亚国家法典中十分常见。戴炎辉先生认为，这种"视被害人所受到的害恶，对加害人反报以相同的害恶之制"，在中国只有诬告反坐和非法拷讯这类非常罕见的情形才适用[2]。

　　总之，在成吉思汗和窝阔台时代，新兴的蒙元帝国逐渐发展出了范围广泛的军事法体系，规范各类军事活动，包括交战守则、保密制度、行军纪律、作战纪律、战利品分配、军功赏赐、战俘处置、阶级法和擅调兵禁令。对违反军事法的行为，也形成了一套刑罚等级，包括斩首、流放、免职、杖责，在特殊情况下（如非法抢劫战利品）还有财产刑。当然，作为"马上得天下"的草原帝国，蒙元帝国军事机器发展和成熟的速度，明显要大大快于帝国内部的其他社会经济制度，军事法制也是如此，倒是无足讶异。更值得惊叹的，是蒙元帝国的军事法体系接下来的分化和嬗变历程。

_____

[1] 阿尔达扎布译注：《新译集注〈蒙古秘史〉》，第 421 页。
[2] 戴炎辉：《中国法制史》，台北：三民书局，1979 年，第 31—32 页。

第七章 交战守则、降敌与"大屠杀"

　　现代军事法体系，除了军事刑法，还包括一种特殊的法律门类，那就是"战争法"（或称"武装冲突法"）[1]。这是"以条约和惯例为形式，调整各交战国或武装冲突各方之间、交战国与中立国（或非交战国）之间关系以及交战行为的原则、规则和制度的总和"。[2]战争法也是一种国际法，随着现代国际体系的发展，还容纳了维护和平、禁止侵略、惩处战争罪犯等人道主义内容[3]。但是，战争法不只是近代民族

---

[1] 虽然现代学术界一般认为军事法属于国内法体系，战争法属于国际法体系，但是在西方法学体系中，经常将战争法归入广义的军事法。中国也将战争法编入国内法，在国内出版的军事法学教材中，战争法几乎无一例外地被包括在军事法体系之中进行阐述。参见夏勇、徐高：《中外军事刑法比较》，北京：法律出版社，1998年，第7页；管建强、周健主编：《军事法基本理论研究》，北京：法律出版社，2017年，第265页。

[2] 盛红生等著：《武力的边界：21世纪前期武装冲突中的国际法问题研究》，北京：时事出版社，2003年，第1页。

[3] 周江陵：《武装冲突法概论》，南京：东南大学出版社，2007年，第18页。

国家体系的产物，战争法的历史与战争本身同样悠远，古埃及、古巴比伦、古印度、古希腊罗马世界，都出现过原始的战争法[1]。

春秋时期的"弭兵"，宋襄公的"不重伤、不禽二毛"，"不鼓不成列"，《荀子·议兵》中的"不杀老弱，不猎禾稼，服者不禽，格者不赦，奔命者不获"，等等，也是朴素的战争法。蒙元帝国对于交战活动、降敌人员和敌方俘虏的态度和处置，也遵循了独特的习惯（usage）和实践（practice）。我们不妨认为，这也类似某种战争法或武装冲突法，尽管不是具有普遍约束力的国际惯例或法律。

一、格者不赦与背信弃义

基本守则

蒙元帝国军队会依据军事行动是否遇到抵抗，选择相应的交战行为，并区别对待敌方军人和平民。在多数情况下，是赦免未抵抗就投降的军民，对曾经抵抗者，不论是降是溃，都进行报复性屠杀[2]。这种做法，相当于《荀子·议

---

[1] 盛红生等著：《武力的边界：21 世纪前期武装冲突中的国际法问题研究》，北京：时事出版社，2003 年，第 48 页。

[2] 参见余大钧：《一代天骄成吉思汗：传记与研究》，呼和浩特：内蒙古人民出版社，2002 年，第 400—405 页。

兵》中的"格者不赦"，在元代汉文史料中多称"军法""军律""国制"，甚至"祖宗之法"。

宋子贞《中书令耶律公神道碑》记载，速不台攻陷金朝首都南京（今河南开封），认为"此城相抗日久，多杀伤士卒，意欲尽屠之"，他的依据乃是：

> 国制：凡敌人拒命，矢石一发，则杀无赦。[1]

这种交战守则，更多见于蒙元帝国军队围攻城池的记载中，具体表现就是"城拔必屠"（武力攻陷的城池必定屠城）和"降城不诛"（和平归顺的城池可以免屠）。如，姚燧《序江汉先生事实》记载：

> 某岁乙未（1235 年），王师徇地汉上。军法：凡城邑以兵得者，悉坑之。[2]

姚燧《游公神道碑》也记载，平宋战争后期，游显奉忽必烈之命，招抚南宋苏州：

---

[1] 李修生主编：《全元文》第 1 册，南京：江苏古籍出版社，1999 年，第 173 页。

[2] 姚燧撰，查洪德编校：《姚燧集》，第 63 页。

公从七骑，薄城呼曰："我游宣抚也，来晓告尔州将：丞相奉诏督诸军以平江南，诛赏精明。其早自来归，取富贵比他州将。不然，梯冲一树，则加诛后服，为屠常州续耳！"……公身至坊市，集吏民，谕以天子仁圣威德："军律：降城不诛。其安尔室家，无恐。"[1]

姚燧《湖广行省左丞相神道碑》也记载，阿里海牙攻陷南宋潭州后，与麾下将领商议："国家为制，城拔必屠。"[2] 姚燧《提举太原盐使司徐君神道碑》还提到忽必烈早年征大理（1252年），曾遣三名使节入城劝降。三人临行前向忽必烈请求："祖宗之法，杀诏使者，城拔必屠。万一蛮夷怙恶，或贼杀臣，愿无以臣而使是城噍无遗类。"[3]

另外，在正式交战前，蒙元帝国军队通常会派出游显这样的使节，向敌方明确宣布交战和屠城的守则。《扎阑丁传》记载，尤赤率领蒙古军围攻花剌子模都城玉龙杰赤（今土库曼斯坦阿姆河下游之库尼亚—乌尔根奇）：

他（尤赤）立即向花剌子模人派出使节，告诉他们自己的愤怒和他们坚持抵抗的后果。相反，如果他们同

---

[1] 姚燧撰，查洪德编校：《姚燧集》，第340页。

[2] 姚燧撰，查洪德编校：《姚燧集》，第190页。

[3] 姚燧撰，查洪德编校：《姚燧集》，第288页。

意不战而开城投降（à livrer la ville sans combat），则性命可保。[1]

这种做法还能得到许多域外史料的佐证。一方面，在西征花剌子模期间，对于一些完全不抵抗就投降的城镇和要塞，蒙古军队多赦免不屠。如在匝儿讷黑，由于当地居民"按兵不动，没有表示对抗"，成吉思汗就：

> 按他一贯作法（波斯文：bar 'ādat mustamarr，按照长久以来的习惯），派答石蛮哈只不为使，去见居民，宣布他的军队到来，告诫居民避免一场可怖的灾祸……他大喝一声："……眼前战事迫在眉睫。若你们有丝毫反抗，一个时刻内，你们的城池将被夷为平地，原野将成血海。可是，若你们用明智、持重之耳，听从忠言和劝告，而且恭顺地服从他的指令，那么，你们的生命财产将固若金汤。"[2]

在讷儿城前，蒙古大将塔亦儿拔都儿也遵照这一程序

---

[1] Mohammed-en-Nesawi: *Histoire du Sultan Djelal-ed-Din Mankobirti, Prince Du Kharezm*, traduit de l'arabe par O. Houdas, Paris, 1895, p Mohammed-en-Nesawi: *Histoire du sultan Djelal-ed-Din Mankobirti, prince du Kharezm*, traduit de l'arabe par O. Houdas, Paris, 1895, pp.154–155.

[2]〔伊朗〕志费尼著；何高济译：《世界征服者史》（上），第109—110页。

"遣使去宣布征服世界的皇帝驾临，劝谕居民投降，停止抵抗"。志费尼提到，最终蒙古军队只是洗劫了该城的财富，"丝毫没有伤害他们"[1]。

另一方面，对那些敢于"拒命"的敌方城池，蒙古军也实现了"杀无赦"的威胁。蒙古大将拜住在亚美尼亚的狄奥多西奥波利斯（Theodosiopolis）就是如此。亚美尼亚史家记载：

> 在围困该城之前，他派遣了一些谈判代表（parlementaires）前往居民那里，要求他们归降。他们不仅拒绝了这个要求，而且还无知地驱赶这些使节，然后登上城墙，试图给鞑靼人造成伤害。鞑靼人见到和平请求被驳回，将领一声令下，四面围城，以便一下子击溃敌军。他们着手设置了大量的投石机，摧毁了城墙。鞑靼人突入城内后，开始四处大肆屠杀（un massacre général）。在洗劫该城之后，他们将它付之一炬。[2]

破城之后的屠杀，蒙古人也常常遵循草原习惯，区别对待军人和平民。例如，苦战三日后投降的中亚城市费纳克

---

[1]〔伊朗〕志费尼著，何高济译：《世界征服者史》（上），第 111—112 页。

[2] Ed. Dulaurier, *Les Mongols, d'après les historiens arméniens: fragments traduits d'après les textes originaux*, 2eme fasc., extrait de Vartan/trad. par M. Ed. Dulaurier, Paris: Imprimerie impériale, 1861, pp. 426–427.

讹（今乌兹别克斯坦塔什干西南锡尔河右岸），蒙古军就将
该城的士兵（康里军队）和市民分为两队，"前者悉数被歼，
有的死于刀下，也有的死于乱箭，而后者则被分配给百户、
十户"[1]。在屠杀成年男子时，还参照一定的草原标准。前
引《元朝秘史》第154节就记载，成吉思汗战胜塔塔儿部后，
计划把"男子似车辖大的尽诛了，余者各分做奴婢使用"。
1220年，蒙古军攻陷不花剌城（今乌兹别克斯坦布哈拉）内
堡后，尽屠康里守军，"比鞭梢高的康里男子，一个都没有
剩下，遇害者计三万多人；而他们的幼小子女，贵人和妇孺
的子女，较弱如丝帕，全被夷为奴婢"[2]。

补充守则

除"格者不赦"这一主要交战守则外，蒙元帝国的军队
对战败之敌的处置，还有三条补充守则。

第一条补充守则是：如果向敌方派遣的和平使者受到伤
害，战胜之后，敌方军人和平民都要受到报复性屠杀，不加
区别对待。前近代时期虽不存在严格意义上的"使节权"，
但是，蒙古人继承了内亚的外交传统，在要求使者的豁免权

---

[1]〔伊朗〕志费尼著，何高济译：《世界征服者史》（上），第 101 页。
[2]〔伊朗〕志费尼著，何高济译：《世界征服者史》（上），第 115 页。

方面极端严格[1]。因此，对于要为己方使者之死负责的敌军和居民，蒙古军通常大肆屠杀。

1219年，成吉思汗西征花剌子模，命令大将兀鲁失亦都攻取毡的（今哈萨克斯坦克齐尔—奥尔达东南）。兀鲁失亦都逼近毡的附近的速格那黑，派遣熟悉情况并与当地人同族的商人哈散哈只前去劝降，结果，"城内的恶棍、流氓和暴徒一阵鼓噪，高呼'阿拉阿克巴儿！'把他杀死"。得知此事，兀鲁失亦都怒火中烧，命令士兵连攻七日，"袭取了速格那黑，把宽恕的大门关闭，仅仅替一人报仇，几乎把他们所有的名字都从生命簿上一笔勾销"[2]。埃及马穆鲁克史家记载蒙古军入侵阿塞拜疆和谷儿只，也提到：

> 他们（蒙古军）兵临贝伊勒坎（Вейлекан）城，开始围攻该城。该城居民要求（蒙古军）派来一人，以便媾和。他们（蒙古军）从自己的长者中选出一名使节前往，但该城居民却将之杀害。他们来到城下，与敌人厮杀，并于618年（1221年）的莱麦丹月冲入了该城。他

---

[1]〔美〕丹尼斯·塞诺：《中古内亚的外交实践》，北京大学历史系民族史教研室译：《丹尼斯·塞诺内亚研究文选》，北京：中华书局，2006年，第230—231页。

[2]〔伊朗〕志费尼著，何高济译：《世界征服者史》（上），第96—97页。

们对居民大肆屠杀，不论老幼，无一人幸存。[1]

1253年忽必烈进攻大理期间，也发生了因使节被杀而打算进行报复性屠杀的事情。李谦《中书左丞张公神道碑》记载，"初大理之役，我师至其城下。国主高祥拒命，杀我信使，一夕遁去。世祖怒，欲屠之"[2]。

第二条补充守则是：攻城的蒙元帝国军队，一旦有将领或其他重要人物遭受伤亡的情况，敌方军人和平民也要受到报复性屠杀。成吉思汗的爱孙、察合台之子木秃坚，在攻打花剌子模城市范延（今阿富汗巴米延）时被敌方守军射中身亡，于是，"蒙古军加紧攻城，把它攻克，成吉思汗下令把所有动物，从人类到牲口，杀个精光；不许留下俘虏，哪怕孕妇腹内的胎儿也不得饶过；今后不许动物居住在这个地方。他给它取名为卯危八里，波斯语义为'歹城'"[3]。木华黎攻打金朝蠡州城时，"金兵闭城拒守，国王（木华黎）裨将石抹也先战死，王怒，将屠其城"，最终被赵瑨劝阻[4]。

第三条补充守则是：对于既降而复叛的敌人，蒙古军也

[1] Влади́мир Гу́ставович Тизенга́узен: *Сборник материалов, относящихся к истории Золотой Орды, Том I. Извлечения из сочинений арабских.* С П б.: Типография Императорской Академии наук, 1884, p.23.

[2] 李修生主编：《全元文》第9册，第104页。

[3]〔伊朗〕志费尼著，何高济译：《世界征服者史》（上），第145页。

[4] 宋濂等撰：《元史》卷150《赵瑨传》，第3554页。

往往进行报复性屠杀。兀鲁失亦都进攻毡的地区期间，一支归顺蒙古人的突厥蛮军队，在台纳勒那颜率领下前往花剌子模，中途哗变，"在前面行军的台纳勒，回师扑灭了他们的叛变和骚乱的火焰，把他们都杀光"[1]。在金末北方地区的混战中，汉人世侯严实麾下的赵天锡投靠蒙古大将孛要海。他的故乡冠氏县（今山东冠县）先臣服蒙古，后遭到宋将彭义斌的进攻，又降宋。己酉年（1249年）八月，蒙古大军兵临城下，"怒其反复，有屠城之议"，赵天锡竭力救护，保全了老幼数万人。[2]

大屠杀的余威

蒙元帝国的交战守则，在各类史料中的记载极为明确。这恐怕并不是因为它们是一种明确的法律，而是蒙古统治者刻意宣传和渲染的结果。事实上，蒙元帝国的军队，往往对抵抗最顽强的某个或者某些城市进行大肆屠杀和破坏，从而造成了一种恐怖的心理效果，威慑尚未投降的敌人。至元十二年（1275年），伯颜的南征大军攻陷常州，并血洗该城，守将刘师勇逃奔平江。一些元朝将领请求追击，却被伯颜制止，理由居然是："师勇所过，城守者胆落矣！"[3]前文提到，

---

[1]〔伊朗〕志费尼著，何高济译：《世界征服者史》（上），第 98 页。

[2]李修生主编：《全元文》第 1 册，第 641 页。

[3]宋濂等撰：《元史》卷 127《伯颜传》，第 3107 页。

游显在招抚苏州时也特别强调："梯冲一树，则加诛后服，为屠常州续耳！"我们还能找到一则珍贵的史料，说明南宋守城官员对"常州榜样"的反应。大诗人方回在至元十九年撰写的《先君事状》的跋语中，回顾了自己作为严州郡守，在至元十三年前后的活动。他自述临安开城后，自己还坚守孤城长达半月，后来，南宋下令各州县投降的诏书到达，严州全体官吏军民"一口同辞"，"惟恐有如常州之难"，所以决定不像真、扬等州那样顽抗到底，而是马上归附大元。[1]方回虽然竭力为自己降元辩护，但也不难推断，"常州榜样"恐怕十分有力地推动了南宋州郡望风归降。

蒙元帝国为达到威慑目的，不惜屠杀大量无辜平民，这种残酷措施的军事效果却十分可观。埃及史家伊本·艾西尔（ibn-al-Athir）有一段著名的记载：

> 据说，有一个鞑靼骑兵，独入一个人烟密集的村子，陆续杀其村民，竟无一人敢反抗。又听人说，有一个鞑靼人，手无兵器，而欲杀所虏之人，便命其卧地后去寻同行。见以鞑靼骑兵至。他命令我们互相反绑两手于背后，同伴们皆服从之，我对他们说，他仅一人，应杀之而逃，同伴们答道："我们十分害怕。"我又鼓动他们说他将会杀死你们，让我们先把他杀了，可能安拉会

---

[1] 李修生主编：《全元文》第7册，第393页。

拯救我们。但是，竟无一人敢杀他。[1]

背信弃义？

蒙元帝国军队的交战守则，究竟有多大约束力？这一点可以从两方面来理解：首先，同时代的记载明确将之认定为一种法度（国制、军法或祖宗之法），或至少是长期确立的惯例；另外，符合这种交战守则的军事活动，反复而且频繁出现。这多少可以说明，它们确实是一些"守则"。但是，它们既不是物理定律也不是国家立法，就无法排除背离"守则"的现象。

蒙元帝国军队背弃事先申明的交战守则，出尔反尔的例子，恐怕绝不罕见。1286 年，金帐汗国的蒙古军在那海的率领下，纠集了罗斯诸国的军队，入侵波兰。那海兵锋直指克拉考，而帖里不花则前往桑多梅日。根据波兰编年史的记载，"（蒙古军）对要塞守军和居民许诺，只要投降就决不伤害他们。在他们投降之后，每一次，蒙古军都违背了诺言"[2]。

不过，另一方面，"矢石一发，则杀无赦"或者"城邑以兵得者，悉坑之"，这样残酷的交战守则，也不是在所有

---

[1]〔法〕雷纳·格鲁塞：《蒙古帝国史》，北京：商务印书馆，2009 年，第368 页。

[2] George Vernadsky: *A History of Russia, vol. 3: The Mongols and Russia*, New Haven, CT: Yale University Press, 1953, p.182.

场合都被遵守。随着蒙古人与定居社会接触程度不断加深，这种野蛮残酷的军事习惯，也越来越受到其他因素（如社会经济、合法性、意识形态等）的影响和束缚。前文已经提到了很多这样的例子，张文谦劝阻忽必烈屠大理，赵天锡劝阻孛要海屠冠氏，都是如此。这种影响甚至可以追溯到成吉思汗时期。《元史·石抹也先传》记载：

> 岁乙亥（1215 年），移师围北京。城久不下，及城破，将屠之。也先曰："王师拯人水火，彼既降而复屠之，则未下者，人将死守，天下何时定乎！"因以上闻，赦之。[1]

在窝阔台时期，汉人世侯严实，隶属木华黎之弟带孙郡王。蒙古军攻陷彰德后，又攻破水栅，带孙郡王"怒其反复，驱老幼数万，欲屠之"，被严实劝阻，继而，蒙古军攻陷濮州，又打算大肆屠杀，严实又成功劝阻，理由乃是："百姓未尝敌我，岂可与兵人并戮之？不若留之农种，以给刍秣。"[2]

这类记载尚有很多，无待穷举。入元以后，在忽必烈统

---

[1] 宋濂等撰：《元史》卷 150《石抹也先传》，第 3542 页。
[2] 元好问：《东平行台严公神道碑》，姚奠中主编：《元好问全集》（上），太原：山西古籍出版社，2004 年，第 617—618 页。

治时期，过于残酷的交战守则更是备受批评，最终不得不放弃。郝经这样评论忽必烈藩王时代的渡江之役：

> 及其渡江，如浒黄洲、青山矶市，初未尝戮一人。至于武昌，先遣王一清开喻，而彼守臣执而杀之，又射杀一肺腑大官，于是始下令具攻具。以为肉薄骨并，杀人盈城，实非本心，故虽合长围，而攻之不急也。若彼国当时不杀信使，少加以礼，可退师成盟。经等侍从左右，圣意仁隐，好生恶杀，实所具知。[1]

在郝经看来，忽必烈渡江之际便未轻戮一人，到了武昌城下，派出劝降的使者被宋人杀害，宋人又射杀了忽必烈的心腹亲信，忽必烈才准备攻城，即便如此，围城之际也是"攻之不急"，以示宽容。其实，按照蒙元帝国的交战守则，南宋如此杀使、杀将，多次严重挑战了蒙古人的底线。即便如此，忽必烈也未彻底改变止杀的态度。后来，在即位后发动平宋战争前，忽必烈还下了所谓"不杀之令"，并让杨惟中"出先前茅，布宣恩信"。严酷的交战规则，逐渐让位给了忽必烈王朝建立合法性的需要。这一过程并非一蹴而就，发生关键变化的时间节点，正是忽必烈统治前期。

---

[1] 郝经撰，秦雪清点校：《郝文忠公陵川文集》，第98页。

二、宁死勿降

蒙古人如何看待自己人在战争中被俘或降敌？这个问题有趣而罕见探讨。遗憾的是，相关记载极为稀少。前面提到，法国学者鲁保罗在《阿尔泰民族中的死亡》中认为，《元朝秘史》190节"男子死呵，与弓箭一处岂不好"的记载，说明蒙古人与匈奴、突厥一样，也有"贵兵死"的习俗。其实，这一记载还反映了蒙古人不愿战败被俘的心理。鲁保罗接着指出：

> 有如疾病，战败对蒙古人来说，是比死亡更严重的耻辱或污点（une honte ou une souillure）。伊本·艾西尔从一个谷儿只人那里听得："我们曾经俘虏了一个鞑靼人；但是，他从坐骑上翻身下地，使劲用头撞击岩石，直至死亡，因为他不甘心沦为俘虏。"[1]

为核对伊本·艾西尔的原文，笔者参考了蒂森豪森编集的《金帐汗国史料集（阿拉伯文部分）》。该书节录的伊本·艾西尔书，仅有俄译文而没有阿拉伯文原文。尽管如此，笔者

---

[1] Jean-Paul Roux, *La Mort Chez les Peuples Altaiques Anciens et Medievaux d'Après les Documents Ecrits.* Paris: Maisonneuve 1963. p.49.

还是了解到，伊本·艾西尔所说的"谷儿只人"，是被派到马穆鲁克埃及的使节，上述传闻就得自此人。这段记载的完整文字如下：

> 如果有人告诉你们说，鞑靼人会战败溃逃，或者被俘，此言决不可信。如果他们被打败了，你得相信，这个民族绝不会逃走。我们曾经俘虏了一个鞑靼人；但是，他从坐骑上翻身下地，使劲用头撞击岩石，直至死亡，因为他不甘心沦为俘虏。[1]

笔者还找到了伊本·艾西尔书中的另一处记载，也说明了蒙古人的类似心理。记载成吉思汗入侵中亚城市梅尔夫时，伊本·艾西尔写到，蒙古人在与穆斯林军队交战时：

> 鞑靼人不知道何为溃逃，其中一人在即将沦为俘虏之际，喊道："……要说鞑靼人会打仗，这是真的，要说鞑靼人会逃跑，那绝不可能！"[2]

---

[1] Влади́мир Гу́ставович Тизенга́узен: *Сборник материалов, относящихся к истории Золотой Орды, Том I. Извлечения из сочинений арабских.* СПб.: Типография Императорской Академии наук, 1884, p.24.

[2] Влади́мир Гу́ставович Тизенга́узен: *Сборник материалов, относящихся к истории Золотой Орды, Том I. Извлечения из сочинений арабских.* СПб.: Типография Императорской Академии наук, 1884, p.30.

当然，仅仅根据这些记载，还不足以让我们相信，蒙古人在战场上时时刻刻都能表现出视死如归的勇敢精神，或者说，对于战败被俘有极其强烈的排斥心理。

反方证据或来自汉文史料。南宋军队中有所谓"通事军"，由来自蒙古统治的北方地区的逃犯组成。通事军的主要成分是仇视蒙古征服者的北方汉人，加上蒙古军从中亚裹挟来的回回人和钦察人，还有党项、契丹、女真，等等[1]。不过，也有迹象表明，在这支由降人组成的特殊军队里，有极少数蒙古人。《元史·兵志》就记载：

> 初，亡宋多招纳北地蒙古人为通事军，遇之甚厚，每战皆列于前行，愿效死力。[2]

《元史》本纪和一些元代官文书也提到，有"避罪附宋蒙古、回回等军"，以及"已前做罪过、私投亡宋蒙古、回回、汉儿诸色人等"[3]。可见，确有部分蒙古人，出于某些原因投降了南宋军队。当然，这些人大多可能是因其他事由获罪出逃，不一定是战场上被俘或投降的蒙古军士兵。除此以外，在当时的汉文史料中，几乎见不到蒙元帝国军队大规模

---

[1] 刘晓：《宋元时代的通事与通事军》，《民族研究》2008 年第 3 期。
[2] 宋濂等撰：《元史》卷 98《兵志一》，第 2517 页。
[3] 陈高华等点校：《元典章》第 2 册，第 1178 页。

投降的记载。

三、秘密杀俘法

草原勇士对被俘和降敌，或许有某种强烈的排斥心理，这种心理对蒙元帝国处置敌方俘虏有何影响，尚不易了解。不过，沦为蒙元帝国军队的战俘，命运显然远比成为宋朝军队的战俘悲惨[1]。在成吉思汗西征花剌子模期间，蒙古军攻陷中亚城市撒马尔干（今乌兹别克斯坦撒马尔罕）：

> 次日，［蒙古人］将许多异密和士兵杀死、城堡平
> 毁后，对剩下的人进行了统计。［成吉思汗］从这些人
> 中间分拨一千名工匠赐给诸子、诸妻、诸异密，又将
> 一千人编入"哈沙儿"队中。其余的人们获得了赦免，
> 但须［缴纳］二十万底纳儿赎金，然后准予还城。[2]

在费纳克忒，蒙古军的处置方法也大抵如此：

> ［蒙古人］将士兵、手工业者和［平］民分置数处。

---

[1] 关于北宋处置俘虏的军法，参见杨计国：《北宋俘虏军法研究》，《商丘师范学院学报》2013 年第 1 期。
[2] ［波斯］拉施特主编，余大钧、周建奇译：《史集》第一卷第二分册，第285 页。

他们将士兵用剑杀死或射杀，其余人们编成千人队、百人队、十人队。青年人被押出城区，送到"哈沙儿"队里去。[1]

一个人如果沦为蒙元帝国军队的俘虏，大体不出以下四种结局：遭到屠杀（主要是军人）、被编为"哈沙儿军"（波斯文ḥashar，在战斗中被布置最前方充当炮灰的辅助部队，大多数人难逃一死）、沦为蒙古贵族和士兵的奴隶、通过赎买成为自由人。蒙元帝国的征服战争，对被侵略地区的社会经济产生了毁灭性影响，其中，对战俘的大肆屠戮和奴役是重要原因，所以，《长春真人成道碑》感慨："天兵暂试，血流川谷，肉厌丘原，黄钺一麾，伏尸万里，马蹄之所及无余地，兵刃之所临无遗民，玉石俱焚，金汤齑粉。"[2]

尤其值得注意的是，蒙元帝国军队采取了一种将战俘按照军队十进制（千户、百户、十户）分割成小股，然后由各部队分头执行的"秘密处决法"。《元朝秘史》第154节记载，对于塔塔儿部，成吉思汗和蒙古贵族秘密开会研究，决定将该部"男子似车辖大的尽诛了，余者各分做奴婢使用"。不过，这一决议被别勒古台泄露给了塔塔儿人。塔塔儿人得

---

[1]〔波斯〕拉施特主编，余大钧、周建奇译：《史集》第一卷第二分册，第277页。

[2]李修生主编：《全元文》第1册，第108—109页。

知噩耗，便暗中约定："他若杀咱每时，每人袖里着一把刀，也要杀他一人藉背却死。"结果，负责处决战俘的蒙古军遭受很大的损失（"将军每多杀伤了"）。从这条记载看，早期蒙古军采取的杀俘法，就具备后来的两大特征：化整为零，秘密处决。

柏朗嘉宾最早将这种杀俘法作为一种独特的现象加以描述：

> 他们把在交战中俘获的一切人统统杀死，除非他们偶尔留下一些人作奴隶。他们把那些要被杀死的人分配给各百夫长，以便用战斧砍死。而百夫长们则又把这些人分配给在军队中作奴隶的俘虏，让每一个奴隶杀死十人，或者按长官们认为合适的数目，多一些，或少一些。[1]

他的观察基本准确，同样的杀俘法，在波斯文、亚美尼亚文乃至汉文史书中都有记载。《世界征服者史》记载，1121年，蒙古军攻陷花剌子模首都玉龙杰赤：

> 他们把百姓赶到城外；把为数超过十万的工匠艺人

---

[1]〔英〕道森编，吕浦译：《出使蒙古记》，第37页。拉丁文见 Anastasius van den Wyngaert: *Sinica Franciscana*, Vol 1, Itinera et relationes Fratrum Minorum saeculi XIII et XIV, Ad Claras Aquas: Collegium S. Bonaventurae, 1929, p.84.

跟其余的人分开来，孩童和妇孺被夷为奴婢，驱掠而去，然后把余下的人分给军队，让每名军士屠杀二十四人。[1]

同书还记载，蒙古军攻陷马鲁（今土库曼斯坦东南部马里）后，"把市民，不分贵贱统统赶到郊外"，除400名工匠和部分奴隶外，其余居民全部被杀害，其方式是：

> 把马鲁的居民分配给军士和签军，简言之，每名士兵要杀三百或四百人。[2]

亚美尼亚史家乞剌可思描述蒙古军屠戮报达时，也提到了这种杀俘法：

> 为数众多的居民从各个城门涌出，寻求实现前者（旭烈兀）给他们的承诺。旭烈兀将他们分给自己的军队，下令将他们带往远离城市之处，并秘密予以屠杀（les massacre en secret），结果无一人幸免。[3]

---

[1]〔伊朗〕志费尼著，何高济译：《世界征服者史》（上），第138页。

[2]〔伊朗〕志费尼著，何高济译：《世界征服者史》（上），第179页。

[3] Ed. Dulaurier, *Les Mongols, d'après les historiens arméniens: fragments traduits d'après les textes originaux*, 2eme fasc., extrait de Vartan/trad. par M. Ed. Dulaurier, Paris: Imprimerie impériale, 1861, pp. 489–490.

这种"化整为零，秘密处决"的蒙古军杀俘法，在汉文碑传中也有不少。姚燧为焦德裕所撰之《焦公神道碑铭》记载，成吉思汗攻掠金朝河北地区时，焦德裕之父焦用归降蒙古军，佩银符为千夫长：

> 从徇地山东，分畀诸将，藏其傈刃。独府君（焦用）挥铁简踣之，佯死尸间，夜得脱走。乱定，百十为曹，伏谢马首，曰："吾皆千夫长惠活者，无以报德，愿公有子若孙，世位公衮。"[1]

这段记载说得较为委婉：当时蒙古军徇地山东之际，将所俘获的士兵和百姓都分给各个将领，令其秘密处决，只有焦用每次都用铁简将归他"分杀"的人击晕，使其佯装死亡，让他们逃过一劫。刘因为彰德路总管孙亮写的《先茔碑铭》也记载，孙亮之父在金正大八年（1231年）随蒙古军南下攻破凤翔：

> 太宗（窝阔台）诏从臣分诛居民，违者以军法论。辄叹曰："诚能脱众人死，实不爱一身。况主上见问，必有以对，而未必死耶？"遂尽匿己所分者。[2]

---

[1] 姚燧撰，查洪德编校：《姚燧集》，第 603 页。
[2] 刘因撰，商聚德点校：《刘因集》，北京：人民出版社，2017 年，第 146 页。

袁桷《史母程氏传》引用了描述蒙古入蜀兵祸的《三卯录》,其中提到,蒙古军对蜀地军民的屠杀是"率五十人为一聚,以刀悉刺之,乃积其尸"[1]。王磐为董文炳所撰的《神道碑》也有记载:李璮之乱后,李璮的军队即"涟、海两军"素来骁勇难制,负责平叛的主帅宗王合必赤下令,将这两支军队"分配诸翼,阴使除之",被董文炳劝阻[2]。

　　笔者找到的汉文碑传资料,多是赞誉传主拯救被杀战俘的记载。其实,这种秘密处决,不仅为数众多,而且多数情况下并无得力之人施以援手。例如,同样记述李璮之乱后的杀俘事件,《元史·董文炳传》就揭露,合必赤因愤怒"涟、海两军"为李璮效命,所以"配诸军,使阴杀之"。董文炳应负责杀两千人,急忙劝阻合必赤,但为时已晚,"他杀之者已众"。[3]

　　最后,笔者还要指出,化整为零、秘密处决的方式,也不始于蒙古军,它在汉文史料中出现更早。《元史·李守贤传》记载,守贤祖父李放军,"尝从金将攻宋淮南,飞石伤髀,录功,赏生口七十。主将分命将校杀所掠俘,苟有失亡者,罪死,放军当杀五百人,皆纵之去"[4]。李守贤是金卫绍

————————

[1] 袁桷撰,李军等校点:《袁桷集》(下卷),第490页。
[2] 李修生主编:《全元文》第2册,南京:江苏古籍出版社,1999年,第287页。
[3] 宋濂等撰:《元史》卷156《董文炳传》,第3669页。
[4] 宋濂等撰:《元史》卷150《李守贤传》,第3547页。

王大安年间的人，其祖父"攻宋淮南"，至少在金世宗时期。可见，这种做法大概不是蒙古军独有，或许是从女真移植而来。史家言及古代战争的残酷性，往往惊讶白起坑杀赵卒四十万，项羽坑杀秦降卒二十余万，人数如此众多的武装人员，如何能够一时束手、甘心就戮？以上探讨或许有助于理解这一问题。

四、从战俘到奴隶

还有部分俘虏，幸免屠戮而沦为奴隶。为防止他们脱逃，蒙元帝国有异常严酷的"藏亡法"。宋子贞所撰《中书令耶律公神道碑》记载，金朝灭亡前后（1234—1235年）：

> 时河南初破，被俘虏者不可胜计，及闻大军北还，逃去者十八九。有诏：停留逃民及资给饮食者，皆死。无问城郭保社，一家犯禁，余并连坐。由是，百姓惶骇，虽父子弟兄，一经俘虏，不敢正视。逃民无所得食，踣死道路者踵相蹑也。[1]

据说，在耶律楚材的劝说下，窝阔台才"停其禁"。元好问《严公神道碑》也提到，金朝南京沦陷后，发生了大

---

[1] 李修生主编：《全元文》第 1 册，第 173 页。

饥荒：

> 生口（被蒙古军俘虏的北方人民）之北渡者多饿死。
> 又藏亡法严，有犯者，保社皆从坐之。逋亡累累，无所
> 于托，僵尸为之蔽野。[1]

类似的说法亦见刘因的《泽州长官段公墓碑铭》：

> 时新法藏亡甚严，乡民不一一晓知。泽当诸军往来
> 之冲，病俘多亡留民家者，若以藏论，籍没从坐，保伍
> 为空。公（段直）乃豫为符券，为官使收养，以俟诸军
> 物色者。后凡留俘家，皆得以不藏释。[2]

从上述记载看，早期惩处逃亡战俘的法律，主要针对所
谓"窝主"：收留和帮助逃跑战俘的人，一律处死，邻里还
要受牵连。这种藏亡法对元朝建立后惩处逃亡的"军驱"，
影响较大。

研究者指出，在蒙元帝国的征服战争中，大量原金朝北
方地区的军民沦为奴隶，这是元代奴隶的最主要来源。当时
将奴隶称为"驱口"，就是"被俘获驱使之人"。元代北方的

---

[1] 姚奠中主编：《元好问全集》（上），第 618 页。
[2] 刘因撰，商聚德点校：《刘因集》，157 页。

军户占有奴隶的情形比较普遍，加在军驱身上的负担也极为沉重，因此，军驱逃亡，成为元代一大社会痼疾。在属于军人的奴隶逃亡时，元朝甚至默许军事机构"绕开地方政府"，武力追捕[1]。

元朝建立后，社会经济渐趋安定活跃，原有的身份和户计制度对人的束缚开始削弱。元成宗大德年间，"蒙古、汉军分戍江南"，这些出戍军人家中的驱口逐渐逃亡，"州城里、村坊道店里、和尚先生的寺观里、人匠局院里头，隐藏着的也有。黄河、江里交船栈偷渡过去的也有"[2]。为了维护既有的军役制度，大德五年（1301年）五月，由枢密院提议，朝廷特别规定：藏匿逃亡奴隶的人，断没家财，"和尚、先生、匠人每，村坊道店各管头目每，邻家每，明知道不首告呵，重要罪过者"。其中若有逃亡的军驱，则是"他每的万户、千户、百户、牌子头使长每的名字写着，城子里官人每根底分付，与行省文书，交好人转递着，分付与他主人者"[3]。

大德八年，朝廷又进一步详细规定，被抓获的逃亡奴

[1] 乔志勇：《元代逃奴问题与国家权力》，《中华文史论丛》2016年第1期。关于元代对逃亡奴婢的处罚，还可参见高文德《蒙古奴隶制研究》，呼和浩特：内蒙古人民出版社，1980年，第115—116页，引用的是《元史·刑法志》的个别条目。
[2] 陈高华等点校：《元典章》第2册，第1188页。
[3] 陈高华等点校：《元典章》第2册，第1188页。

隶，要立即交付主人，逃亡奴隶本人处杖七十七，"诱引窝藏"的人杖六十七，"邻人并社长、坊里正、主首知而不首捕者断三十七下"[1]。至大元年（1308年），对于逃亡的军驱以及有窝藏嫌疑的邻里和基层行政人员的处罚，又更加严厉：逃亡奴隶杖八十七下，窝藏者杖七十七下，籍没三分之一家产赏给告发者；两邻、主首、社长等人不及时告发，籍没四分之一家产赏给告发者；办案不力的官员也要笞三十七下，撤职查处。[2]

---

[1] 陈高华等点校：《元典章》第 2 册，第 1189—1190 页。

[2] 陈高华等点校：《元典章》第 2 册，第 1190—1192 页，又见第 3 册，第 1866—1867 页。《至治新集》中关于"探马赤军人逃驱"的规定与此相仿，见陈高华等点校：《元典章》第 4 册，第 2242 页。

第八章 保密、集结、行军纪律与营规

《唐律疏议》的《职制》篇规定:"诸泄露大事应密者,绞。"根据疏议,大事包括"密告谋反和谋大逆罪行","掩袭寇贼",还有"命将誓师,潜谋征讨"[1],多数与军事活动有关。如果不是向己方的非涉密人员泄密,而是将情报出卖给敌军,同书《擅兴》篇还有更严厉的规定:"诸密有征讨而告贼消息者,斩;妻、子流二千里。"[2]在北宋,在律典的规定外,《武经总要》的《罚条》的第一条就是"漏军事,或散号漏泄者,斩"[3]。

除了军事保密制度,军队集结和会师不得后期,以及行军和扎营的纪律,也是传统军事法的重要内容。《唐律疏议》的《擅兴》篇有"校阅违期""征人稽留"两条,其中稽留

---

[1] 刘俊文点校:《唐律疏议》,第 195 页。
[2] 刘俊文点校:《唐律疏议》,第 307 页。
[3] 曾公亮等撰,陈建中、黄明珍点校:《武经总要》前集卷 15,第 229 页。

　　　　规训、惩罚与征服:蒙元帝国的军事礼仪与军事法

包括"兵马并发，不即进路"和"钲鼓相闻，指期交战而稽期"两种情况。[1]《武经总要》还规定，大军开拔之际，主帅要将"军中条约"提前"出榜晓告，令将士知审"。[2]这类军中条约，主要就是"行军纪律"，包括议事规则、行军沿路的清场、命令传递、粮草运输和营规，等等。

蒙元帝国军队在军事保密、行军纪律、军令传递和营规方面的记载，散见于中西方载籍中。这些军事法规，比交战守则要详细具体，在时间序列上又早于战时的军事刑法，笔者将相关内容合并于本章介绍。

一、割掉泄密者的舌头

早在成吉思汗时代，蒙古人就具备较为朴素的军事保密意识。成吉思汗战胜四塔塔儿部后，聚族商议战俘的处置，打算把塔塔儿部的"男子似车辖大的尽诛了，余者各分做奴婢使用"。别勒古台参与商议，不慎将机密泄露给了塔塔儿人，结果，蒙古军在进行屠杀时损失惨重。别勒古台被罚"今后议大事，不许别勒古台入来，只教他在外整治斗殴盗贼等事，议事后进一钟酒毕，方许别勒古台、答阿里

---

[1] 刘俊文点校:《唐律疏议》，第 305 页、第 306 页。
[2] 曾公亮等撰，陈建中、黄明珍点校:《武经总要》前集卷 15，第 234 页。

台入来。"[1]"大事"，旁译作"大商量"，音译作"也客额耶"（yeke ey-e），几乎等同于《唐律》"诸泄露大事应密者，绞"中的"大事"，也就是疏议的"潜谋讨袭及收捕谋叛"之类。对于正在崛起的蒙古部，战争事务是最重要的大事。泄露军事机密者，会被剥夺参与军事会议和决策的权利，甚至可能遭受更严酷的处罚；亲贵如别勒古台，也只能在帐外负责"盗窃、斗殴、欺诈"等事务。

《史集》记载，克烈部王汗和桑昆秘密商议出兵掩袭成吉思汗。克烈部的大异密也客·扯连当时参与了谋议。回家后，他将此事告诉了妻子。也客·扯连的马夫乞失里黑和自己的同伴把带从外面听到了这番话。同时，也客·扯连的儿子纳邻·客延，当时在帐外磨箭头，也听到了这番话，于是说：

> 啊呀，他们真该割舌头（波斯文：ay, zabān burīdgān）！你们刚才说了些什么话？把秘密全给泄露出去了！[2]

乞失里黑和把带立即逃跑，将这一情报告诉给成吉思汗，获封答剌罕。纳邻·客延所说的"他们"，显然是指帐

---

[1] 阿尔达扎布译注：《新译集注〈蒙古秘史〉》，第282—283页。
[2] 〔波斯〕拉施特主编，余大钧、周建奇译：《史集》第一卷第二分册，第169页。波斯文见 Rashīd al-Dīn, *Jāmi'al-Tawārīkh*, ed. by Muhammad Rawshan, Tehrān: Nashr-i Alburz, 1953, p.384.

外偷听的乞失里黑和把带二人。这似乎暗示，当时在克烈部中，不干碍的人员如果听到了本部落的军情大事，为防止泄密，可能会将该人处以"割舌头"之刑。

剥夺军机议事权还是割舌刑，不过是草原社会的朴素制度。柏朗嘉宾对大蒙古国的军事保密制度，描述得最确凿，经史卫民引用，作为"作战计划不得泄露"的军纪的唯一一条记载[1]。道森和吕浦、周良霄先生将这段记载译为：

> 如果任何人泄露了他们的计划（consilia），特别是当他们企图出发作战的时候（quando volunt ire ad bellum），他就要被罚杖脊一百下，就像一个农民用一根大棒打人那样沉重。[2]

其实，计划一词，也就是拉丁文原文中的"consilia"，有"商议""决议"和"计划"等多种意思，完全可以参照《秘史》关于别勒古台泄密的记载，对应为"大商量"（yeke ey-e）。

除泄露军机大事外，《武经总要》的《罚条》对非法泄

---

[1]　史卫民：《中国军事通史》第 14 卷《元代军事史》，第 112 页。
[2]　〔英〕道森编，吕浦译，周良霄注：《出使蒙古记》，第 18 页。括号中的拉丁文系笔者补加，见 Anastasius van den Wyngaert: *Sinica Franciscana*, Vol 1, Itinera et relationes Fratrum Minorum saeculi XIII et XIV, Ad Claras Aquas: Collegium S. Bonaventurae, 1929, p.50.

露战术情报也有规定:"觇候谬说事宜,更相托及漏泄者,斩。"以及"无故惊军,叫呼奔走,妄言贼至,及夜呼惊众者,并斩。"[1]《元史·者燕不花传》的记载与此类似。者燕不花在天历元年(1328年)的两都之战期间前往居庸关迎敌,"道逢二军,谓探马赤诸军曰:'今北兵且至,其避之。'者燕不花恐摇众心,即拔所佩刀斩之。"[2]

二、口传军令

古代军队通常有一套与军令传递相关的法规,以保护军事机密。北宋军队有兵符、传信牌和字验等多种军令传递方法,有复杂的形制、发放次第和勘合程序,军营中也有类似军事宪兵的执法人员呵察出入[3]。北方游牧民族可能有一套独特的军令传递方式。例如,《扎阑丁传》记载,同时期花剌子模的突厥军队就以一种"红色令箭"来传递军令和行军信号。与鲁木和苫国(叙利亚)交战之前,算端扎阑丁如此发布自己的军令:

算端,通过一些军士和副官,向大军的众异密分发

---

[1] 曾公亮等撰,陈建中、黄明珍点校:《武经总要》前集卷14,第230页,第231页。
[2] 宋濂等撰:《元史》卷123《捏古剌传(附子者燕不花)》,第3037页。
[3] 曾公亮等撰,陈建中、黄明珍点校:《武经总要》前集卷15,第235页。

了红色的箭矢（des flèches rouges），这种箭矢的作用是作为军队开拔的信号（signal de départ），并且向部队发送集结的命令。[1]

在蒙元帝国的史料群中，我们尚未找到这种突厥传统的军令传递法。能找到的相关记载，来自伊利汗国中期，出自13世纪亚美尼亚史家米西塔尔·爱里瓦涅茨（Мхитар Айриванеци）的《编年史》。1302年，伊利汗国合赞汗和亚美尼亚联军，与埃及马穆鲁克军在叙利亚边境交战。联军作战不利，暂时后撤，亚美尼亚国王亲自向中军的合赞汗求援：

> 合赞汗马上自大帐走出，看到自己的军队在转过身溃退，于是，大声喊道："嗨！"所有人都听到了这声呼喊。然后，合赞下令："我军全体人员，如有不遵守我之示范者，斩！"按照蒙古的习惯（по обычаям монголов），这一军令（приказ）从一人那里传给另一人（直译：口口相传，из уст в уста），直到最后一人，全体士兵都获知了这一命令。合赞此时愤怒地将帽子撂在地上，半跪着向埃及军射了三支箭。全体士兵都领会了汗

---

[1] Mohammed-en-Nesawi: *Histoire du sultan Djelal-ed-Din Mankobirti, prince du Kharezm*, p.343.

的命令，全体鞑靼人都蹲下，每人射出三箭。[1]

可见，"按照蒙古的习惯"，军令传递并没有机密文字或者符契，而是主要依靠口传。这可能是一种较为古老的习惯。早期的女真军队亦有类似做法，《金史》就记载：

> 耨碗温敦思忠，本名乙剌补，阿补斯水人。太祖伐辽，是时未有文字，凡军事当中复而应密者，诸将皆口授思忠，思忠面奏受诏，还军传致诏辞，虽往复数千言，无少误。[2]

蒙元帝国还有一套独特的牌符制度，也与军令传递相关，元朝中央政府在处理紧急军务时，使用金字圆形乘驿牌符；诸王、公主和驸马等因紧急军务而遣使时，使用银字圆符[3]。此外，元朝军队设有"都镇抚"及"镇抚"。这一体系的军官，部分承担军令传递的职责，"上承大帅方略，指授诸将，诸军有所关白，必因以上达……当时诸军大小四十余壁，每翼镇抚一员，号之曰'接手'，日听将令于都镇抚，

[1] А.Г. Галстяна, *Армянские источники о Монголах: извлечения из рукописей XIII-XIV вв*, М.: Изд-во восточной лит-ры, 1962, pp.97–98.

[2] 脱脱等撰：《金史》卷22《耨碗温敦思忠传》，第1881页。

[3] 党宝海：《蒙古帝国的牌符——以实物为中心》，《欧亚学刊》第4辑，北京：中华书局，2004年，第183—203页。

武弁佩刀，骈于云麾之下"。[1]

三、集结与会师

没有现代通信设备的前近代军队，出于战略或后勤补给的需要，往往也要分道集结和会师，甚至分兵作战。西汉名将李广就是因为行军失道，未能按时与主力会师而自裁。除律典中的相关法条外，《武经总要》的《罚条》还规定："克日会战，或计会军事，后期者，斩。"[2]

蒙元帝国关于军队集结与会师的军事法，也出现较早。前文已经提到《元朝秘史》第107—108节记载对于会师误期的惩罚：成吉思汗、王汗和札木合联军攻打蔑儿乞部，约定会师于斡难河源的"孛脱罕·孛斡儿只"。王汗和成吉思汗军后期而至，札木合严肃提出："此前三人曾立法：'约会的日期，虽是有风雨呵，也必要到。'"[3]虽然这是联盟军队的

---

[1] 王恽：《大元故宣武将军千户张君家传》，见《王恽全集汇校》第6册，第2257—2258页。关于都镇抚司，参见村上正二：《元朝の行中书省と都镇抚司について》，载于氏著《モンゴル帝国史研究》，风间书房，1993年，第42—54页；李治安：《元代行省制度》（上），47—48页。关于伯颜征南宋大军中的"都镇抚"，参见周思成《平宋战争中伯颜军前行省的参谋组织与人员：兼论伯颜幕僚在至元中后期政治中的浮沉》，《暨南史学》第十三辑，桂林：广西师范大学出版社，2017年，第56—67页。

[2] 曾公亮等撰，陈建中、黄明珍点校：《武经总要》前集卷14，第229页。

[3] 阿尔达扎布译注：《新译集注〈蒙古秘史〉》，第188页。

一种约定，《秘史》也只记载王汗承认了错误，没有惩罚措施，但是，不难推断当时存在类似的军事法。

更明确的记载来自《世界征服者史》，志费尼讲述：

> （蒙古军）如果要突然召集士兵，就传下命令，叫若干千人在当天或当晚的某个时刻到某地集合。"他们将丝毫不延误（他们约定的时间），但也不提前。"总之，他们不早到或晚到片刻。[1]

这条法规，与唐宋律典的"诸大集校阅而违期不到"十分接近，却是蒙元帝国军队传统悠久的军事法。我们在汉文史料中也能找到明确的证据。虞集为元初名将张弘范撰写的《庙碑》记载，至元十二年（1275年），伯颜大军进入南宋建康：

> 大会诸将，出库金行赏。而王（张弘范）后至。丞相（伯颜）曰："祖宗之法，凡以军事会集，罪加后，虽贵近材勇，无所贷。尔何敢后？"众错愕。王徐进曰："临战未尝后，受赏耻居先，何为不可？"丞相为之挽首。[2]

---

[1]〔伊朗〕志费尼著，何高济译：《世界征服者史》（上），第 33 页。
[2] 苏天爵：《国朝文类》卷 21《元张献武王庙碑》，《四部丛刊》初编影元至正西湖书院刊本。

伯颜的话，或许带有一点戏谑色彩。不过，他明确指出，严厉惩罚"军事会集"中后期者的规定是"祖宗之法"，也就是成吉思汗以来的军事法，恰恰佐证了志费尼的说法。可见，对于军队的集结检阅、计议军事、战场会师等等，蒙元帝国有一套比较严格的军事法规。

这种草原传统的军事法，在元朝依然有效。王恽《兀良氏先庙碑》记载，宪宗七年（1257年）冬十月，大将兀良合台率军进逼安南，与敌军隔江对峙。兀良合台兵分三路渡江，命令一名蒙古军官彻彻都，率先锋从下游先渡，并叮嘱他："你部先锋渡江后，切勿与敌交战，待敌军出来迎击我方主力，驸马断其后路，安南蛮子必向海边溃退，你部趁机拦截他们的船队，定能够擒获敌酋。"不料，彻彻都"违节，亦来浑斗（乱战）"，结果未能全歼敌军。兀良合台怒斥彻彻都："违律失期，军自有法！"彻彻都恐惧之下，服毒自尽。[1]

《至正条格·断例》的《擅兴》篇，有"军民官失捕耗贼"二条，其中一条的罪名就是"失误军期"，等于前文的"违律失期"。条下的断例提到，至元三十一年（1294年），瑞州千户范震，会同永新县簿尉周铎镇压地方叛乱。二人与乔百户商议，"把截贼人出入要路，互相救援"。不料，范、周二人在朱都官家过夜，没有执行约定，结果"被贼杀死乔百户、马巡检等"，二人又不及时追袭。刑部判处范、周二

----

[1] 见《王恽全集汇校》第6册，第2349—2350页。

人"失误军期，致将乔林等杀死，闻知不即追袭，情犯深重，合行处死。罪遇原免，罢职不叙"。[1]

这两条记载中的"失期"，符合《唐律疏议》中对"稽期"的解释，即"钲鼓相闻，指期交战而稽期者"。换言之，失期不仅包括一般的检阅和集结，还包括军队未能在指定时间到达指定地点并遂行指定战术，也就是违反既定军事部署罪。蒙元帝国军队对失期的处罚也相当严厉，属于死罪。

1259年，大汗蒙哥在四川前线突然去世。正在进攻南宋长江中游防线的忽必烈，虽然得到了北方阿里不哥争位的风声，仍然按照既定部署渡江。忽必烈的幕僚郝经在《班师议》批评这一举动说：

> 以为有命，不敢自逸，至于汝南，既闻凶讣，即当遣使遍告诸师，各以次还，修好于宋，归定大事，不当复进也而遽进。以有师期，会于江滨，遣使喻宋，息兵安民，振旅而归，不当进也而又进。[2]

在郝经看来，忽必烈再三错过旋师北上的机会，其中一次的理由是"以有师期"。忽必烈继续渡江，主要是为了接

---

[1] 韩国学中央研究院编：《至正条格》校注本《断例》卷13，首尔，2007年，第310页。
[2] 郝经撰，秦雪清点校：《郝文忠公陵川文集》，第442页。

应西南方向的兀良合台军。很难否认，在是否即刻北上争位的利弊衡量中，蒙元军事传统中会师不得违期的法律，也有相当分量。

军队集结与会师的军事法，并不只适用于军职人员，也适用于参与军务的文职官员，并统括到同一罪名下惩罚，所谓"以某某罪论"。中统二年（1261年），忽必烈准备与阿里不哥一决胜负，下令在中原地区括马募兵，官民人等违令不上交马匹，"以失误军期论"。[1]泰定二年（1325年），元朝派兵"招抚溪洞民"，兵部尚书李某随同南下，"在道纳妾，留不进，兵败归"。回朝后，宋本弹劾他"弃军娶妾，逗挠军期，宜亟置诸法"。[2]

四、行军纪律与营规

北宋《武经总要》的《行军约束》，凡六十七条，包括开拔准备和行军速度、行军纪律、行军负重、营地装备管理、行军中情报的传递、行军防卫、由行进转入战斗、营规、营内执法和调整营内人事关系等方面的条例。这些纪律规定，不同于技术性的营地布置（所谓"下营法""诸家营

---

[1]宋濂等撰：《元史》卷4《世祖本纪》，第75页。
[2]宋濂等撰：《元史》卷182《宋本传》，第4204页。

法")[1]，属于军事法，一旦触犯，也要"论如军律"[2]。蒙元帝国军队行军和扎营的军事法，记载也不少，但似乎不如《行军约束》丰富完整。

蒙古式的行军和扎营法

《元朝秘史》第199节记载，成吉思汗命令速不台率铁车军团追袭塔塔儿部。临行前，成吉思汗交代了一系列作战命令。其中，与行军纪律有关的内容，包括大军行进中对军马力气和军粮的节约，以及如何通过围猎获取额外补给，等等。成吉思汗还特别嘱咐"马的鞴并闸环不许套上，如此则军每不敢走马"，与《武经总要》的《行军约束》中"凡军马，未见贼，骑十里，步十里。事非警急，不得辄驰走，以损马力"一款，也非常相似[3]。

成吉思汗时期，在经略金朝统治下的北方地区过程中，蒙古军还颁布过行军不得非理破坏农田庄稼的纪律。《至正条格》所收的一道圣旨文书，针对探马赤军在农业地区践踏田禾、毁坏树木的行为，引用了"太祖成吉思皇帝圣旨"："教头口吃了田禾的每，教踏践了田禾的每，专一禁治断罪过来。不拜户的田禾根底，教吃了的、踏践了的，犹自断

---

[1] 曾公亮等撰，陈建中、黄明珍点校：《武经总要》前集卷6，第78—87页。

[2] 曾公亮等撰，陈建中、黄明珍点校：《武经总要》前集卷15，第234—237页。

[3] 曾公亮等撰，陈建中、黄明珍点校：《武经总要》前集卷15，第236页。

罪过有来。”[1]

《黑鞑事略》对这一时期蒙古军的"扎营法"有一段详细描述：

> 其营必择高阜，主将驻帐必向东南，前置逻骑，鞑语"托落赤"者，分番警地。帐之左右与夫帐后诸部军马，各归头项，以序而营。营又贵分，务令疏旷，以便刍秣。营留二马，夜不解鞍，以防不测；营主之名，即是夜号，一营有警，则旁营备马，以待追袭。余营则整整不动也。
>
> 惟哨马之营则异于是，主者中据，环兵四表，传木刻以代夜逻。秣马营里，使无奔逸，未暮而营具火，谓之"火铺"。及夜则迁于人所不见之地，以防夜劫，而火铺则仍在于初营之所，达晓不动也。[2]

就是说，蒙古大军一定会选择高地扎营。主将大帐面朝东南，前方设置逻骑（"托落赤"），轮番警戒。大帐左右及后方的军队，由各将领部署，按一定次序扎营。营地布局疏朗，以便给马匹喂食草料。每座营地都预留两匹马，夜不解鞍，以防万一。进出营地都有暗号（"夜号"），暗号即是营

---

[1] 韩国学中央研究院编：《至正条格》校注本《条格》卷26，第54页。
[2] 许全胜校注：《黑鞑事略校注》，第153页。

主名字。如果一座营地遭到袭击，由附近的友军营地支援，其余营地待命。"哨马"的营地与大军营地又不同，军官在正中央扎营，士兵环绕，夜间则传递木契以代替巡逻，战马也在营中喂食草料。夜色降临之前在营地生火，入夜之后则悄悄移到暗处，以防夜袭。

史卫民先生的《元代军事通史》已利用过这条记载。就蒙古营法中的"夜号"，还可以补充一条较晚的史料。埃及马穆鲁克史家鲁克纳丁·拜巴尔斯（Рукнеддинъ Вейварсъ）的《编年史》叙述，1300年前后，金帐汗脱脱与大异密那海发生大战。那海战败被杀后，其诸子化装趁夜色逃走：

> 他们在夜色掩护下躲藏起来，秘密穿过脱脱的大军，（遇到呵查）回答他们的夜号（лозунг），让脱脱军误以为是自己人。脱脱军的夜号，据那场战役的亲历者说，是"亦提勒·扬契"（итиль янкъ）。[1]

可见，不但蒙古军的各营均有"夜号"，全军也可能有统一之夜号。

多明我会的修道士大卫（David of Ashby）在《鞑靼情事》

---

[1] Влади́мир Гу́ставович Тизенга́узен: *Сборник материалов, относящихся к истории Золотой Орды, Том I. Извлечения из сочинений арабских.* СПб.: Типография Императорской Академии наук, 1884, p.114.

一书中则详细描述了蒙古军的拔营纪律。据他说：

> 如果首领想要拔营，在午夜过后他会命令击鼓，被指
> 派专门负责击鼓的人，两手分别紧握木鼓槌……然后竭尽
> 全力拼命击鼓……于是各级人员立刻备马，并把他们的装
> 备置于马上。在适当的间隔之后，鼓会第二次敲响，然后
> 他们拆除帐篷，装载所有的财物，并分部集结，那些行进
> 在外围的人充当前锋，跟在后面的其他人的秩序完全取决
> 于首领，首领走在最后或者中间，这取决于拔营行进秩序
> 是如何安排的。然后鼓第三次敲响，这时前锋先行，其他
> 所有的人紧随其后，秩序井然，有条不紊。除了马蹄声之
> 外，你完全听不见任何大声叫喊或喧哗，因为没有人敢惊
> 叫或者呼喊。在拔营的时候，除了按照各分部既定的命令
> 行事之外，任何人都不能在别人之前上马。[1]

大卫还注意到，蒙古军开拔后，还有专门的人员"负责
在军队驻扎过的整个区域搜寻，收集那些被遗漏的物品"。

在定居农业地域行军和扎营

忽必烈中统三年（1262年）三月颁布的《禁使臣条画》，

---

[1] 转引自塞诺：《内亚的战士》，北京大学历史系民族史教研室译：《丹尼斯·塞诺内亚研究文选》，第138—139页。

主要部分是关于行军和扎营的规定，目的是纠正当时"出征军马、往来使臣人等，内有不畏公法之人，村下取要饮食、马疋草料，扯拽头疋，搔扰百姓不安"的弊病。其中规定，往来军马不得随意进入农业定居点，而是另设"营盘"作为后勤补给站，并安排当地官员接待，不许再进入定居点骚扰，否则将依照"扎撒"惩处：

> 据征进往来军马，今后私经过去处，每六七十里，趁好水草地面，安置营盘一所。差蒙古、汉儿官员祗待，据合与底，依例应副，军马使臣不得一面辄入州县村寨店镇。如有不来设置营盘去处，故意于沿路宿顿，或村下取要饮食、马疋草料，百姓人等并不得应副。如有违犯之人，于已委祗待官处陈告，与管军官一同取问得实，照依扎撒断遣。如断不定呵，经由本路达鲁花赤、管民官，教奏说来者。[1]

次年，针对部分蒙古驻军"将请到粮料私下粜卖，却于百姓处强行取要粮料、人夫、一切对象。及有探马赤人每将自己养种收到物斛爱惜，却行营于百姓处取要搔扰"，忽必烈要求各万户、千户、百户各自排查类似情况，如违纪属实，管军官与宣慰司或管民官会同审问，"依着扎撒陪偿断

---

[1] 陈高华等点校：《元典章》第 2 册，第 1244 页。

遣者"。[1] 相应地，如果军队在行军途中确实"乏食及病"，自至元七年（1270年）开始，元朝要求沿途的各级地方行政机构提供饮食和医疗。[2]

至元十五年（1278年）三月，元朝征服南宋后，对于在江南地区镇戍和平叛的元朝军队，枢密院又颁布《省谕军人条画（二十三款）》加以规范。其中第十三款规定军人必须在军营中屯驻；第十七款规定军人在行军和驻扎期间不得损害附近的农田，不得骚扰百姓：

> 一，军马屯守去处，须管于军营内各千户、百户、牌子头一处屯驻。把总官员，系官廨宇居止。不得于街坊占夺新附官民宅舍，四散安下，欺压新附人民。
>
> ……
>
> 一，管军官员严切禁治各管军马屯驻并出征经过去处，除近里地面先有圣旨禁治外，但系新附地面，不得牧放头疋、踏践田禾、啃咬花果桑树，不得于百姓家取要酒食，宰杀猪鸡鹅鸭，夺百姓一切诸物。[3]

---

[1] 方龄贵：《通制条格校注》卷16《军马扰民》，北京：中华书局，2001年，第481—482页。
[2] 陈高华等点校：《元典章》第2册，第1212页；又《元史·世祖本纪》至元七年六月庚辰条，见宋濂等撰《元史》卷7《世祖本纪》，第130页。
[3] 陈高华等点校：《元典章》第2册，第1171—1172页。

同年七月，行御史台反映，江南地区仍有"管军官吏，皆离远营屯驻，致令军人往往间居民家相扰，因而作弊，及群饮酒，杀人于市"的恶劣情形，要求立法限制军人在指定的"军房城廓"中活动，或者"于城外另置营屯"。枢密院借此重申了《省谕军人条画（二十三款）》中的军营纪律。至元十六年六月的《四川立行省圣旨条画》中同样规定："所在镇守蒙古汉军各立营所，无故不得辄入人家求索酒食，及纵恣头疋食践田禾桑果，违者罪及主将。"[1]至元十九年的另一道圣旨条画也重申了"军人并头目须要各立营司屯住"[2]。对于"军官军人经止去处，强夺百姓钱物"的违纪情况，元代中期以后，还有专门的断案通例——《军人取夺财物鸡猪罪例》——加以惩处[3]。

这些行军和扎营的纪律，多大程度上得到切实执行？笔者找到了一条未必具有普遍性，却相当具体形象的记载。袁桷《郑公行状》记载，至元三十一年（1294年），郑制宜出任驻扎衡州的行枢密院副使，率军入衡，一路上：

---

[1] 方龄贵：《通制条格校注》卷28《扰民》，第657页。

[2] 方龄贵：《通制条格校注》卷28《扰民》，第658页。

[3] 陈高华等点校：《元典章》第4册《新集·兵部》，《延祐七年革后禀到军官私役军人等例》，第2148页。又可参见《至正条格》收录的《军官军人劫夺遇革》断例："至顺三年八月，刑部议得：'迁换镇守并巡哨等军官、军人经过去处，强行劫夺百姓钞物。革前招证明白，追赃之际，罪遇释免。未追之数，拟合追给。未曾招发及发在革后，钦依革拨。'都省准拟。"（韩国学中央研究院编：《至正条格》校注本卷4，第200页）

下令不得入庐舍，营部择便地定井灶，食罢毕发。至暮，整列就次。道遇雨，卒言："宜止顿舍休憩。"公立雨指画，讫一卒无敢宿民居。道旁市井人杂语，不知为官军也。[1]

保护农业与教产

除了一般规定外，在蒙元帝国的史料群中，更多见的是两种特殊的军事法，分别与保护农业生产和保护宗教场所有关。

在古代中国的军事法中，很早就注意在行军途中保护农业生产，严禁军马践踏田苗、破坏林木。曹操就有"士卒无败麦，犯者死"的著名军法。《武经总要》中的《行军约束》也规定："军行所到之处，兵士不得妄割稼穑，伐林木，杀六畜，掠财物，奸犯人妇女。"[2]北宋景德元年（1004年）十二月，将领王超报告："率大军赴天雄，虎翼卒三人，辄入村落，伐桑枣为薪，已按军法。"[3]辽代也有"故伤禾稼者以军法论"的记载[4]。在蒙元帝国内部，游牧集团和定居社

[1]袁桷撰，李军等校点：《袁桷集》（下卷），第474页。
[2]曾公亮等撰，陈建中、黄明珍点校：《武经总要》前集卷15，第236页。
[3]李焘：《续资治通鉴长编》卷58，第3册，北京：中华书局，2004年，第58页。
[4]脱脱撰：《辽史》卷3《太宗本纪下》，第57页。

会之间的农牧矛盾更加突出。成吉思汗和忽必烈多次申令军队不得随意牧放头疋，踏践田禾，啃咬树木。元武宗的登基诏书和元仁宗的建储诏书，也都不约而同地重申："经行屯成军马"不得"纵放头疋，啃咬桑枣，食践田禾，亦不得于百姓处强行取要酒食，抢夺财物，搔扰不安"，上级军官如果不严格管束，要酌情断罪[1]。

各地执行情况可能参差不齐，不过，行军纪律和营规倒不是一纸空文。如果民政官员精强得力，严格执法不是个例。杨威《簿尉刘公去思碑》列举磁州成安县尉刘宽夫在当地的善政，其中就包括：

> 行军马团结营寨之者，权豪势要之家，羊马牛畜损失田禾，齿啮桑枣，公依国典施行，所偿者无怨言。[2]

蒙元帝国较为特殊的军事法，还包括严禁军队骚扰宗教场所（主要表现为军队占据寺观宿营）。蒙古统治者很早就颁发了护持圣旨和文告来保护寺观，禁止非理侵占寺观房产[3]。不过，明确针对"往来军马"的立法，最早见于1245

---

[1] 陈高华等点校：《元典章》第 1 册，第 60—61 页。

[2] 李修生主编：《全元文》第 8 册，南京：江苏古籍出版社，1999 年，第 43 页。

[3] 见 1244 年的《林州宝严寺碑》碑阴荼罕（察罕）文告。蔡美彪：《元代白话碑集录》(修订版)，北京：中国社会科学出版社，2017 年，第 26 页。

年的《汲县北极观懿旨碑》，这是成吉思汗的"公主皇后"（金卫绍王女）颁发给卫州官员的懿旨：

> 皇帝福荫里公主皇后懿旨：
>
> 道与卫州达鲁花赤、管民官、管匠人官员每者：
>
> 据汲县城隍庙北极观、刘村岱岳观、山彪村长春观，俱系燕京大长春宫掌教真常李真人的宫观。那底俺每不是功德主那是么？教大众在意住持，与皇帝、皇后、太子、诸王、诸子告天念经祈福祝寿万安者。应系有□赡观地土、园果、房屋、孳畜，不得教人强行夺□□过往一□使臣、往来军马并诸色人等，不得观中安下骚扰。如有违犯□人，依照先降皇帝圣旨治罪施行者。
>
> 右付卫州汲县北极观常住收执。准此。
>
> 乙巳年五月初十日，图剌里写来。
>
> 赐紫金冠纯真大师王志坦。
>
> □□岁□月十日。知观李志纯上石。[1]

1245年阔端太子的令旨同样申明，京兆府路的各处宫观，"往来使臣、军人、诸色人等不得安下，无令拆毁骚

---

[1] 蔡美彪：《元代白话碑集录》（修订版），第30页。公主皇后是金废帝卫绍王之女，在成吉思汗诸后妃中地位颇高。见刘晓：《成吉思汗公主皇后杂考》，《民族史研究》第五辑，北京：民族出版社，2004年，第15—21页。

扰"[1]。在现存的元代白话碑中，类似规定还有许多。

元朝之外，在伊利汗国，随着蒙古统治者与定居社会关系进一步密切，特别是在合赞汗统治时期，也出现了元朝那样保护农业生产资料免遭军队破坏的法律。在1299年春，合赞在叙利亚地区与埃及马穆鲁克军队作战时：

> 沿路到了一处耕地。战士们高兴地说："现在我们可以用庄稼喂马了。"君王举起缰绳，沿庄稼地的一边巡视，并下令（farmūd）说："凡是用这片庄稼或我们所到达的其他地方的庄稼喂马的人，一律处死，因为不能用人的食物给牲口吃。"[2]

1300年，合赞军队占领大马士革城后：

> 派一队卫兵到秃木门去，命他们不准战士们欺负居民……并且［降旨］不许战士们在花园里游荡，不许搞破坏……降旨不得惊扰任何一人，不得欺负当地居民。想进城的异密和战士，若无底万所发给的规定的文书，

---

[1] 蔡美彪：《元代白话碑集录》（修订版），第28页。
[2] ［波斯］拉施特主编，余大钧译：《史集》第3卷，第311页。波斯文见 Rashīd al-Dīn, *Jāmiʿal-Tawārīkh*, ed. by Muhammad Rawshan, Tehrān: Nashr-i Alburz, 1953, p.1291.

绝对不准进城。[1]

尽管如此，一些亚美尼亚和谷儿只人，违反上述命令进行"屠杀、抢劫、掳掠"，合赞闻知大怒，下令军队前往事发地点，保护居民，处死了抢劫者。合赞下令保护庄稼，不许喂马，相当于元朝法令中的"经行屯戌军马，并不得纵放头疋，啮咬桑枣，食践田禾"；他还规定，没有底万（高级行政官厅）的"特定文书"（maktūbī yi mu'aīan），不准军人入城，相当于元初胡祇遹建议的"无省部、密院、元帅府、统军司应付饮食草料文字，不得于农家求取，农家亦不得应付"[2]。

更有意思的是，在伊利汗国中后期，也出现了《汲县北极观懿旨碑》那样保护宗教产业的护持文书。20世纪70年代，德国伊朗学家赫尔曼（Gottfried Herrmann）在伊朗阿耳迭必勒的苏菲长老萨甫丁（Shaikh Ṣafī-al-dīn）圣墓中发现了一批阿拉伯文和波斯文文书，约有500多件，属于当地的苏菲教团。赫尔曼编号为28号的文书，就是一件与寺观护持圣旨相似的文告。笔者试以元代白话碑公文体翻译如下：

---

[1]〔波斯〕拉施特主编，余大钧译：《史集》第3卷，第315—316页。波斯文见 Rashīd al-Dīn, *Jāmi'al-Tawārīkh*, ed. by Muhammad Rawshan, Tehrān: Nashr-i Alburz, 1953, p.1295.

[2] 胡祇遹撰，魏崇武、周思成校点：《胡祇遹集》，长春：吉林文史出版社，2008年，第447页。

向 Garmrūd 的官员每，吏员每，税务官每宣谕：

本税区内之 Čurar 村，系尊贵的谢赫–伊斯兰（愿真主赐福于他高贵的生命，直至下一个审判日降临）的子孙所有。为此特降文字（maktūb）：

不以是何人等，不得违反教法强行进入该村安下，取要饮食钱物。委实有所需求，须出示（上司）印信文字（tamassukāt），并前往大法庭，请求伊斯兰法官批准，如此庶几事有体例，不致紊乱。

不以是何人等，不得以征收赋税差发为名，在该村安下。军队的异密每（umarā-yi qūshūn），算端陛下（愿仁慈的真主保佑他统治长久）所属仆役每，若往来该村，不得非理求索饮食（'ulūfa）、草料（'alafa）及征刷马匹（ūlāg）。

回历 785 年 5 月 24 日写来。

真主，请保佑吾等直至末日！[1]

文书的署名日期相当于1383年（明洪武十六年），写有颁发者名字的文书部分已破损，但肯定是伊利汗国分裂后统治伊拉克、伊朗西部和阿塞拜疆等地札剌亦儿王朝

---

[1] Gottfried Herrmann: *Persische Urkunden der Mongolenzeit. Text-und Bildteil.*（Documenta Iranica et Islamica 2）. Wiesbaden: Harrassowitz Verlag, 2004, pp.183–184.

（Jalayirid，1336—1420年）的产物。从文书的格式和修辞看，大概不属于圣旨或令旨（yarlīg或üge），多半由某个地方统治者和行政机构颁发，旨在保护当地苏菲教团的世袭宗教产业，不受过往军马和使臣的骚扰侵占。这件文书与元朝为数众多的护持圣旨和札付碑的形式和功能，显然是极其相似的。

第九章 军事刑法

在现代军事法学中，军事刑法（military criminal law）是规定军人危害国家军事利益的犯罪及其处罚的法律[1]。它只是军事法（military law）的一部分，又是军事法的基干和根本精神所寄。军事刑法皆有强烈的战时色彩，相当于中国古代的"军法"或"军律"。古代中国的军事刑法，常有两种表现形式：一是律典（如《唐律疏议》）的《擅兴》篇以及《职制》《贼盗》《捕亡》等篇中的相关条文，一是以《武

---

[1] 夏勇、徐高：《中外军事刑法比较》，第4页。例如，我国刑法第10章 "军人违反职责罪" 32条，相当于军事刑法，包括：危害军事行动的犯罪（第421—424条，战时违抗命令、瞒报谎报军情、假传军令、投敌、临阵脱逃等），与特定岗位有关的犯罪（第425—430条，擅离职守、滥用职权、消极抗命、临阵畏缩、不救援友军等），削弱战斗力的犯罪（第431—442条，泄密、造谣、自伤、逃跑、遗失武器装备等），有悖人道主义的犯罪（第443—446条）和有关战俘的犯罪（第447—448条），见夏勇、徐高：《中外军事刑法比较》，第73页。

经总要》的《罚条》为代表的军法细则[1]，主要包括了惩罚诸如叛降敌国、临阵先退、擅发兵、泄露军事机密、巡逻失职、不固守城寨、失报敌情、遗失装备、诈避征役、哗变、非法杀俘等行为的法律规定[2]。在蒙元帝国的军事法体系中，也有很大一部分，无论在内容抑或形式上，都与这种古代中国的军事刑法十分相近。这部分军事法，与战争行动本身直接相关，颇不同于前面讨论的军事泄密、稽留军期、行军纪律和营规这类"战争准备"涉及的规定。

一、承前启后的大元《擅兴律》

元朝法律汇编中的军事法

在蒙元帝国的史料群中，没有发现类似《武经总要》的《罚条》的军事刑法细则。不过，元朝编纂的一些法律汇纂和政书，收入了一些军事刑法的条文和断例。我们不妨先熟悉一下军事刑法在元朝法律文献中的保存形式。

元朝统治中国短短百年，尽管做了不少删定律令的尝试，

---

[1] 收入这类军法细则的古代著作，还包括《通典》卷124《兵二·法制》和署名唐李筌的《太白阴经》，等等。

[2] 斋藤忠和：《北宋の军法について》，梅原郁编：《中国近世の法制と社会》，京都大学人文科学研究所，1993年，第211—348页。

始终未能颁行一套全国通行的律典[1]。至元八年（1271年），
废行金朝的泰和律后，忽必烈命令中书右丞何荣祖编订一部
带有行政法规性质的《至元新格》，其中并没有军事法内容。
元成宗大德三年（1299年），何荣祖受命编纂《大德律令》，
惜未正式颁行，篇目也不详。元武宗和元仁宗（1308—1311
年，1312—1320年）几次下令删定律令，皆无果而终。元英
宗至治三年（1323年），终于颁布了一部具有法典性质的法律
汇编《大元通制》，共2539条，分为制诏、条格、断例、令
类四部，只有《条格》残本传世。一般认为，该书的《条格》
相当于传统法律体系的令，《断例》相当于律。据沈仲伟《刑
统赋疏》描述，《大元通制·断例》的篇目是"《名令》提出，
《狱官》入条格，《卫禁》《职制》《户婚》《厩库》《擅兴》《贼
盗》《斗讼》《诈伪》《杂律》《捕亡》《断狱》"。[2]军事刑法部
分，主要在已亡佚的《擅兴》篇。

元文宗至顺元年（1330年），元朝颁行了会要体政书[3]
《经世大典》。该书的《宪典》，属秋官刑部，也就是法制篇。

---

[1] 参见 Paul Ratchnevsky: *Essai sur la codification et la législation à l'époque des
   Yuan* [M]，Paris: Librairie Leroux, 1937. Paul Heng-chao Ch'en: *Chinese
   Legal Tradition under the Mongols: The Code of 1291 as Reconstructed* [M]，
   Princeton, New Jersey: Princeton University Press, 1979. 刘晓：《〈大元通制〉
   到〈至正条格〉：论元代的法典编纂体系》，《文史哲》2012年第1期。
[2] 黄时鉴：《〈大元通制〉考辨》，《中国社会科学》1987年第2期。
[3] 政书（或典志）是记载典章制度的因革损益的史书体裁，若以断代为限，
   则称"会要"。

从现存部分看，《宪典》部分（除《名例》篇外）是将从官府案牍中抄录出的一些判例、法规，分别系于类似法条的总结性文字下方。明初纂修《元史·刑法志》时，保留了《宪典》的法条，刊落了每条下的判例法规。根据《元史·刑法志》，《宪典》篇目包括《名例》《卫禁》《职制》《祭令》《学规》《军律》《户婚》《食货》《大恶》《奸非》《盗贼》《诈伪》《诉讼》《斗殴》《杀伤》《禁令》《杂犯》《捕亡》《恤刑》《平反》《赦宥》《狱空》。据说，这种编纂体裁与前代的会要体不同，是将律令性质的法条，统括到22个以法律调整对象为核心的篇目下，试图确立一种新的法典编纂范式。这22个篇目的篇名，也是杂糅了唐宋律令的篇目（或沿袭，或修改，或分割，或新立）。尤其值得注意的是《军律》篇，被认为打破了秦汉以来军事刑法分列于律典多篇的结构[1]。

后至元五年（1339年），元顺帝下令删修旧律，至正五年（1345年）修成《至正条格》，次年颁行。2002年，韩国庆州孙氏宗家发现了《至正条格》元刻本残卷。2007年，韩国学中央研究院将之整理出版。残卷包括《条格》12卷、《断例》近13卷，以及《断例》的完整目录。《断例》实际保存下来的有《卫禁》《职制》《户婚》《厩库》诸篇，还有与军事刑法密切相关的《擅兴》篇前半部分（共16子目18条）。[2]

---

［1］刘晓：《〈大元通制〉到〈至正条格〉：论元代的法典编纂体系》。

［2］张帆：《评韩国学中央研究院〈至正条格〉校注本》，《文史》2008年第1期。

此外,《大元圣政国朝典章》(《元典章》)是一部元代前中期的法令文书的汇编。通常认为出自元中期地方官府吏胥和民间书坊商贾之手,方便官吏检索历年颁布的各类条画断例。《元典章·兵部》也收入了一些军事刑法内容。

在这些法律汇编和政书中,《经世大典·宪典》的《军律》篇(略存于《元史·刑法志》)、《至正条格·断例》的《擅兴》篇,以及《元典章·兵部》的个别条目,完全可以同唐宋律典集中的《擅兴》篇做一番比较分析,见下表:

《唐律疏议·擅兴》*	《经世大典·宪典·军律》*	《至正条格·断例·擅兴》*	附:《元典章·兵部》**
1.擅发兵			
2.调发供给军事违法			
3.应给发兵符不给			
4.拣点卫士征人不平		23.错起军人 24.擅起递军人夫	兵4"禁起军官骚扰"
5.征人冒名相代	9.军户诈妄求替*** 11.管军官吏受钱代替军空名	11.代军罪名 14.私代军夫 15.代替军役钱粮遇革	兵49"军官代替军人" 兵25"探马赤军交阔端赤代役"
6.校阅违期			
7.乏军兴			
8.征人稽留	5.诸统军捕逐寇盗稽留失期	4.军民官失捕耗贼	

《唐律疏议·擅兴》*	《经世大典·宪典·军律》*	《至正条格·断例·擅兴》*	附:《元典章·兵部》**
9.征讨告贼消息		6.交通贼人	
10.主将守城弃去			
11.主将临阵先退	4.临阵先退者处死 6.军民官击贼违律失期,未战逃归,弃城退走	1.临阵先退 2.擅自领军回还 3.军官遇贼不捕	
12.镇所私放征人还	7.防戍军人于屯所逃者 8.军户贫乏已经存恤而复逃 10.军官私换供役汉军	10.逃军赏罚 18.受财放军 19.受军人买闲钱 27.受雇军在逃 28.征人在逃自首	兵35—40"逃亡"
13.征人巧诈避役		5.诈避征役 26.避役自残	
14.镇戍有犯	3.禁军马扰民 12.禁军马征伐掳掠良民,死亡道路不即掩埋	20.擅差军人围猎 22.挟雠差军围人房舍	兵11"军人置营屯驻" 兵13"省谕军人条画"
15.非公文出给戎仗		29.擅点军器库	

《唐律疏议·擅兴》[*]	《经世大典·宪典·军律》[*]	《至正条格·断例·擅兴》[*]	附:《元典章·兵部》[**]
16.遣番代违限	1.军官擅离职、离营,行军离其部伍 2.军官擅离部署	8.分镇违限 9.交换不即回营	
20.私有禁兵器		30.私有兵器 31.执把兵器围猎	兵70—93"军器"
其他		7.激变猺人	
		12.私役军人 16.私役军人不准首 21.军官滥设扎牙[1]	兵50—55"占使"
共计17条(通计全篇共24条)	共计12条(通计全篇共12条)	共计29条(通计全篇共32条)	

说明:

*条目编号按照原本重新排序,编号不连贯是因为中间存在非军事刑法条目。

**《元典章》条目依据《元典章》点校者编定的序号,如《兵部》卷之一第一条作"(兵1)"。

***《元史·刑法志》原文较长,笔者做了适当缩简。

---

[1]"扎牙",女真语,又作"扎也",是金、元军官的亲信随从或勤务人员。

从表格的比较不难看出，有些罪名条目同时出现在《唐律疏议》《经世大典·宪典》和《至正条格》，或至少其中两种之中，包括征调违错、冒名代役、稽留失期、交通贼人、临阵先退、擅自逃归、私放私役军人、军马骚扰、擅离职守、私有违禁兵器，等等。其中很大部分属于军事刑法。《经世大典·政典》的《责罚》篇的序录似乎主张，元朝不存在完整的军事刑法体系，也没有细密的刑罚规定："国家用兵行师数矣，责罚之见于纂述者甚少。盖因事致罚者，各随其事而见，此所录率多杂罪。"[1]从上表来看，这种说法虽然来自元人，依然很不准确。

其次，在现存的元朝法律汇编中，《至正条格》的《擅兴》篇最接近唐宋律典的《擅兴》篇。《唐律疏议》的《擅兴》篇与军事刑法有关的17个子条目，《至正条格》与之重合的有11条，占比接近65%；《经世大典·宪典》的《军律》篇仅有6条重合，占比才达到35%。从形式上看，《至正条格》的《擅兴》篇，除新设"激变""私役"这类《唐律疏议》的《擅兴》篇所没有的子条目外，重合的11条中，多是《唐律疏议》的一条对应《至正条格》数条。《至正条格》的数条，似乎起到了《唐律疏议》的"疏议"部分解释法条和分析特殊情况的作用。

军事法专篇的诞生

唐宋律典的《擅兴》篇，是在魏晋南北朝继承和整理汉

---

[1] 苏天爵：《国朝文类》卷41，《四部丛刊》初编影元至正西湖书院刊本。

律的过程中确立的。《魏律序略》记载,《擅兴》是将汉律《盗律》中的"勃辱强贼"、《兴律》中的"擅兴徭役"、《具律》中的"出卖呈,科有擅作修舍事",合并到《擅兴》一篇当中[1]。因此,唐宋律典的《擅兴》篇,不是军事刑法的专篇,而是夹杂了一些兴造工役的法律。

相反,元朝《经世大典·宪典》的《军律》篇,完全没有兴造工役的内容。再到《至正条格》的《擅兴》篇,全部32条,除去"私役弓手""私役民夫""丁夫差遣不平"三条还存有唐宋《擅兴》篇的些许痕迹,其他29条均是纯粹的军事刑法,占比超过90%。历宋至元,再到明清的《兵律》,军事刑法在法典或法律汇编中,逐渐集中成为单独的专篇。在这一发展趋势中,《至正条格》的《擅兴》篇,具有十分独特的地位,该篇吸收了《经世大典·宪典》的《军律》篇汇编军事法的根本精神,但放弃《军律》的外部形式,反而恢复了唐宋《擅兴》篇的"古老"外表,甚至可以说恢复了魏晋以前《兴》《擅》两篇分离的格局。这种现象可以看作一种复古,但是,这种"复古"绝非单纯地模仿抄袭唐律,其实是一种"打着复古旗号的创新",颇有大元制度的恢宏气象。

《经世大典·宪典》单设《军律》,或是因为《经世大典》属于"会要"体政书。《宋会要》的刑法门就有"军制",收录了建隆二年(962年)至绍兴三十一年(1161年)陆续颁

---

[1] 见杨鸿烈:《中国法律发达史》,第129页。

降的与军事刑法相关的诏令[1]。何况，《经世大典》采用吏、户、礼、兵、刑、工的六曹分类，故另有《工典》收录兴造工役的内容。但是，《至正条格》的《擅兴》篇，为何同样是军事法专篇？

一种可能的解释，来自《至正条格》独特的编纂体例，也就是将条格（令）与断例（律）汇编到同一部"法典"中。清代修《四库全书》时，从《永乐大典》中辑出了23卷本《至正条格》入存目，条格部分的存目确实有《营缮》篇[2]。体例与《至正条格》大体相同的《大元通制·条格》的《营缮》篇也保存至今，下设"造作""织造料例""投下织造""堤渠桥道""官舍""岳祠""私下带造""判署提调""驿路船渡"等条目[3]。可见，《至正条格·条格》亡佚的《营缮》篇，确实是收录工程营造类法规的专篇。因此，《至正条格·断例》的《擅兴》篇，成为收录军事法的专篇，似乎顺理成章。更何况，元朝官方的"法典"编纂，往往刻意追求形式和篇目的整齐，对条目具体内容是否恰当，是否实用，似乎并不重视。[4]一方面，《至正条格》的编纂者很可能

[1] 王云海：《宋会要辑稿考校》，上海：上海古籍出版社，1986年，第364页。

[2] 参见陈高华：《〈至正条格·条格〉初探》，《中国史研究》2008年第2期。

[3] 方龄贵：《通制条格校注》卷30，第731—744页。

[4] 例如，元朝法律汇编中的"条格"和"断例"，二者有时并无严格的界限，在编纂中也存在"归类未尽"的情况。又如，那些归入《断例》并且确实带有处罚规定的断例，实际上很多不具有唐宋律典的律条的实际可操作性。

希望追求形式齐整，清晰区分工程营造类法规与军事法规，各使单独成篇，避免重复；另一方面，他们似乎也忽视了这种安排必然造成的缺陷，例如，《断例》中缺少对工程营造不如法的具体处罚规定。

二、"同命队法"兴衰

中国古代的军事刑法，有一个最简明也最常见的死亡条款——"临阵先退者处死"。这条酷法出现在先秦以至明清几乎所有的军事刑法文献中。蒙元帝国也有同类军事刑法。《元史·刑法志》的《军律》篇就规定："诸临阵先退者，处死。"[1] 至正六年（1346年）颁布的《至正条格》的《擅兴》篇也以"临阵先退"条目开篇。不过，在更早的大蒙古国时期，蒙古军对战场脱逃罪行的惩罚，还要不近人情一些，这就是著名的"同命队法"。

蒙古式"同命队法"

在中国传统的历史书写中，游牧民族的军队多是"轻而不整，贪而无亲，胜不相让，败不相救"。[2] 不过，蒙元帝

---

[1] 宋濂等撰：《元史》卷103《刑法二·军律》；又 Paul Ratchnevsky: *Un code des Yuan*. Tome 2, Paris: Collège de France, 1972, p.56.

[2] 杨伯峻：《春秋左传注》（修订本）第1册，第66页。

国的军队很早就有进退有素的战场纪律。《元朝秘史》第153节最早记载，与塔塔儿部交战前，成吉思汗颁布了保持共同战斗阵形的死命令："若军马退动至原排阵处，再要翻回力战。若至原排阵处，不翻回者，斩！"[1]圣宽庭《鞑靼史》也描述，进入战场的蒙古军，设有不许退过的特定标记或界线，蒙古骑兵在发起突击前，"向第一行士兵指定界标（les bornes），禁止越过此线，第二、第三行等也同样如此。他们还向撤退过程中的士兵指定界标，禁止逃过此线"[2]。

更值得注意的是，宋宁宗嘉定十四年（1221年）出使北方的南宋使节赵珙，强调蒙古人有一种严酷的军纪："凡诸临敌，不用命者，虽贵必诛。"[3]1245—1247年出使的柏朗嘉宾更详细报告：

> 当他们［蒙古人］在作战的时候，如果十人队中有一个人、或两个人、或三个人、或甚至更多的人逃跑，则这十个人全体都被处死刑；如果有一个十人队全体逃

---

[1] 阿尔达扎布译注：《新译集注〈蒙古秘史〉》，第282页。

[2] 西蒙·圣宽庭原著，让·里夏尔法译、注释，张晓慧译：《鞑靼史》，第252页。译文据法文译文有所调整，见 J. Richard: Au-delà de la Perse et de l'Arménie. L'Orient latin et la découverte de l'Asie intérieure. Quelques textes inégalement connus aux origines de l'alliance entre Francs et Mongols（1146–1262），Turnhout: Brepols, 2005, pp. 96–97.

[3] 赵珙撰，王国维笺证：《蒙鞑备录》，《王国维遗书》本，上海古籍书店，1983年。

跑了，即便其隶属的百人队中其他人没有逃跑，他们也要全部被处死。简言之，除非他们全体退却，所有逃跑的人统统要被处死。同样，如果十人队中有一个人、或两个人、或更多的人奋勇前进，勇敢战斗，而其余的人不跟着前进，则这些人都要被处死。[1]

乌马里《眼历诸国行纪》还补充记载，"某个可靠的人"告诉他：

> 札撒如下规定：在（察合台汗国的）蒙古军队中，若骑兵千人出战，其中九百九十九人阵亡，仅有一人逃脱，则此人将被处死，因为他没有同其他人一起继续作战；即便他凯旋，亦不免同样下场。[2]

这类规定，确实可能是成吉思汗新颁布的军事法——"札撒"，并非草原社会的古老习惯。由于"环境的不稳定性、动物的移动性以及每一小单位人群（牧户或牧团）皆倾向于

---

[1] Anastasius van den Wyngaert: *Sinica Franciscana, Vol 1, Itinera et relationes Fratrum Minorum saeculi XIII et XIV,* Ad Claras Aquas: Collegium S. Bonaventurae, 1929, p.77. 中译文参考了吕浦的译文，据拉丁文原文做了改动，参见〔英〕道森编，吕浦译，周良霄注：《出使蒙古记》，第32页。

[2] Klaus Lech, *Das Mongolische Weltreich: al-'Umarī's Darstellung der mongolischen Reiche in seinem Werk Masālik al-abṣār fī mamālik al-amṣār,* Wiesbaden: Harrassowitz, 1968, p.46–47（阿拉伯文），p.123（德文）.

独立自主，自作抉择"，无论以"血缘"或以"政治"结合的游牧社会群体，都不恒常稳定[1]。早期的蒙古军队多由氏族属民、奴隶和自由民（那可儿）组成，维系军事威权的纽带还相当脆弱[2]。相反，连诛全队逃兵，要求相对高度集中的政治和军事权威，这种权威，在大蒙古国建立之前是不存在的。

1203年，成吉思汗与克烈部战于合兰真之地，成吉思汗命兀鲁部军率先陷阵，大将尤彻台居然"横鞭马鬣不应"，导致忙兀部骁将畏答儿阵亡[3]。1236年（窝阔台汗八年），分赐功臣民户时，畏答儿之子忙哥以功多，益封二万户，"兀鲁争曰：'忙哥旧兵不及臣之半，今封顾多于臣！'"遭到窝阔台的痛斥："汝忘而先横鞭马鬣时耶？"[4]1204年，成吉思汗在纳忽山一带对阵乃蛮军，乃蛮太阳汗的盟友札木合"望

[1] 王明珂：《游牧者的抉择：面对汉帝国的北亚游牧部族》，桂林：广西师范大学出版社，2008年，第55—60页。

[2]〔苏〕符拉基米尔佐夫著，刘荣焌译：《蒙古社会制度史》，北京：中国社会科学出版社，1980年，第113—154页。

[3]〔波斯〕拉施特主编，余大钧、周建奇译：《史集》第一卷第二分册，第170页。波斯文参见 Rashīd al-Dīn, Jāmi'al-Tawārīkh, ed. by Muḥammad Rawshan, Tehrān: Nashr-i Alburz, 1953, p.385.

[4] 宋濂等撰：《元史》卷121《畏答儿传》，第2987—2988页。姚燧《平章政事忙兀公神道碑》记此事同，当为《元史》所本，参见查洪德编辑点校《姚燧集》，第197—198页。

见上军容严整"，竟然"遂提本部兵走"[1]。所谓"凡诸临敌，不用命者，虽贵必诛"，在这一时期很难实现。

其实，这种冷酷的军事纪律，很可能效法了金朝的军事刑法"同命队法"。金朝军队就是"每队一十五人，以一人为旗头……旗头死，从不生还，还者并斩；得胜受赏亦然"[2]，"卒伍逃散，往往有全队诛之者"[3]。在战场上，军纪严酷的军队，往往能得到敌人的敬畏和效法。柏朗嘉宾了解到蒙古式"同命队法"的残酷后，竟向欧洲各国献策："我们的军队应该以同鞑靼军队相同的方式组织起来……无论何人，在前进作战或战斗中擅自离开队伍，或在部队没有总退却时私自逃走，都应该严厉惩罚。"[4]同样，金朝军队"既立部伍，必以军律相临"[5]，常得将士死力。蒙古军在与金朝军队作战时，采用劲敌的"同命队法"，或有不得不如此的理由。

---

[1] 王国维：《圣武亲征录校注》，《王国维遗书》本，上海：上海古籍书店，1983年。又〔波斯〕拉施特主编，余大钧、周建奇译：《史集》第一卷第二分册，第204页。

[2] 徐梦莘：《三朝北盟会编》卷98，上海：上海古籍出版社，影清光绪刻本。

[3] 杜大珪辑《琬琰集删存》上卷9，燕京大学编纂处1938年铅印本。前两条史料并见王曾瑜：《辽金军制》，保定：河北大学出版社，2011年，第300页。

[4] 参见〔英〕道森编，吕浦译，周良霄注：《出使蒙古记》，第45页。拉丁文引文见 Anastasius van den Wyngaert: *Sinica Franciscana, Vol 1, Itinera et relationes Fratrum Minorum saeculi XIII et XIV,* Ad Claras Aquas: Collegium S. Bonaventurae, 1929, p.97.

[5] 脱脱等撰：《金史》卷44《兵志》。

从"同命队法"到"临阵先退者处死"

刘敏中《武略将军千户赵君墓道碑铭》记载，元初，千户赵信从"大帅总兵讨叛寇"：

> 他师遇敌，战不利，没其众，百夫长三人独得不死。大帅怒，下令戮三人狗，左右无敢言。公徐前，以数语释其怒，三人以免。[1]

主帅一怒之下，打算当众处决战败逃归的三名百户军官，似乎说明，"同命队法"在忽必烈时代仍然有一定影响。这个决定最终并未实施，似乎也暗示，把这种严酷的军事刑法推广到包括汉军、新附军在内的全部帝国军队的尝试，不可避免遇到困难和阻力。

于是，到了元朝，不近人情的"同命队法"似乎消失了，取而代之的是唐宋军事刑法中的"诸临阵先退者处死"。

至元二十五年（1288年）六月初，扈从忽必烈在上都清暑的尚书省官员，接到了大都留守官员的报告，说江西行省呈报了一起典型案件，负责平定地方叛乱的"张总把"和"张主簿"二人，因为临阵先退，导致"王总把"及另外五名士兵被叛军杀死：

---

[1] 刘敏中撰，邓瑞全、谢辉校点：《刘敏中集》，长春：吉林文史出版社，2008年，第89页。

至元二十五年六月初一日，尚书省奏："江西省官人每，与将文书来。'军官张总把、民官张主簿，又壹个王总把，他每参个引着军，贼每一处厮杀时分，张总把、张主簿两个退后走的上头，贼每王总把根底，又伍个军人每根底，教杀了。他每两个出来了。他每退后走出来的证见每，壹处对证了，招伏要了也。'么道。江西省官人每，'这两个合杀。'么道，拟将来。大都有的伴当每商量得，'张总把撇下军出来的，他的罪过合死。张主簿根底，依着军官体例里要罪过呵，重了。他根底断了，勾当里教罢了呵，怎生？'么道，说将来。"奏呵，奉圣旨："索甚么那般道？这里去的人多有，与那里省官、按察司官一体问得，是实呵，敲了者。"[1]

　　这起案件，后来作为断案通例，收入了《至正条格》的《擅兴》篇第一条目"临阵先退"下，其实是元朝镇压南方叛乱的长期战争中的一个插曲。南宋亡国后，原南宋地区民众反抗蒙古征服者的活动，一直不曾停歇。其中，至元二十四年冬起兵的"畬寇"钟明亮，"蹂江、闽数郡之地，动江、闽、浙三省之兵，贵臣重将、裨校士马，因是物故者甚众；连城累邑，公私供亿耗费者甚侈……上烦庙堂应接，诸省奔赴，竭数载之力，仅得明亮至军前一面"，钟明亮还

―――――――――――――

[1] 韩国学中央研究院编：《至正条格》校注本《断例》卷13，第309页。

"诈降无实，傲睨反复"，降而复叛，叛而复降，竟得保全首领而终[1]。这是摆在元朝政府面前无比惨痛的事实。文书中提到的"江西省官人每"，就是江西行省平章忽都帖木儿、参政管如德和行院月的迷失等负责征讨钟明亮的军政官员。

这条断例的出台，距钟明亮叛乱爆发，才过半载。朝廷商议如何惩处临阵先退的两名官员，对于处死"张总把"毫无异议。不过，针对江西官员将身为民官的"张主簿"也依"军官体例"（军事刑法）一并处决的拟判，留守大都的省官以为轻重不伦，建议杖断罢职。这个意见遭到了忽必烈的否定。忽必烈下令行省台院官员会审此案，如果案情属实，就算是民官也要一并处死。在元代判例法的创制机制中，皇帝驳回省臣的拟议并改判的情况，据说不常见[2]。此举颇有杀鸡儆猴之意，忽必烈对江南官员镇压叛乱不力的不满和不耐烦，实是溢于言表。

独木难支的酷法

至元二十五年的"临阵先退"断例出台后，从至元二十八年（1291年）编纂《至元新格》到至正六年（1346年）《至正条格》颁布的半个世纪间，与"临阵先退者处死"

---

[1] 刘埙撰：《汀寇钟明亮事略》，《水云村泯稿》卷13，清道光十八年爱余堂刻本。

[2] 胡兴东：《中国古代判例法运作机制研究》，北京：北京大学出版社，2012年，第92页。

相关的记载却很少。至顺元年（1330年）闰七月，行枢密院捕获两名征戍云南逃归的士兵，欲当以死罪，元文宗答复："如临战阵而逃，死宜也。非接战而逃，辄当以死，何视人命之易耶？其杖而流之。"[1]次年十二月，在镇压"猺贼"的战斗中，襄阳万户朵银"怯惧贼势，按兵不进，坐视玩寇，致被各贼将簿尉药烈海牙杀死"，后又"遇贼先退"，本应受到严罚，但因"罪遇原免，罢职不叙"[2]。这些记载，多少反映了这一军事刑法的实际适用情况。

至元二十五年的"临阵先退"断例，最终收入《至正条格》的《擅兴》篇，这一事实证明，它在元朝军事司法中已经成为"断案通例"，很可能此前一直是同类案件法律适用的先例。值得注意的是，在《至正条格》的编纂期间，元朝统治者很可能出于现实需要，对原有的断例排列顺序做了调整，又增补了一些与元末扰乱关系密切的条目。现存的《擅兴》篇，虽残缺过半，残存的19条中，就有约10条是新添，而且与平叛剿贼相关。[3]至正初年，监察御史王思诚上言，鉴于大都以南地区连年饥馑，群盗纵横，派去捕盗的官兵却不甚得力，"贼南则会于北，贼西则会于东，及与贼会，望

---

[1] 宋濂等撰：《元史》卷34《文宗纪三》，第763页。
[2] 韩国学中央研究院编：《至正条格》校注本卷13，第310页。
[3] 〔韩〕金浩东：《〈至正条格〉之编纂及元末政治》，韩国学中央研究院编：《至正条格》校注本，第459页。

风先遁",希望"立法严禁",得到朝廷首肯[1]。"临阵先退者处死"断例,被提到了《擅兴》篇之首,这是唐宋律的《擅兴》篇从未出现过的现象,似乎也反映了,在面临统治危机时,元朝以严酷的刑律来稳定秩序的考量。

颇具讽刺意义的是,在元末战乱中,守吏望风遁走,将帅拥兵不进,成为屡见不鲜的景象。至正十一年(1351年),朝廷派遣枢密院同知赫厮和秃赤,率领素称精锐的6000名阿速卫军[2],会同各路汉军镇压颍川红巾,"赫厮策马望见红军阵大,扬鞭曰:'阿卜!阿卜!'阿卜者,言走也。于是所部皆走。至今淮人传以为笑"[3]。次年,丞相脱脱命御史大夫野先不花董师三十万征讨汝宁红巾,"至城下,与贼未交锋,即跃马先遁。汝宁守官某执马不听其行,即拔佩刀欲斫之,曰:'我的不是性命!'遂逸,师遂大溃。汝宁不守,委积军资如山,率为盗有。脱脱匿其败,反以捷闻"[4]。元枢密院都事石普围攻张士诚的高邮城,眼看就要破城,总兵官派出千名蒙古骑兵,"突出普军前,欲收先入之功。而贼以死捍,

[1] 宋濂等撰:《元史》卷183《王思诚传》,第4212页。
[2] 元代的阿速卫军即阿速人编成的侍卫亲军。阿速人原居于高加索山以北,里海和黑海之间,蒙古西征时被征服,部分阿速人被编入蒙古军队,忽必烈时期集中编为阿速左、右卫。
[3] 权衡撰,蒋力生点校:《庚申外史》卷,江西省高校古籍整理领导小组整理:《豫章丛书·史部一》,南昌:江西教育出版社,2000年,第230页。
[4] 叶子奇撰:《草木子》点校本卷3,北京:中华书局,1959年,第52页。

蒙古军恇怯，即驰回"，结果全军一败涂地[1]。

目睹这一局面，至正十七年，张桢上"十祸之疏"，直斥朝廷在平叛中"调兵六年，初无纪律之法，又无激劝之宜，将帅因败为功，指虚为实，大小相谩，上下相依，其性情不一，而邀功求赏则同。是以有覆军之将，残民之将，怯懦之将，贪婪之将，曾无惩戒，所经之处，鸡犬一空，货财俱尽。及其面谀游说，反以克复受赏"[2]。以"临阵先退者处死"断例开篇、呈现高压态势的《擅兴律》，恰恰成为元朝武力在农民起义的风起云涌之下土崩瓦解的谶语，这恐怕是《至正条格》的编纂者想象不到的。

三、重罪十二款

除了头款重罪"临阵先退者处死"及其前身"同命队法"，蒙元帝国的军事刑法还有一些有史可证的记载，加上"临阵先退"，计其条目，约有十二。

"妄进者死"

两军排阵既定，或白刃已交，非奉主将明令，不得冒次而进，争功乱军，也不得妄自后退，致使三军夺气，或致败

---

[1] 宋濂等撰：《元史》卷125《石普传》，第4405页。
[2] 宋濂等撰：《元史》卷186《张桢传》，第4267页。

衄。因此，和“先退者死”一样，临阵“妄进者死”，也属于最为严厉的战时军事刑法。《武经总要》的《罚条》规定：“一，临阵，非主将命，辄离队先入者，斩；一，贼军去阵尚远，弓弩乱射者，斩”[1]。“妄进者死”在元代法制文献中，未见明确规定，却可以找到对这款罪名及其惩罚的案例记载。

至元十一年（1274年），伯颜率大军南下征宋，被南宋军队阻截于青山矶。《元史·忙兀台传》记载：

> 十月乙卯，平章阿术率万户晏彻儿、史格、贾文备同忙兀台四军雪夜溯流西上，黎明至青山矶北岸，万户史格先渡，宋将程鹏飞拒敌，格被三创，丧卒二百人。诸将继进，大战中流，鹏飞被七创，败走。[2]

史格未等诸军会合，就率尔渡江，“丧卒二百人”。第二年，枢密院在评定伐宋将士的功罪时判定：“渡江初，亳州万户史格、毗阳万户石抹绍祖，以轻进致败，乞罪之。”[3]《元史·张弘范传》记载，在著名的崖山之战中，宋军“千余艘碇海中，建楼橹其上，隐然坚壁也”，张弘范率元军来

[1] 曾公亮等撰，陈建中、黄明珍点校：《武经总要》前集卷14，第229页。
[2] 宋濂等撰：《元史》卷131《忙兀台传》，第3187页。
[3] 宋濂等撰：《元史》卷8《世祖本纪五》，第163页。

攻，下令："闻金声起战，先金而妄动者死！"[1]《元史·赛典赤传》也记载，赛典赤率军平定萝盘甸（今云南元江县）叛乱，连日围困萝盘城而不攻城：

俄而将卒有乘城进攻者，赛典赤大怒，遽鸣金止之，召万户叱责之曰："天子命我安抚云南，未尝命以杀戮也。无主将命而擅攻，于军法当诛。"[2]

"擅自领军回还"

与"擅自领军回还"相似的军事重罪，在元以前就存在[3]。在元代，较早的记载见于《元史·世祖本纪》中统三年（1262年）夏四月庚子条：

江汉大都督史权以赵百户絜众逃归，斩之。[4]

案件的具体背景不详，"絜众逃归"就是带领下属部队

---

[1] 宋濂等撰：《元史》卷《张弘范传》，第3683页。

[2] 宋濂等撰：《元史》卷125《赛典赤传》，第3066页。

[3] 例如，《宋会要·刑部·军制》收录的一道元丰四年诏书，谴责韩存宝"总领重兵，往讨小蛮，不能擒戮首恶，虚暴露士卒，使忠勇之士无所效命。不候朝旨，辄自退军，逗挠怯避"，责令将犯罪军官在军前"正典刑"，见马泓波点校：《宋会要辑稿·刑法（下）》，第829—830页。

[4] 宋濂等撰：《元史》卷5《世祖本纪二》，第84页。

逃归。由于元初军务倥偬，主将临时处分权较大，所以被立即问斩。为此，忽必烈特下令："自今部曲犯重罪，鞫问得实，必先奏闻，然后置诸法。"

元朝的"擅自领军回还"罪名，首次明确出现在《至正条格》的《擅兴》篇，位置仅次于"临阵先退"。据"擅自领军回还"条目下附的断例记载，至顺四年（1333年），云南爆发了乌撒（今贵州威宁）叛乱，百户陆喜及其下属军人奉调前往协助平乱。半途中，他们听信传闻"云南事体平定，军马各散"，便擅自回还。刑部给百户陆喜定拟的罪名是"怯于征进"，法定的惩罚是杖一百七，除名不叙，由于钦遇赦免，只执行除名不叙[1]。《元典章》收录的一条断例，与《至正条格》的"擅自领军回还"有类似之处。至元三十一年（1294年），江西行枢密院报告：万户翟寿奉命平定地方叛乱，"不去收捕，推病，引着军回来了有。"由于钦遇赦免，本案的处理结果也是除名不叙（"他的职事罢了，不拣几时休教做官"）[2]。

大德四年（1300年）闰八月，元朝派遣云南平章政事薛超兀儿、忙兀都鲁迷失等率军入缅，平定阿散哥也等人的叛乱。大德五年夏，以万户章吉察儿为首的部分军队，畏

[1] 韩国学中央研究院编：《至正条格》校注本《断例》卷13，第309—310页。
[2] 陈高华等点校：《元典章》第1册，第61页。

惧当地的暑热和瘴疠，以口传圣旨无效为借口，擅自引军回国，其他诸军也相继撤退。中书省派遣河南平章政事二哥等人前往云南追究撤军缘由，发现不仅统军的宗王、平章、左丞、参知政事和诸将、幕官、令史“皆受贼赂”，养寇自重，同时，阿康、察罕不花还合谋，“令诸将抗言不能住夏，擅回”。结果，阿康、察罕不花伏诛，其他省官、将领或免官不叙，或被处以轻重不等的笞杖刑[1]。

“弃军逃归”

“弃军逃归”也是一种历史悠久的罪名，西汉就有无锡嗣侯多卯“追反虏，到弘农，擅弃兵还，赎罪，免”的记载[2]。元朔六年（前123年），右将军苏建从击匈奴，“尽亡其军，独以身得亡去”，卫青军中执掌军法的军正、议郎等人论建“弃军，可斩”[3]。这款罪名在元代法制文献中也没有明确规定，却也可以找到一些实际案例，犯行严重程度高于“擅自领军回还”。

郝经在《再与宋国丞相书》（中统二年，1261年）中提到，忽必烈在南征途中听闻蒙哥死讯，北上与阿里不哥争

---

[1] 苏天爵:《国朝文类》卷41,《四部丛刊》初编影元至正西湖书院刊本。

[2] 班固:《汉书》卷17《景武昭宣元成功臣表》，第658页。程树德先生将之比定为《唐律》之“临阵先退”，似乎不够准确。见程树德:《中国法制史》，第56页。沈家本先生已先言之:《唐律》虽有“临阵先退”罪名，“是侯所坐不甚相同”。见沈家本:《汉律摭遗》，载氏著《历代刑法考》，第1594页。

[3] 班固:《汉书》卷55《卫青霍去病列传》，第2477页。

位。临行前，忽必烈交代江上诸将："我今北定大事，汝辈勿复攻击，总摄诸军，滨江驻扎，无得侵掠，以俟后命。"不料，忽必烈在开平即位后，却发现这些将领擅自"弃师北归"，大怒之下要"欲治诸帅方命擅回之罪"[1]。《元史·成宗本纪》也记载，大德六年（1302年）正月，元成宗颁布了一道处断弃军逃归军官的诏书：

> 诏千户、百户等自军逃归，先事而逃者罪死，败而后逃者，杖而罢之，没入其男女。[2]

姚燧《袁公神道碑》记载，自元宪宗蒙哥时期以来驻扎在陕西六盘山的元朝戍兵"津馈不如于前，老稚日困于家，则怯者挺身而孤亡，勇者连伍而俱归，军吏以法诛之，莫之能止也"[3]。可见，对于独自或成群逃走的普通士兵，元朝可能处以死罪。

"主将守城弃去"

在唐宋律的《擅兴》篇中，"主将守城弃去"是位居

---

[1] 郝经撰，秦雪清点校：《郝文忠公陵川文集》，第525页。

[2] 宋濂等撰：《元史》卷20《成宗纪三》，第439页。《元史·刑法志》的《军律》篇第6条规定也提到"未战逃归"应"以其罪罪之"，然未详及处罚规定。

[3] 姚燧撰，查洪德编校：《姚燧集》，第265页。

"临战先退"法条前的重要军事刑法[1]。《武经总要》的《罚条》进一步规定:"守城不固者,本地分及主者,皆斩。或围贼城不固,亦斩。"[2]这款罪名在大蒙古国时期找不到相关线索。《元史·刑法志》记载:

> 诸军民官,镇守边陲,帅兵击贼,纪律无统,变易号令,背约失期,形分势路,致令破军杀将,或未战逃归,或弃城退走,复能建招徕之功者,减其罪,无功者,各以其罪罪之。[3]

这段记载很可能是明修《元史》时删略归并了《经世大典·宪典》的多个条目编成的,其中提到了一系列军事刑法罪名,一些前面已经讨论过,一些尚找不到史料佐证。对这些罪名的惩罚是:有功者"减其罪",无功者"各以其罪罪之"。可见,在元朝,"弃城退走"(等于"主将守城弃去")应该也是特定的罪名,可能有专门的断案通例。

在元代前、中期的一些记载中,还可以找到一些惩处"弃城退走"的案例。《元史·世祖本纪》至元三年十一月丙

---

[1] 《唐律疏议》规定:"诸主将守城,为贼所攻,不固守而弃去,及守备不设,为贼掩覆者,斩。若连接寇贼,被遣斥候,不觉贼来者,徒三年。以故致覆败者,亦斩。"见刘俊文点校:《唐律疏议》,第307页。
[2] 曾公亮等撰,陈建中、黄明珍点校:《武经总要》前集卷14,第230页。
[3] 宋濂等撰:《元史》卷102《刑法志》,第2638—2639页。

辰条记载：

> 千户散竹带以嗜酒失所守大良平，罪当死，录其前
> 功免死，令往东川军前自效。[1]

同书至元九年（1272年）十二月辛亥条记载：

> 宋将昝万寿来攻成都，签省严忠范出战失利，退保
> 子城，同知王世英等八人弃城遁。诏以边城失守，罪在
> 主将，世英虽遁，与免其罪，惟遣使缚忠范至京师。[2]

南宋军队攻陷成都外城，主将严忠范退保子城，部署王
世英等人干脆弃城逃走。从忽必烈"边城失守，罪在主将"
的意见来看，当时也应该存在惩处"主将"守城弃去的法
律。严忠范在至元十二年副廉希贤使宋，被杀于独松关，职
衔是"工部尚书"，这是一个为出使而授予的名义。不难推
断，由于丢失成都外城，就算遇到赦免，严忠范原有的官职
也很可能被褫夺。

王恽《王公神道碑铭并序》记载，王道曾任福建行省左
右司郎中，至元十七年（1280年），漳州陈吊眼举兵反元，

---

[1] 宋濂等撰：《元史》卷6《世祖本纪三》，第112页。
[2] 宋濂等撰：《元史》卷7《世祖本纪四》，第144页。

众达十万，声势浩大。招讨潘某眼见无力抵御，弃城逃走。福建行省给他定了个"失守罪"，打算即刻捆绑处决。王道坚持反对：招讨三品官，有罪须向朝廷禀明，不可擅自处刑。省官大怒，派军士团团围住王道，逼他署名同意。王道穿上公服，望阙再拜，大喊："省官不有朝廷，胁我以兵，欲将何为？吾宁与潘同死，字不可得也！"最终为潘招讨争取到了减死的处罚。[1]

从这条记载看，在至元年间，"失守"应该是一个特定的军事罪名，有一定的处罚程序可以依循。

在元末农民战争时期，"主将守城弃去"罪名最为常见，却恰恰证明该法条几乎已经成了一纸空文。《元史·宽彻普化传》记载，威顺王宽彻普化镇守武昌，至正十一年（1351年），蕲黄红巾起兵反元，"邹普胜陷武昌，宽彻普化与湖广行省平章和尚弃城走，诏追夺宽彻普化印，而诛和尚"[2]。《元史·李黼传》还记载，不仅威顺王和湖广省臣弃城逃走，"西自荆湖，东际淮甸，守臣往往弃城遁，黼守孤城，提孱旅，斩馘扶伤，无日不战，中外援绝"[3]。可见，还在至正十一年，元末起义刚刚捅破元朝的溃痈的时候，敢于无视"主将守城弃去"军法的元朝军官和民官，就前赴后继，诛

[1] 王恽：《大元故中顺大夫徽州路总管兼管内劝农事王公神道碑铭并序》，见《王恽全集汇校》第6册，第2512页。
[2] 宋濂等撰：《元史》卷117《宽彻普化传》，第2911页。
[3] 宋濂等撰：《元史》卷194《李黼传》，第4392—4393页。

不胜诛。江南地区的镇戍军队和守城官员望风逃遁，震惊朝野。直到至正二十二年（1362年），刘鹗给元廷的上书中还引此事作为教训：

> 右臣鹗：伏以比岁逆贼，啸聚伙党，并合丑类，多方告警。焚我蕲、黄，陷我江州，诸路守臣皆弃城而逃遁，总管李黼，以无援而战死。[1]

至正十五年，贡师泰任平江路总管，张士诚自高邮来攻，围城甚急。第二年，"守将弗能支，斩关遁去"。贡师泰率领义兵出战不利，"怀印绶弃城遁，匿海滨者久之"，居然又出任两浙都转运盐使、江浙行省参知政事等要职[2]。至正十八年，纽的该以太尉总山东诸军，守镇东昌路，"以乏粮弃城，退屯柏乡，东昌遂陷"。他逃回大都后，官拜中书左丞相[3]。同年（十八年）夏四月，"陈友谅陷龙兴路，省臣道童、火你赤弃城遁"。五月壬寅，刘福通军进攻元河南行省首府汴梁（今开封），"汴梁守将竹贞弃城遁，福通等遂入城"。冬十月壬辰，红巾军攻陷大同路，"达鲁花赤完者帖木儿弃城遁"[4]。这些"主将守城弃去"的行为，均不见任何的

---

[1] 刘鹗：《惟实集》卷1《直陈江西、广东事宜疏》，影印文渊阁四库全书本。
[2] 宋濂等撰：《元史》卷187，《贡师泰传》，第4295页。
[3] 宋濂等撰：《元史》卷139，《纽的该传》，第3363页。
[4] 宋濂等撰：《元史》卷45，《顺帝本纪八》，第942—945页。

惩罚措施。才过了不到数年，包括军事刑法在内的元朝纲纪已接近全面崩溃。

"诈避征役"和"避役自残"

《唐律疏议》的《擅兴》篇，有"征人巧诈避役"。《疏议》解释说，"巧诈避役"包括诬告人罪、故意犯法，或者"故自伤残，或诈为疾患"等欺骗手段，规避军事召集[1]。罪重者比照"乏军兴"的军事刑法处置[2]。《武经总要·罚条》也规定："一、巧诈以避征役者，斩。一、避役自伤残者，斩。"[3]

《至正条格》的《擅兴》篇也单独设有"诈避征役"一条：

> 诈避征役
>
> 至顺三年正月，刑部议得："镇守潭州百户张世昌，承权千户职名，闻知上司差遣出征，妄以大溪山洞贼出没杀虏人民声息，虚申上司，扇惑军民。即系巧诈以避征役，合杖壹伯柒下，不叙。"都省准拟。[4]

---

[1]刘俊文点校：《唐律疏议》，第310页。
[2]也就是《擅兴》篇前面规定的"乏军兴者，斩。故、失等"。见刘俊文点校：《唐律疏议》，第305页。
[3]曾公亮等撰，陈建中、黄明珍点校：《武经总要》前集卷14，第230页，第231页。
[4]韩国学中央研究院编：《至正条格》校注本《断例》卷13，第310—311页。

可见，"巧诈以避征役"或"诈避征役"，属于明确的军事刑法罪名，惩罚是"杖一百七，不叙"，与"擅自引军回还"相同（也主要针对军官）。不过，"诈避征役"本条下面的断例，却不是《唐律疏议》规定的最典型的"诈避征役"。不过，《疏议》也承认，所谓"诈避"，实是巧诈百端，难以备陈，所以在解释时留有余地——"故云之类"，以包容其他各种类型的诈避方式。其中，通过故意自伤残来逃避军役，在元初有明确记载。至元十八年（1281年），来阿八赤率领一万军队疏通运河，"有两卒自伤其手，以示不可用，来阿八赤檄枢密并行省奏闻，斩之以惩不律"。[1]"以惩不律"，就是严肃执行军法。在《至正条格》的《擅兴》篇保存下来的目录中，还有"避役自残"一条，可惜有目无文，可用上述这条记载予以补充。

"擅离职守"

《元史·刑法志》的《军律》篇第1条和第2条分别规定："诸军官离职、屯军离营、行军离其部伍者，皆有罪。""诸军官不得擅离部署，赴阙言事。有必合言者，实封附递以闻。"[2]

《元典章·刑部》的"诸赃"门收录了题为"军官犯赃在逃"的断例。断例提到，真定河南万户府岳千户翼弹压阎

---

[1] 宋濂等撰:《元史》卷129《来阿八赤传》，第3142页。
[2] 宋濂等撰:《元史》卷102《刑法志》，第2638页。

第九章 军事刑法 [253]

国宝，因收受贿赂等多项罪名，"避罪弃职在逃半年"（就是"擅离职守"）。呈报案件的御史提出："镇守军人在逃，已有断例。不见镇守管军官犯罪弃职在逃通例。"所谓"镇守军人在逃，已有断例"，大概是指《元史·刑法志》的《军律》中"诸防戍军人于屯所逃者，杖一百七，再犯者处死。若科定出征，逃匿者，斩以徇"[1]。当时显然还没有惩处镇守军官擅离职守的通例。不过，阎国宝一案，是在犯罪后才擅离职守，它与《军律》中的"诸军官离职、屯军离营、行军离其部伍者，皆有罪"，究竟有何关系，还不太清楚。

《元典章·吏部》的"职制"门，收录了一件题为"军官不得擅离职"的文书，时间是皇庆二年（1313年）。文书提到，枢密院反映，最近各地镇守军官，常常以各种借口，未奉枢密院批准，就擅自"将各管着的军人每撤下来了"，前往大都营干私事。枢密院奏准圣旨："今后无院家文字不交来，若有来的，他每根底要罪过。有合来的勾当呵，俺根底说将来，俺上位奏了，与文字交来。"[2]这件文书，应该就是"诸军官不得擅离部署，赴阙言事"的实际依据。

在《至正条格》的《擅兴》篇的各款军事刑法罪名中，还有两种可以归入"擅离职守"的罪名。其一是所谓"分镇违期"：

---

[1] 宋濂等撰：《元史》卷 102《刑法志》，第 2639 页。
[2] 陈高华等点校：《元典章》第 1 册，第 384 页。

天历二年十月，刑部议得："安东州万户府达鲁花赤脱帖木儿，轮该分镇海宁州，推调违期半年之上，不行前去。拟笞肆拾柒下，解任别仕。万户魏正，不候交换，抛离元管军马，擅委千户刘忠翊权摄，回还老奕所镇之地。既是无虞，量笞贰拾柒下，依旧勾当，标附。"都省准拟。[1]

其二是"交换不即还营"：

泰定元年二月，刑部议得："前卫百户太不花，因差大都围宿，已经交换，不即还营，前去乐亭县本家，住经一十二月，才方还职。拟合笞参拾柒下，罢职别叙。"都省准拟。[2]

这两款罪名在性质上并无太大区别，只是一则涉及元朝在地方的镇戍部队，一则涉及拱卫中央的禁军部队（侍卫亲军），产生的年代都较晚。

"镇守不严"

"镇守不严"罪名不见于唐宋律，《唐律疏议》的《擅

---

[1] 韩国学中央研究院编:《至正条格》校注本《断例》卷13，第311页。
[2] 韩国学中央研究院编:《至正条格》校注本《断例》卷13，第311页。

兴》篇有一款罪名："镇、戍有犯，本条无罪名者，各减征人二等。"[1]此处的"镇守不严"，来自《元典章》的《刑部》"诸恶"门的一件文书，原题为"草贼生发罪例"。元贞元年（1295年），江南行台报告，南方地区的少数民族（"草贼洞蛮"）"烧劫站赤马疋、铺陈，夺去县印，劫掠良民，寇盗纵横，相继蜂起，无所忌惮"，当地的镇守军官名曰率军追捕，"但离本境，便称宁息"。于是，御史台奏准圣旨，惩戒了"六个万户府达鲁花赤，更八个万户、四个千户、两个百户"。这20名军官，都是"断三十七下，见受散官削降一等，职事如故，换受，依旧勾当，标注镇守不严过名"[2]。这一处分决定，最后形成了一种断罪通例，要求"遍行合属，以警其余"。

在《至正条格》的《擅兴》篇中，也有"军民官失捕耗贼"一条，这款罪名应该对应"镇守不严"。但是，条下收录的断例，第一条是前面讨论过的至元三十一年（1294年）瑞州翼千户范震、簿尉周铎"失误军期"，导致乔百户阵亡的案件。第二条断例，是处分会同县尉蒋秃健谎报军情，脱故回还：

　　泰定二年二月，刑部议得："会同县尉蒋秃健不行

---

[1] 刘俊文点校:《唐律疏议》，第310页。
[2] 陈高华等点校:《元典章》第3册，第1407—1409页。

抵巢收捕耗贼，妄称：'草木畅茂，江水泛涨。'虚立案验，托故回还，纵贼逃匿，与民为害。拟杖壹伯柒下，罢职不叙。"都省准拟。[1]

其实，蒋县尉的行为更像是"擅自引军回还"或"怯于征进"。对他的处分与"擅自引军回还"罪名中百户陆喜的"杖一百七、不叙"也完全相同。《至正条格》的编纂者设置"军民官失捕耗贼"罪名，性质虽与"镇守不严"相同，罪名下的两条断例却不是元贞元年的"草贼生发罪例"，原因大概是，这两条断例对失捕耗贼的处罚，分别是死罪遇赦和杖一百七、罢职不叙，严厉程度要远远高于"草贼生发罪例"的笞三十七。元末扰攘之际，《至正条格》选择的两条断例显然更具有威慑性。

"纪律无统"

前面提到，《元史·刑法志》的《军律》篇有"诸军民官，镇守边陲，帅兵击贼，纪律无统"等一系列罪名。纪律无统罪名找不到其他元代法制文献的佐证，却有一些零散的司法案件记录。

姚燧《平章政事忙兀公神道碑》记载，为平定江南反叛，元朝征召了不少非正规军队（所谓"乾讨虏军"），"俾

_____

[1]韩国学中央研究院编:《至正条格》校注本卷13，第310页。

自为军，其百夫、千夫惟听其万夫长节度，不役他军"，枢密院官员博罗欢与董文忠竭力反对，认为这类军队"一践南土，肆为贪虐，斩伐平民，妾其妇女，囊其货财，民畏且仇，反将滋众，非便"。此时，恰好发生了乾讨虏军严重违纪的事件：

> 适常德入诉唐古特一军残暴其境，如公所策，敕斩以徇，诸是军皆罢之。[1]

另一条相关记载，见于《元史·庆童传》：至正十六年（1356年），驻扎在杭州附近的元朝"义兵"统帅方家奴的军队，"勾结同党，相煽为恶，劫掠财货，白昼杀人，民以为患"，庆童以师无纪律不能克敌为理由，与行省丞相"入其军，数其罪，斩首以徇"[2]。

"乏军兴"与"失陷军储"

《唐律疏议》的《擅兴》篇有"乏军兴"罪名，规定调发军队和战备物资，应按照规定期限完成，否则属于"稽废"，严惩不贷。情节较轻的罪名还有"不忧军事"（《疏议》

---

[1]姚燧撰，查洪德编校：《姚燧集》，第199页。
[2]宋濂等撰：《元史》卷142《庆童传》，第3399页。

解释为"临军征讨，阙乏细小之物"），处分是"杖一百"。[1]
同时，"乏军兴"罪名具有较大的延伸适用性，"征人巧诈避
役"就是比照"乏军兴"来惩处的。

"乏军兴"罪名，连同关于军队物资调发的其他法规
（"擅发兵""调发供给军事违法"等），本是唐宋律典《擅
兴》篇的主要内容。到了元代，不仅在法律汇编中很少见到
相关内容，《至正条格》的《擅兴》篇也没有设置相应的条
目，只有一些零散记载可征。

至元十五年到十六年（1278—1279年），忽必烈大张旗
鼓地进行第二次东征日本的准备。姚燧《虎公神道碑》记载，
党项人李益时任抚州路达鲁花赤，"供亿百需。一令之下，
急逾星火，动裁以失军兴法"[2]《元朝名臣事略》卷11《参
政贾文正公》引《神道碑》，还提到了与忽必烈第三次准备
东征日本有关的"乏军兴"：

> 十七年，诏再征日本，赋江浙、江西、湖广三省再
> 造海舰……始成战舰，遣宣慰某者总致于军，东征丞相
> 愤失军兴，将以是日斩使。忽诏下，既江西海舰后期，
> 罢兵。[3]

---

[1] 刘俊文点校：《唐律疏议》，第 305 页。
[2] 姚燧撰，查洪德编校：《姚燧集》，第 211 页。
[3] 苏天爵编：《元朝名臣事略》卷 11，第 235—236 页。

姚燧《颖州万户邸公神道碑》记载，忽必烈准备征伐交阯，万户邸泽镇守郴州，负责运送军粮千石入桂。邸泽担心此去陆行千里，苦于运输的百姓中途逃亡，为了"上不失军兴，而下可纾民力"，他责令百姓出钱代役，在桂州当地购买粮食充数[1]。《元朝名臣事略》卷14《左丞董忠献公》引《家传》也记载，董文炳任藁城县令（1235年后）时，前任县令"乏军兴"，被迫举高利贷，"息入岁倍"，只好用本县百姓缴纳的赋税来抵偿，董文炳以自己的家产代为偿还[2]。

与"乏军兴"（或"失军兴"）直接相关的军事犯罪，还有"失陷军储"。至元三年（1266年），畏兀儿人塔必迷失出任河南卫辉路达鲁花赤，王恽《塔必公神道碑》记载，当地百姓多次"陷军储"，无力赔偿，塔必迷失"悯其穷苦，折以鼠雀耗，元数不亏，为申理之，得免"[3]。

"乏军兴"或"失陷军储"，主要针对承担军事调发负担的民官和百姓，执行极尽残酷。至元十六年（1279年），元朝在河北、湖广、江西、江浙、福建和高丽等地，大批修造东征日本所需战船。为了不"失军兴"，地方官府四处搜括青壮劳力充当工匠，"远者五六百里，近者二三百里"，百姓

---

[1] 姚燧撰，查洪德编校：《姚燧集》，第260—261页。
[2] 苏天爵编：《元朝名臣事略》卷14，第271页。
[3] 王恽：《大元国故卫辉路监郡塔必公神道碑铭并序》，见《王恽全集汇校》第6册，第2387页。

"离家远役，辛苦万状，冻死、病死，不知其几"[1]。陶宗仪《南村辍耕录》中《傅氏死义》条记载，烈女傅氏的丈夫章瑜，也是因为"苛吏胁军兴期会，迫死道上"[2]。

———————————

[1] 程钜夫:《民间利病》，见张文澍校点:《程钜夫集》，第 106 页。
[2] 陶宗仪:《南村辍耕录》卷 23，北京：中华书局，1959 年，第 285 页。

第十章　军事司法

军事司法是军事领域的司法活动，一般由专门司法机关负责，适用于特殊对象（军职人员和军事机关），并具有与军事活动相应的特殊运行方式和规则，军事司法制度是军事司法活动的主要凭依和表现[1]。大蒙古国的军事司法，同样相对独立于普通司法。元朝有"军官不许接受民词""民官不许擅断军事"的规定[2]。军人如果触犯常律（普通刑事或民事法律），重刑案件（事关人命、盗贼和诈伪）一般由民官归断，军、民相犯的诉讼，由民官和管军官约会归断，军人之间有关婚姻、良贱（社会身份）、田土、钱债等事由的诉讼，一般由管军官自行审断。可见，不仅军事司法与普通司法，甚至普通司法中的涉军司法和不涉军司法，元朝也有比较明确的区分。这里，笔者主要勾勒蒙元帝国军事司法

---

[1] 梁玉霞：《中国军事司法制度》，第4—15页。
[2] 分别见陈高华等点校：《元典章》第3册，第1749页、1827页。

的制度演化历程[1]。

一、权力来源与授予

大蒙古国军队的军事法，经由成吉思汗的札儿里黑（jarlig）和札撒（jasaq）予以确立，说明军事司法的权威直接来源于大汗自身，并且暗示，这种权威源自神秘的"长生天"。在某些场合，大汗可将部分军事司法权力委托代理人执行。这种代行军法的官员，有时是特定的使节，有时是出征的将领。

1202年，在与塔塔儿部交战前，成吉思汗通过"札撒"颁布了两项关键的军事刑法，也就是战斗过程中"不许贪财"，同时军队后撤至"原排阵处"，也要"翻回力战"，否则斩首[2]。战斗开始后，阿勒坛、忽察儿和成吉思汗的叔父塔里台·斡惕斤三人"犯军令抢物"。因此，成吉思汗派遣使者忽必来"尽夺了他所得的财物"。这是大汗授权使节执行军事司法的例子。

大汗命令出征将领在特定权限内代行军事赏罚，更为常见。例如，秃马惕部杀害成吉思汗派去的孛罗忽勒那颜，成

---

[1] 初步的探讨，参见史卫民：《中国军事通史》第14卷《元代军事史》，第314页；吴海航：《中国传统法制的嬗递：元代条画与断例》，第188—209页。

[2] 阿尔达扎布译注：《新译集注〈蒙古秘史〉》，第282页。

吉思汗命朵儿边·多黑申征讨秃马惕，并以札儿里黑授予他军事司法权："军严行整治着！"[1]朵儿边·多黑申于是命令士兵"人各背条子十根，若不行的，用此惩戒"[2]。波斯文史料《书记规范》中，保存有三份伊利汗国时期任命军队"异密"出征的文书，其中一份就明确提到了军事司法权的授权：

> 谢赫·马合谋（Shaykh Maḥmūd）和他的万户内的千户、百户、十户异密应知，现在为了征服某省需要他前来，我们朝指定的方向派遣异密阿里（'alī）和他的万户为先锋部队。因此这个命令生效，通过穆罕穆德·别克（Maḥammad Bayk）之手送达，当知道命令时，应立刻尽己之所能安排，在五天之后，跟着穆罕穆德·别克带着全部装备向某省出发，成为异密阿里的属下，尽一切可能勤奋努力、献身于职责、随其转战。如果在他的帮助下征服了那个省，获得了胜利，就会得到所有超出想象的恩惠和厚待。如果违反［命令］，就会得到斥责和处罚，让他知道厉害。[3]

---

[1] 阿尔达扎布译注：《新译集注〈蒙古秘史〉》，第 682 页。此句现代汉语译文为："从严治军，祷告上天，试收秃马惕部百姓！"见同书第 440 页。
[2] 阿尔达扎布译注：《新译集注〈蒙古秘史〉》，第 440 页。
[3] 李鸣飞：《〈书记规范〉"蒙古官员任命书"部分的翻译》，达力扎布主编，《中国边疆民族研究》第四辑，北京：中央民族大学出版社，2011 年，第 189 页。

必须强调，大汗向使节或将领授予军事司法的代行权力，只是部分的，而非全部。《元朝秘史》第199节记载，1205年，成吉思汗遣速不台率军进攻蔑儿乞残部，除以札儿里黑的形式为速不台规定了一系列行军纪律外，最后强调：

> 若违号令者，我认得的，便拿将来；不认得的，就那里典刑了。[1]

通过札儿里黑，成吉思汗确立了最高军事司法权和次级军事司法权的分界：如果违法的军官属于蒙古政权的核心圈层（所谓"上位知识者"或有"跟脚"者），在外统兵的将领不得擅自处分，必须奏请大汗裁处。反之则将领拥有较大的临时处分权，包括死刑。

二、蒙古大汗的军法官

直接拥有或者被授予军事司法权力的人，并不一定是军事司法的实际执行者。在大蒙古国时期，已经出现了相对专门的军法官（札撒孙）和军事法庭（札鲁忽）。

一方面，奉命在前线处理低级军官和士兵（等于《秘史》第119节所谓"不认得的"）违反军律行为的蒙古军法官，称

---

[1] 阿尔达扎布译注：《新译集注〈蒙古秘史〉》，第376页、第784页。

为"札撒孙"（蒙古文：jasasun）或者"札撒温"（波斯文：yasa'ul）。札撒孙或札撒温，起初是负责指定平时驻营和战时布阵的位置的官员，后来逐渐演变成一种斡耳朵和宫殿的纠仪官[1]。战阵中的札撒孙，实际上是一种负责执行低级军事司法的军法官。

圣宽庭的《鞑靼史》记载，蒙古军队作战之前，会"向第一行士兵指定界标，禁止越过此线，第二、第三行等也同样如此。他们还向撤退过程中的士兵指定界标，禁止逃过此线"[2]。负责在排兵布阵时设置"界标"，并在战斗中处罚逃亡官兵的军法官，就是"札撒孙"。伊利汗国不赛因统治时期的《完者都史》也提到过一种特殊的军职"札撒温"：

> （回历70）6年7月，世界君主把鲁木（rūm）地区的军队和各地城镇的统治权委任给忠于君主的异密亦邻真（īrinjīn），派他带着大量军队前往。他让不阑奚（būlārghuy）担任札撒温（yāsāvulī）和前锋（manqlāy），派往前线。[3]

---

[1] 李鸣飞：《蒙元时期的札撒孙》，《西域研究》2013 年第 2 期。

[2] J. Richard: *Au-delà de la Perse et del'Arménie. L'Orient latin et la découverte de l'Asie intérieure. Quelques textes inégalement connus aux origines de l'alliance entre Francs et Mongols（1146-1262）*, Turnhout: Brepols, 2005, pp. 96–97.

[3] 转引自刘迎胜：《哈沙尼和他的〈完者都史〉》，《蒙古学资料与情报》1985 年第 3、4 期。

《书记规范》的"官员任命书"部分，收有三份"诸军队的扎撒温"的任命书。在三份文书之前，《书记规范》对"扎撒温"的职司做了扼要的说明："扎撒温的任务是使一切大大小小各部在安排好的、确定的范围之内，使军队和异密们的士兵在骑马的时候控制在他们的地方之内，使骑兵站立 [在正确的地方]，不让任何人从确定的地区内越界到其他地方去。"[1] 三份任命书中也有一些对札撒温职司的描述，第一篇：

> 所有兀鲁思异密、大底万的大臣、万户、千户、百户和全国各省的所有军人应知，从此刻起，以阿巴吉为全部斡耳朵和军队的扎撒温，不可违背他的裁决，不可离开他为诸军和诸异密所指定的行列去其他地方。[2]

第二篇：

> 委任他为攻打某国的某军队的扎撒温，令他在各异密和各军人为了队列和发生争吵冲突的时候，使其站在规定的地方，任何人不得从自己 [应在] 的地方越界，在诸斡儿朵也应遵守此项职责……他所在的军队中尊贵

---

[1] 李鸣飞：《〈书记规范〉"蒙古官员任命书"部分的翻译》，第191—192 页。
[2] 李鸣飞：《〈书记规范〉"蒙古官员任命书"部分的翻译》，第192 页。

的异密和全体军人应把他看作军队的扎撒温，不违背他的正确的话和行为，不离开他指定的位置，在攻打敌人时彼此协作，行动一致，任何情况下都不单独行动，不独断专行。[1]

第三篇：

　　委任他为大斡耳朵和胜利之军的扎撒温，使他在那个方面始终以受到称赞的符合规定的方式完成工作，让各部落中每一部落的异密、倚纳（īnāq，亲信、心腹）、军人们都站在他指定的地点，不得越界……使诸兀鲁思异密、诸大臣、全体倚纳、诸地方异密、诸万户、千户、百户把他看作军队和斡儿朵的扎撒温，尊重他，不违背他的列队裁决（yāsāmīshī），在战场上的队列中同心勠力进攻敌军，不彼此分开独断专行。[2]

　　另一方面，对于高级军官（《秘史》第119节所谓"我认得的"），或者某些特别严重的军事犯罪，在外出征的将领不能独断，也不由札撒孙现场执行，要待军事行动结束后，在汗廷或其他指定地方，由大汗授权特别军事法庭进行审理。

----

[1] 李鸣飞:《〈书记规范〉"蒙古官员任命书"部分的翻译》，第192页。
[2] 李鸣飞:《〈书记规范〉"蒙古官员任命书"部分的翻译》，第192—193页。

这种法庭也称为"札鲁忽法庭"。

德国蒙古学家施普勒（B.Spuler）指出："在蒙古大汗的宫廷中有一种法庭，主要处理蒙古贵族之间的诉讼，同时处理针对非蒙古人的高级官员的诉讼。这种国家法庭（Staatsgerichtshof），就是'札鲁忽'（Jarğū），由大汗授权处理的这类案件，大汗本人则是最高法官（der oberste Richter）……在这种法庭上，根据成吉思汗的札撒，只有贵族、国家官员和下级王侯可以出庭。这种国家法庭甚至可以对统治家族的宗王做出裁断。"[1]研究中世纪伊朗史的兰普顿（Ann K. S. Lambton）也指出，札鲁忽（yārghū）是一种纠问式法庭[2]，在大蒙古国各地都存在过。法庭长官被称为umarā-yi yārghū，在伊利汗国称yārghūchi（札鲁忽赤），后期又称amīr-i yārghū（札鲁忽异密）。札鲁忽法庭的司法依据就是札撒，"主要处理蒙古人内部的纠纷、蒙古国家事务和针对官员的控告案件"[3]。

---

[1] Bertold Spuler: *Die Mongolen in Iran: Politik, Verwaltung und Kultur der Ilchanzeit 1220–1350*, 4. verb. und erw. Aufl., Berlin: Akademie-Verlag , 1985, pp.316–317.

[2] 纠问式诉讼是传统社会的法庭的一种常见诉讼形式，由法官集控诉和审判职能于一身，以当事人为追究和拷问的对象，可进行刑讯逼供，采用复杂的法定证据特别是口供定罪，审判通常是不公开的。参见汪海燕：《刑事诉讼模式的演进》，北京：中国人民公安大学出版社，2004 年，第 358—365 页。

[3] Ann K. S. Lambton.*Continuity and change in medieval Persia, aspects of administrative, economic, and social history, 11.–14. Century*, Bibliotheca Persica, 1988, pp.82–96.

事实上，除了审理蒙古国家的重大事务（谋叛和贪污），札鲁忽法庭也负责审判重大的军事案件。施普勒紧接着提到，"针对在叙利亚战败的诸将，1303年6月28日到7月17日，合赞汗召开了一次汗国大会（Reichsversammlung），常规法庭显然没有权限处理这类事务"[1]。其实，负责审判在叙利亚打了败仗的诸将的特别法庭，就是一种札鲁忽法庭。拉施特《史集》对这一事件记载如下：在叙利亚地区，忽都鲁沙等人率领的伊利汗国军队被埃及马穆鲁克军队击溃并逃走：

> 王旗（指合赞汗）进抵伊斯兰教城市兀章城之后，第二天，11月12日［6月28日］，开始审讯。尽管审讯进行得很细致，但当［向合赞汗］呈上案情书面判决时，伊斯兰君主还是指出了某些细节情况。于是审讯重新开始，并考虑到了这些细节。最后，12月1日［7月17日］，审判结束……答剌罕的儿子阿忽台—答剌罕和忙忽惕部的秃海—帖木儿被处死，按照大札撒执行死刑。[2]

这段军事司法审判的记录，虽然简略，却透露出了很多关键信息。

_____

［1］Bertold Spuler: *Die Mongolen in Iran: Politik, Verwaltung und Kultur der Ilchanzeit 1220–1350*, p.317.

［2］〔波斯〕拉施特主编，余大钧译:《史集》第3卷，第335页。

首先，拉施特提到的"开始审讯""审讯进行得很细致"等等，查对波斯文，就作"yārghū pursīdan"，也就是"进行札鲁忽（审讯）"。

其次，拉施特提到的"案情书面判决"，波斯文原文作"yārghū nāma"[1]。《书记规范》"官员任命书"部分中收录有三份"札鲁忽赤"（也就是断事官或法官）的任命文书。任命伯颜为札鲁忽赤的第一份文书明确规定，札鲁忽赤必须"根据扎撒断决诉讼双方之间的纠纷。当诉讼双方有一方的情况明确无疑，就给他札鲁忽书（yārghū nāma），以便他作为凭据保存，如果下次对手再找麻烦，他就可以用札鲁忽书的命令回答，并击退对方"[2]。"案情书面判决"也就是"札鲁忽书"，是札鲁忽法庭颁发的判决书。

最后，从这段记载看，大汗与札鲁忽法庭的关系也非常明显。札鲁忽法庭的军事司法权也完全来自蒙古统治者的授权，最终判决也需要经过汗的批准。因此，合赞有权对审判过程提出异议，甚至推翻整个判决，重新审理。此外，这种军事法庭的最终判决，也是依照"大札撒"执行的。

札鲁忽法庭兼管重大的军事案件，也可以从《书记规范》的札鲁忽赤任命书中找到佐证。《书记规范》收录的第二份和第

---

[1] Rashīd al-Dīn, *Jāmi'al-Tawārīkh*, ed. by Muhammad Rawshan, Tehrān: Nashr-i Alburz, 1953, p.1315.

[2] 李鸣飞:《〈书记规范〉"蒙古官员任命书"部分的翻译》，第185页。

三份札鲁忽赤任命书，对大札鲁忽赤的司法管辖权做了清晰的说明，尤其针对各万户、千户和百户军官及"全体蒙古军人"：

> 此后，兀鲁思诸异密、大底万的诸大臣、诸位万户、千户、百户、各省长官、全体蒙古军人应知，燕铁木儿·巴哈什为大斡儿朵札鲁忽赤，一切蒙古人应按照他的依据法典和圣谕的正确观点和言辞解决纠纷，不得违背，其余人不得参与和争论，应尊重他。案件裁决之后，按照所规定札鲁忽赤的薪俸回报他和他的仆人以及诉讼书书记官。其余人不得贪婪，不得挑衅，不得反对。[1]

三、元朝军事司法的内与外

君主在任命将领外出征战之际，总要表示"国不可从外治，军不可从中御"。《文献通考·王礼考》言："大将出，赐旌以颛赏，节以颛杀。"[2]汉文帝视察周亚夫的细柳营，营中的司法军官坚持："军中闻将军令，不闻天子之诏。"[3]一支军队是在内（直接受君权与官僚体系的控制），还是出外（受出征将领的控制），这种空间上的转换，也导致军事司法权力

---

[1] 李鸣飞：《〈书记规范〉"蒙古官员任命书"部分的翻译》，第185页。
[2] 马端临：《文献通考》卷115，《王礼考十》，第1038页。
[3] 司马迁：《史记》卷57《绛侯周勃世家》，第2074页。

的作用场域发生明显的变换。《唐律疏议》规定："即违犯军令，军还以后，在律有条者，依律断；无条者，勿论。"《疏议》解释说，战时军法对军人行为的约束，比常律更繁、更严，如果仅是违犯了"将军教令"，却"在律无条"，又没有就地处置，军还之后就"不合论罪"[1]。南宋建炎三年（1129年）的诏书规定："自来将帅行军，诸军于军前犯罪，或违节制、不用命，自合于军前处置外，若军马已还行在，诸军犯罪至死，申枢密院取旨断遣。"[2]这类立法的旨趣，正源于军事司法权在外与在内的转换。有趣的是，早期蒙古人似乎也有类似的观念。长子西征期间，贵由、不里等人冒犯了拔都，窝阔台闻知大怒，打算召回严惩，诸王和那颜劝谏说"成吉思曾有圣旨：野外的事，只野外断，家里的事，只家里断"，拔都与贵由的冲突，是"野外的事"，请求交给在外的统帅拔都处断[3]。因此，从"内—外"这对区分概念出发，可将元朝的军事司法体系分为"在内诸司"（枢密院与中书省）和"在外诸司"（统兵官、行省、经略司、宣抚司）两个子系统。比起大蒙古国朴素的军事司法制度，这一体系显然精巧许多。

在内诸司

在元朝中央机构中，与军事司法关系最密切的是中书省

---

[1]刘俊文点校：《唐律疏议》，第308页。
[2]马泓波点校：《宋会要辑稿·刑法（下）》，第849页。
[3]阿尔达扎布译注：《新译集注〈蒙古秘史〉》，第509页。

和枢密院。枢密院负责"修军政，严武备，辟疆场，肃号令"，是与军事司法直接相关的要害部门。枢密院设有断事官，"秩正三品，掌处决军府之狱讼"[1]。枢密院断事官，始设于至元元年（1264年），一度罢置，人数始终在八员上下，下属有经历、令史等首领官和吏员，主要职掌是军事诉讼[2]。至元十九年（1282年），畏兀儿人阿失帖木儿作为枢密院断事官，曾"雪边帅之诬"[3]。元朝在地方还设有临时性的军政机构行枢密院，同样设有"断事官二员"（岭北行枢密院六员），也是负责军事诉讼的专门官员[4]。枢密院断事官可能多由具备法律知识和经验的官员充任：《元史》记载，赵炳在中统三年（1262年）后，"入为刑部侍郎，兼中书省断事官"，忽必烈嫌他"用法太峻"，改任枢密院断事官[5]。

枢密院（及行院）的长官、佐贰和下属断事官之间的具体分工及工作情形，还不太清楚。我们暂将这一套组织统称为"枢密院体系"。枢密院体系在元朝军事法律制度中的地位十分关键。首先，枢密院可直接上奏皇帝，进行军事立法。其次，枢密院体系内部可以进行独立的军事司法。装病躲避

---

[1] 宋濂等撰《元史》卷86《百官志二》，第2156页。

[2] 刘晓：《元朝断事官考》，《中国社会科学院研究生院学报》1998年第4期，第60页。

[3] 十月：《元代枢密院研究》，北京大学2017年博士学位论文，打印稿，第44页。

[4] 宋濂等撰《元史》卷92《百官志八》，第2333页。

[5] 宋濂等撰《元史》卷163《赵炳传》，第3836页。

出征的万户翟寿，就是先由江西行枢密院同知月的迷失上报枢密院，枢密院院官奏请圣裁，因"罪过钦遇赦恩"，最终下达"他的职事罢了，不拣几时休教做官"的处分[1]。最后，枢密院有权接受行省和行台就军事司法案件呈报的"咨议"，这一点后面还会详细探讨。

中书省是政务机构，总持大纲，所谓"临百司、统万机、定谋画、出政令，佐天子以安天下者也"[2]。原则上，中书与枢密对持军、政二柄，枢密院有一定的制度独立性，可以自行上奏军务和荐举官属，地位却仍然低于中书省。枢密院报送中书省的文书，体裁要用自下而上的"呈"，在一些重要事务上，枢密院也要受到中书省的节制[3]。事实上，某些军事司法案件，枢密院也要呈报中书省，由后者最终批准。特别是此前未见通例或者需变更判例的军事犯罪，必须经中书省的刑部揣酌拟判。例如，在《至正条格》的《擅兴》篇的"擅自领军回还"断例中，枢密院对两名百户陈彦贵和陆喜，仅是向中书省报送了犯罪情节和招伏，拟罪是由中书省的刑部"比例"做出的，最终还须报送中书省（都省）批准。

---

［1］陈高华等点校:《元典章》第 1 册，第 61 页。

［2］刘敏中:《奉使宣抚言地震九事》，见刘敏中著，邓瑞全、谢辉点校:《刘敏中集》，第 185 页。

［3］张帆:《元代宰相制度研究》，北京：北京大学出版社，1997 年，第 175 页，第 180 页。

至顺四年四月十六日，刑部议得："枢密院呈：'因为乌撒叛乱，镇守蕲黄万户府，差委百户陈彦贵，管押百户陆喜并军人玖拾玖名，前赴云南总兵官处听调。行至中途，陈彦贵不令陆喜知会，私自还翼。陆喜信凭金奏差等言说："云南事体平定，军马各散"，不行领军前去，辄便回还。'原其所犯，百户陆喜即系怯于征进。比例，杖断壹伯柒下，不叙。其押送官陈彦贵，故违差遣，中途私回，量决柒拾柒下，降贰等叙用。罪遇原免，依上除名降叙，通行标附。"都省准拟。[1]

元代法律汇编收录的官文书，常常掐头去尾，删节严重，但是，与军事司法相关的断例，很多都保存了刑部拟判和中书省准拟两大环节。例如，《至正条格·断例》的《职制》篇"擅自离职"的第二条断例：

至元二年正月，刑部议得："沿海万户府千户丁元昌，擅离镇守信地，还家营干己事。拟答叁拾柒下，解任标附。"都省准拟。[2]

同篇的"从军抢取民财"和"致死军人"两条，也都

---

[1] 韩国学中央研究院编：《至正条格》校注本卷13，第309—310页。
[2] 韩国学中央研究院编：《至正条格》校注本卷2，第173页。

以"刑部议得"开头，以"都省准拟"结尾[1]。《擅兴》篇中的"军官遇贼不捕""军民官失捕耗贼"（第二条）"诈避征役""交通贼人"（二条）"激变猺人""交换不即还营"等七条，情形也大体相同，不再赘引。

在外诸司

统兵在外征战的军官，包括百户、千户和万户，对于触犯军律的下属士兵，有权即时惩处；百户以下的低级军官，对于下属士兵，甚至也有相当大的临时处分权。邓文原《故江陵公安县尉马君墓志铭》记载，至元十三年（1276年）马兴在伯颜南征大军中任低级军官（似为总把），"性不嗜杀。有一卒掌拒（抗命不遵），止断其髻，释之。咸曰：'马君长者，宜有后。'论功升百夫长"[2]。

同理，千户和万户等高级军官，对直接统辖的低级军官，起初也有较宽松的处分权。中统三年（1262年）夏四月，江汉大都督、万户史权因为"赵百户絜众逃归"，将之就地斩首[3]。刘敏中《武略将军千户赵君墓道碑铭》中统军平叛的"大帅"（似为万户），因为三位百户兵败独还，"下令戮

［1］韩国学中央研究院编：《至正条格》校注本卷3，第200页。
［2］邓文原撰，罗琴整理：《邓文原集》，杭州：浙江人民美术出版社，2016年，第144—145页。
［3］宋濂等撰：《元史》卷5《世祖本纪二》，第84页。

三人徇，左右无敢言"[1]。

元初设立的临时性军事机构——经略司，也拥有军事司法权。经略司多下辖军队，例如，高丽凤州设立的屯田经略司，管辖"王綧、洪茶丘等所管高丽户二千人，及发中卫军二千人，合婆娑府、咸平府军各一千人"[2]。这种经略司的属官中就有军法官，即"行军司马"一员，"秩正五品，掌军律"[3]。《元史·杨惟中传》有一条关于经略司司法的生动记载：

> 初，灭金时，以监河桥万户刘福为河南道总管，福贪鄙残酷，虐害遗民二十余年。惟中至，召福听约束，福称疾不至，惟中设大梃于坐，复召之，使谓福曰："汝不奉命，吾以军法从事。"福不得已，以数千人拥卫见惟中，惟中即握大梃击仆之。数日福死，河南大治。[4]

刘福作为万户出任河南道总管，是当时军民职不分的常见现象，他的身份仍是军官，故能"数千人拥卫见惟中"。河南道经略使杨惟中当众申明自己有权"以军法从事"，故

---

[1] 刘敏中著，邓瑞全、谢辉点校：《刘敏中集》，第89页。
[2] 宋濂等撰：《元史》卷100《兵志三》，"高丽国立屯"条，第2570页。乌云高娃：《元朝与高丽关系研究》，第106—107页。
[3] 宋濂等撰：《元史》卷92《百官志八》，第2344页。
[4] 宋濂等撰：《元史》卷146《杨惟中传》，第3467—3468页。

能名正言顺地惩罚刘福。

元初的宣抚司和宣慰司带有军事性质[1]，也一度拥有军事司法权。姚燧《中书左丞姚文献公神道碑》记载，在蒙哥汗时期，1253年，忽必烈受命自关中南下，进军大理。"杩牙六盘，大张条教"，派遣姚枢赴京兆设立宣抚司，以杨惟中为宣抚使。杨惟中处分了"诸千夫长"强夺平民妻室的不法行为。[2]《元史·杨惟中传》也记载，杨惟中自河南经略司迁"陕右四川宣抚使"，"时诸军帅横侈病民，郭千户者尤甚，杀人之夫而夺其妻，惟中戮之以徇，关中肃然"[3]。姚枢神道碑和《杨惟中传》记载的当是同一事件。本传中的"千夫长"，就是指郭千户。

不过，在外诸司中，总汇地方军事刑名的关键是行中书省。

行省是元朝在各地方的常设行政机构，总领地方军政事务。忽必烈以后，元朝确立了"行省统军制度"，行省长官（通常是平章）有权提调本省军队，措置省内镇戍和军屯，筹划军事装备，抚恤过境军马，镇压本省叛乱，等等[4]。行中书省对"随省军马"和所属万户府军官的司法管辖，学者

---

［1］史卫民：《元朝前期的宣抚司与宣慰司》，《元史论丛》第5辑，北京：中国社会科学出版社，1993年，第50—75页。

［2］姚燧撰，查洪德编校：《姚燧集》，第218—219页。

［3］宋濂等撰：《元史》卷146《杨惟中传》，第3468页。

［4］史卫民：《中国军事通史》第14卷《元代军事史》，第319—320页。

曾有准确的概括："行省拥有对所属军队将领惩办治罪的权力"（也就是军事司法权）：仁宗延祐五年（1318年）九月，元朝规定，对于犯罪的军官，"行省咨枢密院议拟，毋擅决遣"，须呈报枢密院裁处；[1] 后来，元朝给予行省较大的军事司法权：至治三年（1323年）正月，令"行中书省平章政事复兼总军政，军官有罪，重者以闻，轻者就决"[2]。最后，《元史·刑法志》的《职制》篇规定：

> 诸各处行省所辖军官，军情怠慢，从提调军马长官断遣。其余杂犯，受宣官以上咨禀，受敕官以下就断。[3]

这条规定相当于允许行省便宜处理副下千户（正六品）以下低级军官的"一般犯罪和战时贻误军情"犯罪，万户有罪，需要"以其状闻，随事论罪"。不过，在实际运作中，"行省既可奉诏按问都元帅、万户等官，也有依法追究万户罪责的"[4]。

前引王恽《王公神道碑铭并序》记录了一起行省处分高级军官的案件：在福建平叛的潘"招讨使"避敌弃城，"泉行省以失守罪，缚出，将戮焉"。泉行省是指治所在泉州的

---

［1］宋濂等撰：《元史》卷26《仁宗本纪三》，第568页。
［2］宋濂等撰：《元史》卷28《英宗本纪二》，第627页。
［3］宋濂等撰：《元史》卷102《刑法志一》，第2161页。
［4］李治安：《行省制度研究》，第71—72页。

福建行中书省（后改宣慰司，隶属江西行省）。行省左右司郎中王道表示反对，拒绝连署（即由上至下按官位等级逐个签在下方），理由是，招讨三品官[1]，行省不禀明都省，无权擅自决断。在王道的坚持下，"潘竟减死论"[2]。

行省部分行使军事司法权（主要是拟判、咨请和执行），还有一些法律文书的佐证。《元典章·刑部》"诸盗"门收录的"出征军人抢夺比同强盗杖断"通例，就是行省咨请中书省拟议之例：

> 大德六年二月□日，江西行省准中书省咨：
> 来咨："瑞州路高安县民户袁德善等告'云南军人罗八等一千余人，手执刀刃棍棒，打伤老小，抢劫钱物'公事。取到犯人罗八名俊等各各招词。看详：罗俊等元系起补云南军人，始因托散吓取百姓钱物，后长愚意，白昼强劫打伤。若同杀伤事主定拟，却缘诏书已前，止招持杖强劫民财。详情，拟合将各人杖断一百七下，刺讫，发付云南应充军役。咨请照详。"准此。都省议得：

---

[1] 元朝的招讨使司不常设。以吐蕃等处招讨使司为例，长官招讨使二员，"正秩三品"，下设知事、镇抚等等（宋濂等撰：《元史》卷87《百官志二》，第2196页）。元朝的招讨使大体和宣慰司甚至万户平级，故元初有以宣慰使加招讨使之例，又有将招讨司改为万户之例。
[2] 王恽：《大元故中顺大夫徽州路总管兼管内劝农事王公神道碑铭并序》，见《王恽全集汇校》第6册，第2512页。

罗俊等所犯，若依行省所拟刺断，缘系云南出征军人，拟将各人比同强盗，免刺，杖断讫，发付云南出军。咨请依上施行。[1]

案件的定谳程序是"江西行省（拟判）——中书省（刑部改拟）——江西行省（执行）"，没有涉及枢密院或者其他军事机构。《至正条格》的《擅兴》篇的"临阵先退"断例，基本也是同样的程序。《元典章·刑部》"诸赃"门的"侵使军人盘费"断例，则是湖广行省咨请枢密院的例子[2]。

四、军事监察

除了"在内诸司"和"在外诸司"组成的军事司法系统，元朝还有一整套贯穿内外的军事监察体系。在中央御史台，长官御史大夫和中丞总理台纲，殿中司的殿中侍御史纠肃朝仪，察院的监察御史刺举百官善恶和讽谏政治得失。元朝还在建康路设立了江南行御史台，在奉元路设立了陕西行御史台，在全国设立24道肃政廉访司，分隶三台。御史台监治中书省和邻近的几个行中书省，行御史台监治其他行中书省，下辖各道宪司监治行省以下的路、府、州、县，形成了

---

[1] 陈高华等点校：《元典章》第 3 册，第 1682 页。
[2] 陈高华等点校：《元典章》第 3 册，第 1575 页。

一个以御史台为中心、行御史台为重点、各道宪司为经纬的严密监察网[1]。元朝监察体系的主要职能是"举刺官吏""监督铨选""纠肃风俗",不过,军事监察也是它的一项重要职能。

至元五年(1268年)创设御史台时颁布的《设立宪台格例》,明确规定了四条与军事监察相关的内容:

一,从军征讨或在镇戍,私放军人还者,及令人冒名相替,委监察并行纠察。

一,军官凡有所获俘馘,申报不实,或将功赏增减隐漏者,委监察并行纠劾。

一,边境但有声息,不即申报者,委监察随即纠劾。

一,边城不完,衣甲、器杖不整,委监察并行纠弹。[2]

至元十四年,设立江南行御史台时,对行台的监察权限中的军事监察也做了规定:

一,边境有声息,不即申报者,纠察。

一,随处镇戍,若约束号令不严,衣甲器仗不整,或管军官取受钱物,放军离役,并虚申逃亡,冒名代

[1] 郝时远:《元代监察制度概述》,《元史论丛》第3辑,第82—104页。
[2] 陈高华等点校:《元典章》第1册,第145页。

替，及私自占使商贩营运或作佃户，一切不公，并仰纠察。

一，管军官不为约束军人，致令掠卖归附人口或诱说良人为驱，一切搔扰百姓者，纠弹。

一，管军官申报战守功劳，循私不实者，纠察……

一，把军官起补逃亡军人，存心作弊，搔扰军户，军前不得实用者，纠察。[1]

至元六年颁布的《察司体察等例》对各道按察司（廉访司）的军事监察权做了规定：

一，边关备御不如法，及河渡、都水监、漕运司，军器、铺驿、仓库、和买等事，并所部内应有违枉，并听纠察……

一，诸路军户、奥鲁，仰所在官司常加存恤，非奉枢密院明文，不得擅自科敛。其管军官亦不得取受钱物，私放军人及冒名代替。如违，仰体究得实，申台呈省……[2]

御史台主要负责"纠察""刺举"，对于军官的职务犯罪

---

[1] 陈高华等点校：《元典章》第 1 册，第 150—151 页。
[2] 陈高华等点校：《元典章》第 1 册，第 155—156 页。

拥有较大的发言权，甚至立法权。《元典章》收录的处断军官受贿的《军官取受例》、处断镇守军官镇守不严的《草贼生发罪例》，都主要是由监察御史和各道廉访司动议，呈报中台颁布通例。从这两条断罪通例的创制过程看，贯穿内外的监察体系显然扮演了主要角色[1]。

监察体系还有权发现并上报军事违法案件，乃至做出拟判。《至正条格·断例》的《卫禁》篇所收"津渡留难致命"第二条断例，就是先由中台直属的监察御史"体问得：把卢沟桥军人阿八赤等，节次遇有过往人员，欲要解卸行李，勒取酒食钱钞，将各各人不复盘问，即便放行，百户脱思不花不为用心钤束"。监察御史将案情申台，御史台做出拟判，呈中书省批准[2]。当然，中台也可能将案件卷宗呈报中书省，交刑部量刑。类似的记载较多，如《元典章·刑部》"诸赃"门收录的《军官诈死同狱成不叙》断例[3]，又如《元典章·刑部》"杂犯"门收录的《军官恣逞威权》断例。延祐二年（1315年）七月，御史台报告，军人何宥向千户刘源控告驱户（奴隶）赵寺家驴不缴纳支军津贴，刘源仅凭何宥一面之词，就下令将赵寺家驴的幼弟上枷锁，又将赵家女性海阿王同何宥锁在一处，纵容何宥趁势奸污。中书省将案件交刑部

---

[1] 陈高华等点校：《元典章》第 3 册，第 1407—1409 页、第 1554 页。

[1] 陈高华等点校：《元典章》第 3 册，第 1407—1409 页、第 1554 页。
[2] 韩国学中央研究院编：《至正条格》校注本《断例》卷 1，第 172 页。
[3] 陈高华等点校：《元典章》第 3 册，第 1564 页。

议处，结果认定千户刘源处理军人诉讼中有"恣逞威权"之罪，判杖刑八十七下，除名不叙。[1]

在一些特定的军事司法案件上，御史台的态度相当重要，甚至可以推翻中书省的拟判。"百户王伯川役死军"一案，就很能说明问题：百户王伯川奉命修缮行省官员的住宅，他带领徐全等十三名士兵，搬运工料竹子。习惯上要将竹子编成竹筏，顺水道漂流而下，方便运输。不料，徐全等人称，自己不谙水性，不能下水。王伯川大怒，"抑逼各军将竹子止于河内，驾放下流"，果然，竹筏半途翻入河中，徐全溺死。案件由四川廉访司上报。中书省认为，王伯川的行为不是"故杀"，又遇到改元，遇赦释免，烧埋银（给苦主亲属的补偿）可以免追。但是，中台的台官上奏皇帝认为，近年来军官多将下属军人当作"奴婢一般使有"，建议将王伯川免职、追征烧埋银，并作为断案通例，以儆效尤，类似罪犯，今后一体"罢见职，追征烧埋钱"。最终，台官的意见获得了批准[2]。大德七年（1303年）的另一起相似案件，"万户寿童淹死军"案，比照了"王伯川例"处断，先由广东廉访司拟判并上报行台，行台咨禀御史台，御史台奏准并下达行台、廉访司执行。换言之，在监察体系内部就完成了

---

［1］陈高华等点校：《元典章》第 3 册，第 1839 页。
［2］陈高华等点校：《元典章》第 3 册，第 1843 页。

全部程序[1]。

处理军事诉讼案件时，由监察体系官员依法行使"监察并行纠察"，很可能需要重点协调与枢密院的关系。在《元典章·刑部》"诸赃"门收录的《军官犯赃在逃》断例中，真定河南万户府弹压阎国宝"避罪弃职在逃"的犯罪，先由江南行台进行纠察，将案情咨禀中台，中台移咨枢密院，枢密院内部议定处分后，再奏准圣旨，下达执行[2]。需要监察体系与中书省、枢密院协调的案件，还见于《元典章·刑部》"杂犯"门收录的《收捕不救援例》。这条断例处分的正是至元三十一年（1294年）瑞州翼千户范震、簿尉周铎"失误军期"，导致乔百户阵亡的案件。断例创制的过程是：廉访司申行台、行台咨中台、中台呈中书省（刑部拟议），由中书省咨枢密院后再下达执行[3]。

最后，值得注意的是，《元典章·刑部》收录的这条《收捕不救援例》，与《至正条格·断例》的《擅兴》篇中的《军民官失捕耗贼》断例大体相同。但是，《至正条格》的公文只保存了"御史台呈""刑部议得""都省准拟"三个环节，缺少了《收捕不救援例》中的"移准枢密院咨"[4]。因此，如果不比对《收捕不救援例》，很容易误以为案件的处理同枢

---

[1]陈高华等点校：《元典章》第3册，第1844页。

[2]陈高华等点校：《元典章》第3册，第1553页。

[3]陈高华等点校：《元典章》第3册，第1835—1836页。

[4]韩国学中央研究院编：《至正条格》校注本《断例》卷13，第310页。

密院无关。由此不难推测，还有更多的公文可能也删节了咨关枢密院的相关内容。从现存的公文流通字样格式来推断军事司法和监察机构之间的层级和关系，是有较大风险的。

第十一章　战利品、军赏与军功

以"罚"或"刑"为根本精神的军事刑法，与其对立面"赏"，共同构成了军事法的矛盾统一体。对此，古代的兵家有朴素而准确的认识。《尉缭子·兵令上》说："有功必赏，犯令必死。"[1]北魏太武帝在与敕勒部大战后申明："有蹈锋履难以自效者，以功次进位；或有故违军法私离幢校者，以军法行戮。夫有功蒙赏，有罪受诛，国之常典，不可暂废。"[2]元朝统治者也懂得，对江淮前线的征宋部队要"功过两明，赏罚必信"[3]。这种观念在现实中的展开，就表现为：惩罚军事过犯的"罚条"和奖励军功的"赏格"，在古代军事法典中常常先后出现。《武经总要》中的《赏格》和《罚条》合为《制度》一卷，又后接《军行约束》等篇目；《罚

---

[1] 刘寅直解，张实、徐韵真点校：《武经七书直解》，第 342 页。

[2] 魏收：《魏书》卷 4《世祖太武帝纪》，第 76 页。

[3] 刘敏中撰：《平宋录》，丛书集成初编本，第 24 页。

条》以军事刑法为主，却又夹杂了不少与军赏、军功相关的规定[1]。南宋建炎元年（1127年）颁布的新定军事法也是赏罚混合：

> 六月十四日，诏："自今行军用师并依新法从事，可依下项：
>
> "……一、统制官不能用兵，不能乘机取胜，至败北，事理重者，当行处斩，事理轻者，编审远恶州军。一、将士卒伍先登陷阵及以弓弩射退贼者，虽不纳级，亦行推赏。一、全军胜利则全军推赏，全队胜利则全队推赏……"[2]

军事法体系中"罚"的抽象对立面"赏"，在蒙元帝国主要表现为战利品分配制度、军赏和军功制度。"战利品"是战争中从敌方掳获的物资和人口，往往构成"赏"的最初阶段；军赏耗费的物资，主要来自国家或君主私人的府库，构成"赏"的第二阶段；评定军功，依照军功等次调整受赏对象在军事科层制中的等级，构成"赏"的第三阶段。可以

---

[1] 曾公亮等撰，陈建中、黄明珍点校：《武经总要》前集卷14，第232页。
    元朝《经世大典·政典》中的《功赏》和《责罚》两篇同样前后连属。
[2] 马泓波点校：《宋会要辑稿·刑法（下）》，第846—847页。

说，战利品和军赏是对军事劳绩的"直接奖励"，军功评定获得的品级提升属于"间接奖励"。

一、超越"努尔哈赤—克洛维难题"

游牧帝国政治学与战利品

蒙古军与乃蛮军在鄂尔浑河之东的纳忽昆山相遇时，乃蛮太阳汗身边的札木合，这样形容蒙古一方的兀鲁兀惕和忙兀惕两军的出阵："听说他们追赶有长枪的好汉，剥取染血的财物；追着，打翻，杀死有环刀的男子，夺取其财物……如今他们不是欢欣鼓舞地尥着蹶子杀来了吗？"[1]"染血的财物"，也就是战利品[2]，对于游牧民族的吸引力和重要性不言而喻：战利品不仅直接补充了军事行动的消耗，还是游牧社会同定居社会进行物资交换的一种替代方式，游牧社会的军事领袖甚至通过战利品及其他从"草原之外"榨取的物资，

---

[1] 阿尔达扎布译注：《新译集注〈蒙古秘史〉》，第361页。

[2] "战利品"有广、狭二义：狭义的战利品指"战场上缴获的敌人之物"，因直接军事行动的胜利（如攻城之类）获致的敌方物品则属于较为广义的战利品；至于因军事优势间接获致的物资，则应属"贡赋"等等。内亚游牧民族的战利品主要由财物（主要是牲畜）和俘虏构成。这里所指的战利品系兼广狭二义而言。

加强集权化和支撑游牧帝国[1]。

在游牧社会，战利品的获取和分配，具有军事、社会经济和政治等多重意义，其中，政治威权具有关键意义：战利品在游牧社会各阶层的流动，意味着财富和支配权力的流动，战利品获取、分配、维持和转移，与政治权力的获取、分配、维持和转移交互影响，并因之时而否定、时而加强游牧社会中政治军事领袖的威权。一方面，游牧集团的领袖通过控制战利品和荣誉的分配，对追随者实施"威权主义"的控制[2]。三国时期强盛一时的鲜卑轲比能，据说"本小种鲜卑，以勇健，断法平端，不贪财物，众推以为大人"，"每钞略得财物，均平分付，终无所私，故得众死力，余部大人皆

---

[1] 对内亚游牧民族与战利品之关系的一般研究，可参见萧启庆：《北亚游牧民族南侵各种原因的检讨》，收入氏著《元代史新探》，台北：新文丰出版公司，1983 年，第 303—322 页；〔美〕巴菲尔德：《危险的边疆：游牧帝国与中国》，南京：江苏人民出版社，2011 年，第 11 页。史怀梅（Naomi Standen）对此也有过十分准确的概括，见 Naomi Standen, What nomads want: raids, invasions, and the Liao conquest of 947, in *Mongols, Turks and Others: Eurasian Nomads and the Outside World*, ed. Michal Biran and Reuven Amitai（Brill），pp.129–174, 以及 Naomi Standen, Raiding and frontier society in the Five Dynasties', in *Political Frontiers, Ethnic Boundaries, and Human Geographies in Chinese History*, ed. Nicola Di Cosmo and Don Wyatt（Routledge Curzon），pp. 160–191.

[2] 〔德〕马克斯·韦伯著，钱永祥译：《韦伯作品集：学术与政治》，桂林：广西师范大学出版社，2004 年，第 202 页；〔德〕马克斯·韦伯著，康乐等译：《韦伯作品集·支配社会学》，桂林：广西师范大学出版社，2004 年，第 277 页。

敬惮之"[1]。另一方面，由于分配方式转变，战利品又可以成为一种抵抗、削弱甚至否定可汗权威的消极资源。唐武德五年（622年），唐朝使者郑元璹为劝诱突厥接受和亲，向颉利可汗指出："今虏掠所得，皆入国人，于可汗何有？不如旋师，复修和亲，可无跋涉之劳，坐受金币，又皆入可汗府库。"[2]

蒙元帝国据说也"以杀戮俘掳为耕作"[3]。战利品对于蒙古征服者自然也具备上述多方面的重要意义，然而，学界对这一问题的探讨却远远不够深入。[4] 这里，笔者着重

---

[1] 马端临：《文献通考》卷342《四裔考十九》，第2682页。

[2] 司马光撰，胡三省音注：《资治通鉴》第13册，第5955页。马长寿先生将"虏掠所得，皆入国人"解释为"自古以来草原社会所具有的一种传统制度"，见马长寿：《突厥人和突厥汗国》，上海：上海人民出版社，1957年，第88页。

[3] 梁启超：《中国文化史》，收入氏著《饮冰室合集》第10册，《专集》卷86，中华书局，1989年，第45页。

[4] 关于蒙元帝国战利品分配制度的一些初步研究，参见〔苏〕符拉基米尔佐夫著，刘荣焌译：《蒙古社会制度史》，北京：中国社会科学出版社，1980年，第180页。G.Doerfer, *Türkische und Mongolische Elemente im Neupersischen*, Band I, Wiesbaden: Franz Steiner Verlag, 1963, pp.143–145. Paul Ratchnevsky, *Cinggis-Khan: Sein Leben und Wirken*, Wiesbaden: Steiner, 1983, pp.61–62. Igor de Rachewiltz, *The Secret History of the Mongols*, Brill: Leiden, Boston, 2004, Vol.1, p.568; G.Doerfer, *Türkische und Mongolische Elemente im Neupersischen*, Band I, Wiesbaden: Franz Steiner Verlag, 1963, pp.143–145. H. Desmond Martin, The Mongol Army, *Journal of the Royal Asiatic Society of Great Britain and Ireland,* No. 1（Apr., 1943）, p.77; Timothy May, *The Mongol Art of War*, Yardley, PA: Westholme Publishing, 2007.pp.47–48. 徐美莉：《中国古代北方草原部族的战利品分配方式及其演进》，《内蒙古社会科学（汉文版）》2015年第4期。

探讨蒙古大汗如何通过参与改变和塑造游牧民在战利品获取和分配上的行为规范，从而确立自身威权，又可分为以下两个方面。

对于不以攻城略地为目标的内亚人群而言，在战场上抢夺战利品具有难以抵御的诱惑力。明万历十七年（1589年），努尔哈赤率军围攻赵家城，士兵四散掳掠，他先后派遣两名大将前去阻止，不料，二人居然也随众抢劫，几乎导致作战失败：

> 围四日，其城将陷，我兵少懈，四出掳掠牲畜财物，喧哗争夺。太祖见之，解甲与大将奈虎曰：我兵争此微物，恐自相残害，尔往谕禁之。奈虎至，不禁人之掳掠，亦随众掠之。太祖将己绵甲复与把儿代，令往取奈虎铁甲来，以备城内冲突。把儿代复随众掳掠。忽城内十人突出，有族弟王善，被敌压倒于地……[1]

作战中途放弃进攻敌军，转而哄抢战利品，必然阻碍甚至彻底破坏军事目标的达成。新兴草原政治体的大汗威权如何超越游牧社会的军事习惯，调控战利品的获取方式？这一问题笔者暂称为"努尔哈赤难题"。

---

[1]《清太祖武皇帝实录》卷1，见潘晶等编：《清入关前史料选辑》（第一辑），北京：中国人民大学出版社，1984年，第313页。

此外，大汗威权并非游牧社会的唯一权威，它并不能渗透到草原生活的各个角落，彻底排除私人、家长、部族权力或社会传统习惯的制约，在战利品占有和分配上也是如此。在军队洗劫教堂后，法兰克国王克洛维希望将一件被士兵夺走的圣器（一只瓶子）还给教堂主教，遂至公开抽签决定战利品分配的广场，在全军面前请求额外多有所得（extra partem）。不料行伍中一位莽夫高吼："除了你自己抽中的那份东西以外，这只瓶子你一点也拿不到手！"并举起战斧砸碎了瓶子，克洛维衔恨默然。一年之后，克洛维在大检阅时借口武器养护不佳，用斧子劈死了那名战士，从而树立威信[1]。那么，新兴草原政治体的大汗威权如何超越游牧社会的军事习惯，调控战利品的分配方式，甚至在占有成为既定事实后仍然能（像克洛维那样）直接插手干预分配？这一问题笔者暂称为"克洛维难题"。

"努尔哈赤难题"和"克洛维难题"，并非游牧民族独有的问题。一切军事威权的崛起，或多或少都要面对这类问题。不过，对超部族的新兴草原政治体来说，解决这两大问题，必然要经历许多曲折和阵痛。蒙古大汗在确立政治威权和缔造世界帝国的过程中，又是如何在战利品获取和分配上超越

---

[1]〔法兰克〕格雷戈里著，寿纪瑜、戚国淦译：《法兰克人史》，北京：商务印书馆，1981年，第81—82页。"苏瓦松封臣事变"还可参见〔德〕马克斯·韦伯著，阎克文译：《经济与社会》，上海：上海人民出版社，2009年，第1430页。

传统，解决两大"难题"的呢？

解决"努尔哈赤难题"

《史集》记载成吉思汗父辈与金朝的战事时，提到蒙古军"歼灭了大量乞台人，并进行了劫掠。夺得无数战利品（ūljā）在军队之间进行分配后，他们便回来了"[1]。可见，早在成吉思汗崛起之前，拥有军事领袖的游牧集团一定存在某种战利品获取和分配的约定，可惜史料阙如，难以稽考。新兴的蒙古汗权首次尝试越过游牧社会的传统界限，规训战利品的获取方式，见于《蒙古秘史》第153节记载成吉思汗出征塔塔儿部前颁布的"札撒"（1202年）：

> 交战前，成吉思·合罕与众议定了［军］法，说："战胜敌人，不得逗留于［掳获］财物上。一战胜，那些财物［自然］归于我们，大家可以分份。"[2]

《元史·太祖纪》也记载：

> 岁壬戌，帝发兵于兀鲁回失连真河，伐按赤塔塔

---

[1]〔波斯〕拉施特主编，余大钧、周建奇译：《史集》第一卷第二分册，第54页。

[2] 阿尔达扎布译注：《新译集注〈蒙古秘史〉》，第281—282页。

儿、察罕塔塔儿二部。先誓师曰："苟破敌逐北，见弃遗物，慎无获，俟军事毕散之。"既而果胜，族人按弹、火察儿、答力台三人背约，帝怒，尽夺其所获，分之军中。[1]

《圣武亲政录》和拉施特的《史集》也提到同一事件：成吉思汗颁布"战时不许抢夺战利品"的札撒，阿勒坛、忽察儿和叔父塔里台·斡惕斤"犯军令抢物"，遭到没收战利品的处罚[2]。拉契内夫斯基充分肯定了"不许抢夺战利品"的军令造成的权力格局变化："这一法令与游牧民之古老习俗相抵触。各部首领自有其掳获之物，并分其一部与汗。如今铁木真则要求全部掳获归自己所有，并按己意分配。铁木真虽然意识到，这一法令必将引起各部首领的不满，但他更清楚，没有一支纪律严明的军队，他就无法战胜优势之敌。"[3]

那么，这一禁止作战中途掳掠战利品的军法，其后是否一直得到严厉执行呢？柏朗嘉宾的《蒙古史》提到："无论何人，凡在敌人的军队尚未被完全打败时，就离开战斗，转而掳取战利品（predam）者，应严加惩罚，在鞑靼人中间，

---

[1] 宋濂等撰：《元史》卷1《太祖纪》，第8页。
[2]〔波斯〕拉施特主编，余大钧、周建奇译：《史集》第一卷第二分册，第163—164页，又第41页、第60页。
[3] Paul Ratchnevsky, *Cinggis-Khan: Sein Leben und Wirken*, pp.61–62.

对这样的人要处以死刑，决不宽恕。"[1]1241年4月11日，蒙古军在奥赛河畔击溃贝拉四世国王率领的匈牙利军。匈牙利地方的副主教托马斯（Thomas von Spalato）在描绘匈牙利人战败之惨状时提到："鞑靼人因极度的残暴，置战利品（die Beute）于不顾，对珍贵细软视而不见，一味地屠戮人众。"[2]亚美尼亚史家乞剌可思（Kirakos）也说，蒙古军在击溃谷儿只军之后，才"收集谷儿只人遗弃之战利品（le butin），收兵回营"[3]。由这些目击报告不难推测，蒙古军在战斗中确实极少不顾追歼敌军转而抢夺战利品，成吉思汗订立的"战时不许抢夺战利品"的军法，在大蒙古国时期一直得到较为严格执行。不仅如此，其处罚措施甚至可能随着大汗威权的扩张而愈加严酷（从最初的没收到处以死刑），这一点从后来伊利汗合赞的军事改革中似乎也得到佐证。《史集》记载，合赞汗曾颁布如下整顿军纪之命令："军队所发生的种种不

[1]〔英〕道森编，吕浦译、周良霄注：《出使蒙古记》，第45页。拉丁文见：Anastasius van den Wyngaert: *Sinica Franciscana,* Vol 1, Itinera et relationes Fratrum Minorum saeculi XIII et XIV, Ad Claras Aquas: Collegium S. Bonaventurae, 1929, p.97. 梅天穆已注意到这条史料与《秘史》第153节之关联，参见 Timothy May, *The Mongol Art of War*, p.48.

[2] Hansgerd Göckenjan und James R.Sweeney, *Der Mongolensturm, Berichte von Augenzeugen und Zeitgenossen 1235–1250*, Wien-Köln: Verlag Styria Graz, 1985, p.224.

[3] Ed. Dulaurier, *Les Mongols, d'après les historiens arméniens: fragments traduits d'après les textes originaux*, 2eme fasc., extrait de Vartan/trad. par M. Ed. Dulaurier, Paris: Imprimerie impériale, 1861, p.200.

幸，最常出在抢夺卤获物（波斯文：ūljāi giriftan）上。当战斗结束时，战俘和卤获物（波斯文：ūljāi va ghanīmat）什么地方也没有了。应当让他们［指挥官们］为了札撒，不顾情面、不惜杀死［违犯军纪者］。"[1]

分配战利品的主要原则："等级"与"份额"

1202年的札撒不仅禁止了战时哄抢战利品的行为，也为战斗结束后统一集中分配战利品创造了前提。如果说蒙古大汗威权在解决"努尔哈赤难题"时遇到的阻力甚小，那么解决"克洛维难题"要复杂和曲折得多。现有史料中还没有发现对蒙古军按照何种程序瓜分掳获物的集中描述，精确还原这一过程十分困难。不过，依据零散的记载，我们能勾勒出蒙古军分配战利品的四种原则："等级""份额""先占"和"均分"。这四种原则并不具有同等之效力，其中前两种原则系主要之原则，后两种系辅助之原则。兹先论两种主要原则。

宋宁宗嘉定十四年（1221年）出使的赵珙在《蒙鞑备录》中提到：

> 凡破城守有所得，则以分数均之，自上及下，虽多

［1］〔波斯〕拉施特主编，余大钧译：《史集》第3卷，第378页。波斯文见 Rashīd al-Dīn, *Jāmiʿal-Tawārīkh*, ed. by Muhammad Rawshan, Tehrān: Nashr-i Alburz, 1953, p.1364.

寡每留一份，为成吉思皇帝献，余物敷表有差，宰相等在于朔漠不临戎者，亦有其数焉。[1]

"自上及下"是为"等级原则"，"以分数均之"是为"份额原则"。彭大雅在《黑鞑事略》中也提到，蒙古军"掳掠之前后，视其功之等差；前者插箭于门，则后者不敢入"[2]。所谓"功之等差"，也是一种"等级原则"。

"等级原则"依据的主要是大蒙古国内部的身份和权力等级。《蒙古秘史》第123节记载，阿勒坦等推举铁木真为汗时立誓说："你若做皇帝呵，多敌行俺做前哨，但掳的美女妇人，并好马都将来与你；野兽打围呵，俺首先出去围将野兽来与你。"[3]前面讲到，在游牧社会中，围猎与战争密切相关，两者的制度安排也相似。"打围"获取猎物的等级或次序，也应是战时分配战利品的优先次序。志费尼对前者做了十分准确的描述：最先进入猎圈的是大汗，他捕猎完毕后便"观看诸王同样进入猎圈，继他们之后，按顺序进入的是那颜、将官和士兵"[4]。因此，"大汗—诸王—那颜—将领—普通士兵"就是蒙古人分配战利品的等级秩序。

---

[1]王国维：《蒙鞑备录笺证》，《王国维遗书》第13册，第12页。
[2]王国维：《黑鞑事略笺证》，《王国维遗书》第13册，第15页。
[3]阿尔达扎布译注：《新译集注〈蒙古秘史〉》，第219页。
[4]〔伊朗〕志费尼著，J.A.波伊勒英译，何高济译：《世界征服者史》，第31页。

"份额原则"是按照固定份额分配战利品，记载稀少。除《蒙鞑备录》的"以分数均之"外，《秘史》第260节还记载：蒙古军攻陷花剌子模都城玉龙杰赤后，成吉思汗三子尢赤、察合台和窝阔台"将百姓分了，不曾留下太祖处的分子。及回，太祖三日不许三子入见"[1]。在全部战利品中，自蒙古大汗以下贵族和官兵的份额（qubi）究竟有多少，尚不清楚。伊利汗国的制度虽然带有浓厚的伊斯兰法色彩，可资参照，也就是"五分之一给伊利汗及其亲族，剩余的战利品，骑兵是步兵的两倍"[2]。"份额原则"的起源应该甚早，其中份额之多寡，应该经历了一个由游牧社会等级陡峻化之前相对平均的"均分原则"到不平均的"份额原则"的演变。换言之，大蒙古国时期的"份额原则"其实是"等级原则"背后的权力扭曲"均分原则"的结果，并通常与"等级原则"共同发挥作用。

分配战利品的辅助原则："先占"与"均分"

　　按照占有事实发生之先后确认战利品归属的"先占原则"，以及均分战利品的"均分原则"，是主要原则之外的辅助原则。将这两种原则称为"辅助原则"，一是因为"份额

---

[1] 阿尔达扎布译注：《新译集注〈蒙古秘史〉》，第482页。

[2] С.Л. Тихвинский, Отв.ред, *Татаро-Монголы в Азии и Европе*, Сборник статей, М.: Наука Страниц, 1977, p.233.

原则"和"等级原则"是在实践中首先适用的、占据上位的原则，它们是明显偏向于蒙古贵族统治阶级的分配原则，只有在权位或身份不相上下的情形下，才适用"先占"与"均分"作为辅助原则解决战利品分配上的争执；二是"先占"与"均分"也是受到大汗权威影响较小的传统分配原则，这两种原则内在的平等和平均精神，甚至与主要原则内在的不平等（按等级分配）和不平均（按比例分配）倾向暗中对立。

笔者在别处仔细考证过"先占原则"在蒙古战利品分配和明清蒙古法中的地位：在古代法中，敌人的财物通常会被看作无主财产，被第一个占有人取得。在早期的蒙古草原社会，存在一种以"箭"为标志、宣示"先占"权利的传统习惯。在战利品分配过程中，这种使用箭矢的特殊程序，产生了一种对物的具有排他性和优先性的支配权利。[1]蒙古军在战利品分配中适用"先占原则"的第一个证据，也来自《蒙鞑备录》记载，攻下城池后，蒙古军"掳掠之前后，视其功之等差；前者插箭于门，则后者不敢入"。不过，这实质上仍然是按"功之等差"也就是"等级原则"来分配，只是在形式上采用"插箭于门"来表示先占之意。《元史·赵迪传》记载，蒙古军攻破真定后，蒙古将领试图掳获瓜分城中人口，军官赵迪出面保护了千余乡亲。他主张的就是自己对战

---

[1] 参见拙文《〈元史·镇海传〉中的"四射封赐"新论——蒙元法制史研究札记》，《北方文物》2014 年第 4 期。

利品的先占事实，以及随之产生的所有权：

> 先是，真定既破，迪亟入索藁城人在城中者，得男
> 女千余人。诸将欲分取之，迪曰：“是皆我所掠，当以
> 归我。”诸将许诺。迪乃召其人谓曰：“吾惧若属为他将
> 所得，则分奴之矣，故索以归之我。今纵汝往，宜各遂
> 生产，为良民。”众感泣而去。[1]

至于“均分原则”，它的变体就是“份额原则”——随
着蒙古大汗威权的建立和帝国扩张，“均分原则”不断向更
不平均的“份额”分配制转化。可见，在等级化不够陡峻和
固化的“前蒙古帝国时代”，草原游牧社会对共同获得的战
利品的分配方法，应主要是将掳获物品划分为等份，并在个
体间平均（抽签）分配。匈奴兴起之初，大概就实行了一种
分权化、平均化的战利品分配制度：“其攻战，斩首虏赐一
卮酒，而所得卤获因以与之。”[2]

圣宽庭的《鞑靼史》记录了一则残酷却极具代表性的逸
事。他提到在蒙古人第一次入侵谷儿只地区时，三个蒙古士
兵合伙伏击并俘虏了一家谷儿只贵族：

---

[1] 宋濂等撰：《元史》卷151《赵迪传》，第3596页。
[2] 班固撰，颜师古注：《汉书》卷94《匈奴传上》，第3752页。

这三个鞑靼人议定这样分配人口和财物：一人获得大贵族，一人获得贵族之子，一人得黄金，妇女卖掉三人均分，那个分到贵族之子的人反对说："为什么分给我这个像小狗一样的小孩儿？我还得养活他。这绝对不行！"最终，他们议定了另一个解决办法：父与子都杀掉，三个人均分金子，然后把妇女卖掉。[1]

可见，大蒙古国给"均分原则"留下的空间，仅剩下在身份、权位和功劳完全相同情况下，特别是在成千上万的普通士兵之间的分配。尽管"均分原则"不属于占优势的主要原则，这并不意味着它的实际应用不广泛。恰恰相反，这恐怕是那个战乱年代中最广泛的现象之一。

主要由"先占"和"均分"等原则造就的战利品分配，进一步产生了两种次生的权利安排：其一，私人得享有掳获到的战利品之所有权，且由国家承认并保障。这一点后来体现于至元十五年（1278年）忽必烈颁布的"省谕军人条画（二十三款）"，保证军人"出军时得到些小讨虏"应得的权益。条画明确规定："出军时，军人讨虏到人口、头足一切

---

[1] 西蒙·圣宽庭原著，让·里夏尔法译、注释，张晓慧译：《鞑靼史》，第255页。译文根据法译文有调整，见 J. Richard: *Au-delà de la Perse et del'Arménie. L'Orient latin et la découverte de l'Asie intérieure. Quelques textes inégalement connus aux origines de l'alliance entre Francs et Mongols*（*1146–1262*），Turnhout: Brepols, 2005, p.107.

诸物，各自为主。本管头目人等并不得指名抽分拘收，亦不得罗撼罪名，骗吓取要。"[1]其二，私人得享有掳获到的战利品的处分和交易权。这一交易权衍生出蒙古军营中颇具特色的战利品市场。《经世大典·叙录》记载：至元十四年（1277年），元朝军队在南甸附近击溃缅军，"捕虏甚众，军中以一帽或一两靴、一毡衣易一生口"[2]。《史集》也记载：伊利汗阿鲁浑击溃捏兀鲁思叛军之后，发现从札木到也里漫山遍野都是叛军遗弃的牲畜，"蒙古人捉住［被抛弃的］牲畜牵走，在村里按每头羊一答捏克出售。在不得擅取战利品（ūljā）的命令发出后，他们才不敢更多地捕捉"[3]。

二、帝国集权的漫长影子

在确立超部落的政治威权的过程中，蒙古大汗颁布了"战时不许抢夺战利品"的札撒，克服了草原的掳掠习惯，规制了战利品的获取方式。同时，大蒙古国逐渐发展出一套广泛适用的战利品分配制度，其根本原则有四："等级""份额""先占"和"均分"。不过，这四种原则，属于韦伯的

---

[1]《元典章》卷34《兵部》卷1《省谕军人条画》，见陈高华等点校：《元典章》第2册，第1169页。
[2] 苏天爵：《国朝文类》卷41，《四部丛刊》初编影元至正西湖书院刊本。
[3]［波斯］拉施特主编，余大钧译：《史集》第3卷，第248页。波斯文见 Rashīd al-Dīn, *Jāmiʿ al-Tawārīkh*, ed. by Muhammad Rawshan, pp.1223.

"理想型"（ideal type），现实中难以截然区分。特别是，它们并不在同一层面发挥作用："份额"和"等级"成为主要原则，是大汗威权进一步渗透、改变和塑造游牧社会传统行为方式的结果，二者一纵一横，构成了大蒙古国军队分配战利品的主要制度框架。相反，"先占"和"均分"成为辅助原则，是因为二者本是游牧社会的传统分配规则，随着大蒙古国的建立和扩张，被支配权力不断排斥和边缘化，最终下降为次要原则。

新兴的蒙古汗权支配下形成的这套制度，建立在尽量尊重草原传统的基础上，旧传统和旧习俗并未被家产制国家的法律彻底取代或破坏。在战利品分配上，它小心翼翼地为习俗留下了活动余地，默许个人对战利品的先占和各自所有权，放任均分原则调节底层争端，等等。但是，从总体趋势看，集权化国家排斥带有平均与平等主义残余的草原传统，这一趋势十分明显。加强并维护蒙古上层贵族利益的不平等和不平均原则，尤其是保证君主对战利品享有最高支配权的"等级原则"，最终在元朝成为战利品分配的根本原则。那么，这一过程究竟是如何发生的？

从"答剌罕"到"孛可孙"

政治军事权力欠集中、社会分化欠陡峻、较多保留传统部族权力的草原社会，才允许分权化、平均化的战利品分配制度。1206年前后，成吉思汗基本确立了大汗的最高权威。

千户制度、怯薛制度和札撒的完成，标志着蒙古汗权这个历史分水岭的正式形成，战利品分配也加速向上集权，最明显的表现，就是答剌罕封号的出现。

答剌罕源于柔然和突厥的古老官制，但是，成吉思汗时期的"答剌罕"意义非凡，"殆蒙古勃起，其号始贵"。答剌罕是成吉思汗用来酬报"私恩"的官爵，"大体对汗本人或其子孙有救命之恩者，悉封以此号"[1]。受封答剌罕的人享有八大特权：许喝盏[2]，教带弓箭，九罪弗罚，俘获独自有之，猎获独自有之，自在下营，随时可见汗，免除赋税[3]。其中，"俘获独自有之"和"猎获独自有之"性质类似。成吉思汗封赏巴歹、乞失里黑两人说："厮杀时抢得财物，打猎时得的野兽，都不许人分，尽他要者。"[4]成吉思汗封赏锁儿罕·失剌时也特意交代："出征处得的财物，围猎时得的野兽，都自要者。"[5]

保留自己掳获的战利品，不用交出与全体均分，成为一种通过"札儿里黑"确立的特权。这反映了如下事实：绝大

---

[1] 韩儒林：《蒙古答剌罕考》，收入氏著《穹庐集》，石家庄：河北教育出版社，2000 年，第 52 页。

[2]"喝盏"是蒙元宫廷宴会上陪大汗或皇帝饮酒的一种特殊礼遇，主要授予宗王和获得"答剌罕"称号的少数勋臣。参见李治安：《元代分封制度研究》，北京：中华书局，2007 年，第 251—252 页。

[3] 韩儒林：《蒙古答剌罕考》，第 39 页。

[4] 阿尔达扎布译注：《新译集注〈蒙古秘史〉》，第 341 页、第 776 页。

[5] 阿尔达扎布译注：《新译集注〈蒙古秘史〉》，第 414 页、第 793 页。

多数蒙古人，包括许多蒙古贵族，不允许独自占有战利品。1202年，成吉思汗颁布了"未战之先，号令诸军，若战胜时，不许贪财，既定之后均分"的札撒。答剌罕特权却意味着，某个特权阶层无须顾忌什么"均分"法律，并且，这种特权由汗权加以保障实现。答剌罕特权的形成，说明蒙古人认可大汗是战利品分配的最高仲裁。享受私恩特权的答剌罕，是大汗政治权威的一种人格化延伸。

战利品分配的集权趋势，还鲜明地反映在成吉思汗进攻金朝的战争中。尤兹扎尼在《纳昔儿史话》记载，成吉思汗第一次围攻金朝中都（1213年）时：

> 为了围攻这座城，成吉思汗花了四年时间。守卫用投石机投掷石块来攻击侵略者。他们投完石头、砖块或其他类似东西后，一切铁、黄铜、铅、锡、白镴的制品也被放入投石机，再后来就直接扔金巴里失或者银巴里失（bālishts）。据可靠的人讲述，在此期间，成吉思汗发布了一道命令，禁止蒙古军队中的任何士兵触碰这些金银，不准把它们从最初落地之处挪开。
>
> 四年之后，该城被占领，阿勒坦汗逃跑了，他的儿子和宰相都落入了成吉思汗手中。成吉思汗下令，根据阿勒坦汗的国库审计和账目，制作一份金银的统计清单。他们如期交给成吉思汗这样一份清单，清单显示，有多少金银巴里失被投掷了出去。根据这份清单，成吉

思汗获得了全部的金银，数量丝毫不差。[1]

1215 年，蒙古军进入金中都，成吉思汗派遣失吉忽秃
忽、汪古儿和阿儿孩合撒儿三人检视府库：

> 金臣合答将金帛等物来献，与汪古儿等。失吉忽秃
> 忽说，昔者中都金帛皆属金主，如今中都金帛已属成吉
> 思，如何敢擅取！遂却其献。独汪古儿、阿儿孩合撒儿
> 受其献。及事毕归，成吉思问三人曾受献否？失吉忽秃
> 忽具陈前言，成吉思责让汪古儿等，赏赐失吉忽秃忽
> 说，汝可与我做耳目。[2]

《元史》还提到，在金中都投降后，成吉思汗特许镇海
和札八儿火者二人登上高处，向四方各射一箭，"凡箭所至
园池邸舍之处，悉以赐之"[3]。这种权利，类似答剌罕特权中
的"战利品自有"，前提显然也是大汗对全部战利品拥有至
高的处分权。

---

[1] Maulana, Minhaj-ud-Din, Abu-Umar-i-Usman（Author）, Major H.G.
Raverty（Tr.）: *Tabakat-i-Nasiri: A General History of the Muhammadan
Dynasties of Asia, Including Hindustan; from A.H. 194（810 A.D.）to A.H.
658（1260 A.D.）and the Irruption of the Infidel Mughals into Islam*, Vol.2,
pp.962–963.
[2] 阿尔达扎布译注：《新译集注〈蒙古秘史〉》，第 465 页。
[3] 宋濂等撰：《元史》卷 120《镇海传》，第 2964 页。

在这一时期，还出现了管理战利品分配的专门职司——"孛可孙"（bökesün 或 bökegül）。孛可孙的最初含义是"尝食者"，原本身份仅为大汗的私人近侍，最初掌管"宴饮供馔"，后来被授予围猎结束后分配猎物的权力[1]。窝阔台时期的"孛可孙"就负责"把猎物在各级宗王、异密和战士间公平地分配"[2]。孛可孙成为负责分配战利品的官员，大概最早出现在成吉思汗统治的中后期。在《书记规范》中，孛可孙（būkāvulī，孛可温）就是军队中仅次于异密的重要职位：

> 他的职责是从事管理装备，安排军队，传达任务，确认大底万给他们的薪俸等事务，并且以正确的方式分配那些因为征服各省各州而得到的战利品，遵守权力，不允许出现彼此之间的暴力和压迫。[3]

战利品成为皇帝禁脔

大蒙古国很早就建立了严格的战利品分配制度。然而，随着蒙古人纵横欧亚，战争地域空前广大，许多军事行动脱离了大汗的直接监督，集中到大汗手中的各项政治军事权力，不得不在新的帝国逻辑之下进行重新分配。于是，战利

---

[1] 张晓慧：《再谈蒙元时代的孛可孙》，《西域研究》2016 年第 2 期。
[2]〔波斯〕拉施特主编，余大钧、周建奇译：《史集》第 2 卷，第 71—72 页。
[3] 李鸣飞：《〈书记规范〉"蒙古官员任命书"部分的翻译》，第 190—191 页。

品分配的集权趋势，也经历了一番曲折的过渡，在忽必烈时期再度定型化。

在过渡时期，又开始频繁出现出征将领自主占有和分配战利品的记载：丙戌（1226年）冬十月，蒙古军攻占灵武，"诸将争掠子女财币，公（耶律楚材）独取书数部、大黄两驼而已"[1]。在木华黎麾下作战的河北军阀王义，据说也是"每战胜，军中金帛堆积，一毫不取"[2]。换言之，这些作战掳获的物资，其实是任人自取。甚至到了至元十一年（1274年），进攻南宋的伯颜大军中，都镇抚张思忠还有权自行处分掳掠来的人口："初渡江，凡军中俘士人为献者，君与求亲属，悉资遣之。"[3]至元十二年前后，李德辉出任安西王相，协调东、西川行枢密院围攻重庆，两院官员纷纷"致金帛子女为谢"，理由竟是"戎捷与人，法令所不禁也"[4]。

战利品分配的集权化趋势的第二个分水岭，大概出现在至元十三年的平宋战争前后。《汉藏史集》记载：

因丞相熟知用兵，攻下蛮子国王之宫殿，取得其国

[1] 宋子贞《中书令耶律公神道碑》，苏天爵：《国朝文类》卷57，《四部丛刊》初编影元至正西湖书院刊本。
[2] 胡祗遹：《胡祗遹集》，第396页。
[3] 王恽：《大元故宣武将军千户张君家传》，见《王恽全集汇校》第6册，第2258页。
[4] 姚燧撰，查洪德编校：《姚燧集》，第461页。

土。伯颜一路之上任命各地官员。蛮子国王有一珍珠宝衣，伯颜丞相说："此为我战胜之表证"，自取之，将其余财宝等遣人呈送给皇帝……此后，又有受皇帝圣旨派往蛮子地方而未得伯颜丞相信用之人，指控伯颜丞相说："伯颜将蛮子国王之财宝据为己有，未交国库。对圣旨委派之人，不与官职，将他自己之人尽封官职。"皇帝命令追查伯颜，乃将伯颜逮捕，置于狗圈之中。[1]

《元史》也提到，伯颜遭到阿合马的诬告，罪名是僭越占有了大汗专属的战利品：

> 伯颜之取宋而还也，诏百官郊迎以劳之，平章阿合马先百官半舍道谒，伯颜解所服玉钩绦遗之，且曰："宋宝玉固多，吾实无所取，勿以此为薄也。"阿合马谓其轻己，思中伤之，乃诬以平宋时取其玉桃盏，帝命按之，无验，遂释之，复其任。阿合马既死，有献此盏者，帝愕然曰："几陷我忠良！"[2]

至元十六年（1279年），平定南宋残部叛乱的大将高兴入觐忽必烈：

---

[1] 达仓宗巴·班觉桑布：《汉藏史集：贤者喜乐瞻部洲明鉴》，第 174 页。
[2] 宋濂等撰：《元史》卷 127《伯颜传》，第 3113 页。

侍燕大明殿，悉献江南所得珍宝，世祖曰："卿何不少留以自奉。"对曰："臣素贫贱，今幸富贵，皆陛下所赐，何敢隐俘获之物！"帝悦，曰："直臣也。"[1]

上述记载，不仅都与战利品有关，更重要的是，南宋灭亡前后的忽必烈，与占领金中都前的成吉思汗，对战利品表现出的强烈支配欲，过于相似，绝非巧合。这无非说明，战利品的最高支配权以及战利品菁华部分，成为汗权或皇权的重要政治表征，并且，战利品越是涉及敌国君主的专属物品，就越敏感。在很大程度上，正是这种态度标志出了蒙元帝国战利品分配集权趋势的两大分水岭。

除了强调君主对战利品的最高支配权，元朝对军队掳获战利品（尤其是作为财税基础的人口）还采取了进一步的规制。元朝军队对于"俘馘"有"申报"之制（"军官凡有所获俘馘，申报不实……委监察并行纠劾"[2]），又有"分拣"之制（"捕叛贼军官、军人虏到人口，本管出征军官与所在官府随即一同从实分拣……委系贼属，从本管万户、千户出给印信执照，中间却有夹带良民，罪及军官"[3]）。在征服南

---

[1] 宋濂等撰：《元史》卷162《高兴传》，第3804页。
[2]《元典章》卷5《台纲》卷1《设立宪台格例》，见陈高华等点校：《元典章》第1册，第145页。
[3]《元典章》卷57《刑部》卷19《禁乞养过房贩卖良民》，见陈高华等点校：《元典章》第3册，第1881页。

宋和平定内乱的战争中,元朝还三令五申,严禁军队劫掠地方。游牧民对于战利品的传统权利,显然不得不让位于王朝建立合法性的迫切需要。在某些特定情形下,元朝统帅甚至有权剥夺任何一件——依"各自为主"原则——已经归掳获者所有的战利品。在决定南宋王朝最终命运的崖山一战中,陆秀夫"以金玺系主腰",抱幼主自沉:

> 二帅(张弘范、李恒)止谓(张)世杰必奉幼主(赵昺)南奔,恒率海舟追逐,弘范留部分降(接受投降)。时讯降人,始知祥兴君相(幼主和陆秀夫)俱赴水,遂大搜金帛,拘括将士,所掠皆归弘范。寻于军中得金玺,讯之,卒云:"于小儿浮尸上得之,不识为玺也,惧为人所知,弃其尸矣。"[1]

在作为大汗代理人的张弘范身上,哪还有半点克洛维面对传统时嗫嚅畏缩的影子呢?元朝国家要求在战利品获取和分配上拥有更多的支配权力,进一步压缩了草原传统习俗的生存空间,反映出在蒙古人建立帝国的过程中,集权化和官僚化的逻辑如何最终获得胜利。

---

[1]佚名:《昭忠录》,守山阁丛书本,第216页。

三、军赏零拾

功、赏一体

　　对于来自内亚草原的蒙元帝国军队，战利品分配制度具有特殊的重要性。相反，军赏和军功制度是古代中国历代普遍存在的制度[1]。合而言之，军赏和军功表现为一整套制度，也就是《明史·兵志》说的"赏功之制"——对战功和其他军事劳效进行嘉奖。分而言之，军赏主要是物质奖励，包括金银或者其他贵重物品，是一种直接的奖励；军功则是依照一定等级标准，提升对象在官僚体系中的品级，是一种间接奖励。《武经总要》的《赏格》篇，有"赐"（物）和"转"（阶级）之分。《大明会典》对于军功也有"赏（银）"和"升（级）"之分。在实践中，二者往往组合使用，就严格的概念

---

[1] 关于秦汉以来的军赏军功制度，参见朱绍侯：《军功爵制研究》，上海：上海人民出版社，1990年；张诚：《略论两汉军功赏赐制度的演变》，《社会科学战线》2015年第11期；贾志刚：《唐代军费问题研究》，中国社会科学出版社，2006年，第45—49页；顾吉辰：《北宋军赏制度考述》，《史林》1992年第3期；张明：《宋代军法研究》，中国社会科学出版社，2010年，第39—51页；钱俊岭：《宋代军队赏罚制度研究》，河北大学2011年博士学位论文；张春梅：《宋代军赏条件考述》，《新乡学院学报（社会科学版）》2013年第6期；张春梅：《宋代军赏内容考述》，《天中学刊》2014年第5期；张剑：《明代军功制度初探》，《张家口职业技术学院学报》2005年第4期；雷炳炎：《清初军功封爵制度述论》，《湖湘论坛》2009第4期。

界定而言，二者又确实存在差异。

古代中国的"赏功之制"，自秦汉的军功爵制以来，多是按照军功等次"升（级）"，物质奖励始终处于次要和辅助的地位。在蒙元帝国，从敌方掳获的物资和人口，也就是战利品成为关键问题，另一方面，物质赏赐的作用也变得十分突出。此外，传统的军功等级制度也同样存在。这是蒙元帝国军赏和军功制度的特异之处。

与宋朝或明朝不同，笔者尚未发现对蒙元帝国军赏军功制度的系统描述。元修《经世大典·政典》有《功赏》篇，其序录言：

> 赏典，军中要事也。其有战守功登□赏赍者，皆已随事附载，见于是者，则或已过时，追念其功而赏，或累数功而总议行赏，或泛以征伐劳苦而有所赐予，或兴土木之役毕事而犒之，或遣使整阅天下兵，还奏恪慎效职而迁擢者也。自世祖已前，则簿书阙焉。[1]

从序录的概括看，《功赏》篇综合了军赏和军功两方面的记载，体例与《大明会典·兵部》的《功次》篇相近。遗憾的是，本篇仅存序录，具体条目已不可得见。《至正条

---

[1]苏天爵：《国朝文类》卷41《经世大典序录·政典·军制·功赏》，《四部丛刊》初编影元至正西湖书院刊本。

格·条格》残卷的《赏令》中也有"军功"四条，却属于对文职官员的功赏规定。因此，要探讨蒙元帝国的军赏军功制度，只能从极其零散的史料中做一点归纳。

最后，从具体的史料记载看，蒙元帝国的军赏和军功记录，往往也是混杂在一起的。《马可波罗行纪》描述了忽必烈对平定乃颜之乱的军官的迁赏：

> 兹欲述者，奖赏诸臣战功之事，其为百夫长有功者升千夫长，千夫长升万夫长，皆依其旧职及战功而行赏。此外，赐以美丽银器及美丽甲胄，加给牌符，并赐金银、珍珠、宝石、马匹。赐与之多，竟至不可思议，盖将士为其主尽力，从未见有如是日之战者也。[1]

因此，不难推断，不仅官方典籍混合记载了军赏和军功制度，在实践中，物质奖励和品级奖励也存在先后或并行的密切关系。我们先简单总结蒙元帝国的军赏制度，然后着重研究蒙元帝国的军功制度。

赐物

前面讲过，蒙元帝国君主常在战场上召见作战英勇的将士，予以赏赐，在战争结束后，也会举行延见功臣的正式典

---

[1]〔意〕马可·波罗著，冯承钧译：《马可波罗行纪》，第 187 页。

礼。这类军事礼仪，大都伴随有物质赏赐，同时也进行军功迁转。用于军赏的物品，一般分为两类：首先是贵金属货币（金银）或者准货币（布帛），其次是一些军事用品，如兵器、名马之类。在贵金属货币中，以赐银（"白金"）最为常见。

《元史》中赐银以酬军功的官方记录就非常多。中统三年（1262年）十月，"赏阆、蓬等路都元帅合州战功银五千两"。至元二年（1265年）九月，"赏诸王只必帖木儿麾下河西战功银二百五十两"。至元四年十二月，"赏河南路统军使讷怀所部将士战功银九千六百五十两"。至元十七年五月，"赏伯颜将士战功银二万八千七百五十两"，等等[1]。见于个人传记的记载，如阿速大将阿答赤从蒙哥伐四川，"战于剑门，又战于钓鱼山，并有功，汗亲饮以酒，赏白金"。他又从都元帅阿剌罕讨浑都海叛军，"腹中流矢，忽必烈汗劳赐白金，召入宿卫。明年，扈驾亲讨阿里不哥，战于昔木土，复以功受白金之赏"[2]。忽都帖木儿"武宗潜邸时从征海都，以功赏白金"[3]。至元二十三年，纳速剌丁"以合剌章蒙古军千人，从皇太子脱欢征交趾，论功，赏银二千两"[4]。《元

[1] 以上记载，分别见宋濂等撰：《元史》卷5《世祖本纪二》，第88页；卷6《世祖本纪三》，第109页；卷6《世祖本纪三》，第116页；卷11《世祖本纪八》，第224页。

[2] 屠寄撰：《蒙兀儿史记》卷102《阿答赤传》，第645页。

[3] 宋濂等撰：《元史》卷123《阿儿思兰传》，第3038页。

[4] 宋濂等撰：《元史》卷123《纳速剌丁传》，第3067页。

史·抄儿传》记载抄儿之子阿必察：

> 至元五年授武略将军、蒙古千户，赐金符，从围襄樊，复渡江，夺阳罗堡岸口，以功赏白金，进宣武将军、蒙古军总管，管领左右手两万户军。既下广德，从平章阿里海牙征海外国，率死士鼓战船进，夺岸口，擒勇士赵安等，以功赏银帛。[1]

除了币帛，赏赐具有荣誉性质的刀剑也十分常见。《元史·脱脱传》记载，脱脱从征乃颜，在战斗中"刀折、马倒"，忽必烈亲自慰劳，"亲解佩刀及所乘马赐之"[2]。《汪世显神道碑》也记载，1236年，汪世显在四川地区与南宋军队作战：

> 进攻大安南，田、杨诸蛮结阵来拒。公麾轻骑五百挠之，众乱，首尾不相藉，溃走。日暮，南将曹将军潜兵作犄角计。公单骑马突之，格杀数十人。黎明，军合，殪其主将。王（指阔端）嘉叹之，赐名马、佩刀。[3]

---

[1] 宋濂等撰：《元史》卷 123《抄儿传》，第 3027 页。
[2] 宋濂等撰：《元史》卷 119《脱脱传》，第 2944 页。
[3] 魏崇武等校点：《李俊民集·杨奂集·杨弘道集》，长春：吉林文史出版社，2010 年，第 293 页。

鞍辔、名马、弓矢、荣服、腰带、虎符之类，同样是具有荣誉性质的赏赐。至元十二年（1275年）二月，忽必烈对征日本归国的东征元帅府将帅忽敦、洪茶丘、刘复亨等人，就予以"锦绢、弓矢、鞍勒"的奖励[1]。

不论是货币化赏赐还是物品赏赐，在蒙元帝国军队的军官群体，特别是非汉人将领，看重这类有形的军赏，有时更甚于官职和爵位。钦察大将完者都平宋有功，历任管军万户、江浙行省左丞、江西行院副使、江浙行省平章。程钜夫《林国武宣公神道碑》末尾专门胪列了完者都整个军旅生涯获得的赐物名目和数量。不难想象，完者都生前对此如何洋洋自得：

> 撮公前后以功被赏者凡八，白金以两计者六百，成器者一；楮币以缗计二千四百有九十；织金衣服一袭，马一匹，鞍辔、弓矢各一副。[2]

军赏的物品，部分是预先准备好，由主帅带往前线便宜颁发。《元史·爪哇传》记载：

> 至元二十九年二月，诏福建行省除史弼、亦黑迷

---

[1] 宋濂等撰：《元史》卷8《世祖本纪五》，第162页。
[2] 张文澍校点：《程钜夫集》，第67页。

失、高兴平章政事，征爪哇；会福建、江西、湖广三行省兵凡二万，设左右军都元帅府二、征行上万户四、发舟千艘，给粮一年、钞四万锭，降虎符十、金符四十、银符百、金衣段百端，用备功赏。[1]

还有部分军赏物品，要待战争结束一段时间后，才综合酌定颁发。典型的例子是元文宗为两都之战有功将士颁发的军赏。至顺二年（1331年）四月，中书省和枢密院拟定了如下赏格，主要的区分依据是将领参与大规模战役的次数：

> 天历兵兴，诸领军与敌战者，宜定功赏。臣等议，诸王各金百两、银五百两、金腰带一、织金等币各十八匹，诸臣四战以上者同，三战及一战者各有差。

元文宗的答复对此做了补充，特别凸显了燕铁木儿和伯颜二人的功绩："赏格具如卿等议。燕铁木儿首倡大义，躬擐甲胄，伯颜在河南先诛携贰，使朕道路无虞，两人功无与比，其赏不可与众同，其赐燕铁木儿七宝腰带一、金四百两、银九百两，伯颜金腰带一、金二百两、银七百两。"最终的赏赐清单为："受赏者凡九十六人，用金二千四百两、

---

[1]宋濂等撰：《元史》卷210《爪哇传》，第4665页。

银万五千六百两、金腰带九十一副、币帛千三百余匹。"[1]

四、从"私恩"到"军功"

除了物质形式的，作为直接奖励的"军赏"，蒙元帝国还有一套繁曲的军功制度。不过，齐整有序的军功迁转章程，类似《武经总要》的《赏格》篇中"阵获转迁赐物等第""行赏约束"，或《大明会典》的"鞑贼功次""番贼功次""反贼功次""功次通例"，在蒙元帝国的史料群中尚未发现。从具体、特殊的历史记载中，我们可以大体勾勒出军功制度从大蒙古国到元朝的演化线索。

在蒙古高原的统一战争和蒙古国家的对外征服战争中，对于大汗和新生的蒙古政权来说，虽然也存在其他类型的劳效，但是，所谓"功"主要是指军功，军功吸收概括了其他种类的"功"。

须注意，这种"功"，首先又是对军事领袖，也就是大汗本人的"私"的劳效，通过私人关系纽带而成立，而不是对国家的"公"的服务。《元朝秘史》中表示"功"的词，旁译作"土撒"，也就是蒙古文的"tusa"，意为"利益、好处、效劳、帮助"。在旁译中，"tusa"又不一定译成汉语的"功"，而是译成"恩"，这就表示对成吉思汗本人的"私"

[1] 宋濂等撰：《元史》卷35《文宗本纪四》，第781—782页。

的功劳。

在成吉思汗与王汗军的决战中，兀鲁兀部的大将主儿扯歹立下大功。《元朝秘史》第208节记载，1206年，成吉思汗封赏诸功臣千户，"再对主儿扯歹说，你紧要的恩，在某某"，历数了他立下的两件大功：一是"将他只儿斤等紧要军马杀退，直冲至中军，天开与门户，将桑昆（王汗之子）的腮射中了。此时若不射中桑昆，也不知如何。那是你紧要的大功"。一是"做头哨，因天护助，将克列亦紧要的国平了"，又用计策俘虏了降而复叛的札合敢不，"这是第二次功"[1]。在《秘史》总译中，"你紧要的恩"（erkin tusa činu），"那是你紧要的大功"（erkin yeke tusa），"这是第二次功"（nökö'e tusa inu），用的都是"tusa"[2]，却又先后译作"恩"或"功"，实际上都是指主儿扯歹的战功。这种情况在《秘史》中还有很多（见第202节至219节）。可见，在这一时期，战功，尚未从一般意义上的私人劳效中独立出来。"恩"与"功"实际上没有绝对的区分。

不过，这个时期又出现了一些重要的迹象，显示出军功制度逐渐萌芽。第一种迹象，乃是"私"的恩和"公"的军功，开始出现分化。韩儒林先生在《蒙古答剌罕考》中分析了《秘史》第203节中成吉思汗颁布的圣旨"其中又功大的

---

[1] 阿尔达扎布译注：《新译集注〈蒙古秘史〉》，第399页。
[2] 阿尔达扎布译注：《新译集注〈蒙古秘史〉》，第788—789页。

官人，我再赏赐他"（tusatan-a soyurqal ögsü）一句。韩先生认为，这里所说的"又功大的官人"，"皆于普通功业之外，别建殊勋，故受特别待遇"，应该译为"于有恩的人们，给予赏赐"。因为，这些人受赏赐，"非因其更有大功，乃因其别有大恩也。有功者助成成吉思汗之事业，有恩者乃曾救护成吉思汗之性命。就某种意义言，一属公，一属私，须分别视之，未可混为一谈也。对于成吉思汗创立基业有功者，则委任为万户、千户之官，质言之，万户千户之号，乃所以酬有功，依其勋业大小，能力之高下，分别授之。其对成吉思汗有恩者——尤其对其个人生命或其儿辈生命有救护之恩者，则更以答剌罕之号报答之。质言之，即于普通功臣应享之封赏外，别授数种特权，《秘史》所谓'我再赏赐他'也"[1]。

对家产制权力来说，公、私起初并无绝对的区分，因此，恩和功，起初也是同一概念，《元朝秘史》的译文并无大错。不过，韩先生从答剌罕封号出发，指出这一时期的实际封赏方式，已经露出公私分明的端倪，实是独具慧眼。

另一与军功制度演进相关的重要迹象，就是"功次"观念的出现，或者说，就是《元朝秘史》第208节的"紧要的大功""第二次功"的区别。《秘史》第214节还有孛罗忽勒、哲台和者勒蔑三人"争头功"的记载。成吉思汗消灭塔塔儿

---

[1] 韩儒林：《穹庐集》，石家庄：河北教育出版社，2000 年，第 37—38 页。

部后，一个侥幸逃脱的塔塔儿人，名叫合儿吉勒·失剌。他变作盗贼，混入了蒙古的营地，又以"乞食"为借口，进入了成吉思汗母亲的帐包，绑架了年方5岁的拖雷。他正抽出刀子准备往外走，孛罗忽勒之妻阿勒塔泥听到呼救声，连忙赶来拽住合儿吉勒·失剌，扯掉了他的刀子。接着，正在帐后宰牛的哲台和者勒蔑两人赶来将贼人杀死：

> 后阿勒塔泥、者歹、者勒蔑三个争头功。者歹、者勒
> 蔑说：若不是俺来得疾，你一个妇人，怎奈他何？拖雷已
> 被他害了。阿勒塔泥说：你每不听得我声音呵，你每如何
> 来？又不是我拿住他头发，扯落他刀子时，比及你来呵，
> 拖雷已被他害了。这般论来，阿勒塔泥得了头功。[1]

"争头功""得了头功"中的"头功"，蒙文是jüldü，汉字音译作"主勒都"，原指动物的头和内脏心肺，代表"整体"和"首要"的部分。在内蒙古科尔沁的某些地区，角力冠军也叫jüldü；在鄂尔多斯，合伙网捕野兔，网主所得的头股也称jüldü[2]。柯里夫认为，这个词与突厥语的"čuldu"同源，意为"奖赏、补偿、赠礼"[3]。尽管该词的词源尚无定

---

[1] 阿尔达扎布译注：《新译集注〈蒙古秘史〉》，第408页。

[2] 阿尔达扎布译注：《新译集注〈蒙古秘史〉》，第409页。

[3] Igor de Rachewiltz, *The Secret History of the Mongols*, Brill: Leiden, Boston, 2004, Vol.2, p.804.

论，我们仍然不妨将"头功"（jüldü）、"紧要的大功"（erkin yeke tusa）、"第二次功"（nökö'e tusa）等等，看成某种军功等级的雏形。成吉思汗时期直至忽必烈之前的大蒙古国军功制度，仅有这些迹象可寻。

五、元朝的军功制度

更加正式的军功制度形成于元朝，可从军功评价标准、军功记录凭据、军功核准和评定的官方程序、军功监察以及军功的功用五个方面予以总结归纳。

军功评价标准

什么是军功，或者说，依据什么有形标准来评价军功，是军功制度运作的第一阶段。以《武经总要》的《赏格》篇为例，对全军而言，主要是数量优劣（"以少击多为上阵，数相当为中阵，以多击少为下阵"）和杀获—损失比率（"杀获四分已上，输不及一分，为上获"）。对个人而言，主要是战斗表现（"临阵对贼，矢石未交，先锋驰入，陷阵突众，贼徒因而破败者，为奇功"）和捕斩敌人数量（如"杀贼，斩一级者，与第四等赐"，"临阵或斫营，生擒贼，每一人，与第二等转"）[1]。

---

[1] 曾公亮等撰，陈建中、黄明珍点校：《武经总要》前集卷14，第226页。

元朝的军功评价标准，除战斗胜负（相当于宋朝的"阵胜"和"阵负"[1]）外，似乎主要是"斩"和"获"两大类。《元史·何实传》记载：

> 癸未（1223年），木华黎卒，子孛鲁嗣。武仙复叛，据邢。实帅师五千围之，立云梯，先士卒登堞，横槊突之，城破，武仙走，逐北四十里，大破之，斩首二百余级……甲申，孛鲁征西夏，以实分兵攻汴、陈、蔡、唐、邓、许、钧、睢、郑、亳、颍，所至有功，计枭首一千五百余级，俘工匠七百余人。[2]

"大破之，斩首二百余级""计枭首一千五百余级，俘工匠七百余人"，都是以斩、获论功的显证。《元史·世祖本纪》至元九年（1272年）六月己亥条记载：

> 山东路行枢密院塔出于四月十三日遣步骑趋涟州，攻破射龙沟、五港口、盐场、白头河四处城堡，杀宋兵三百余人，虏获人牛万计，第功赏赉有差。[3]

---

[1]"阵胜""阵负"参见马泓波点校：《宋会要辑稿·刑法（下）》，第834页。

[2]宋濂等撰：《元史》卷150《何实传》，第3551—3552页。

[3]宋濂等撰：《元史》卷7《世祖本纪四》，第141—142页。

"破四城""杀敌三百余"和"掳获战俘和畜产万计",是"第功赏赉有差"的基本依据。胡祗遹《萧千户神道碑铭》提到:

> 至元六年春,南征五河口。临敌,(萧世昌)手馘四十余人,获战舰二,军实不计。以功,为山东路统军司荐申行中书省,省拟上闻升迁。[1]

萧世昌的军功升迁依据,也分为斩(40余人)与获(战舰、后勤物资)两大类。

此外,全军论功,多称"普覃";个人论功,多称"奇功"或"功最",这种区别在蒙元帝国也有效,只是记载不多。姚燧《张公神道碑》记载,张庭瑞与宋将夏贵战于虎啸山,斩五都统,馘首千,俘获"资械万计","功闻,加赍之泽,举军覃焉"[2],就是全军论功之例。罗国英《总把刘氏先茔之铭》记载,1258年,刘成从大军攻南宋东海,"先登雉堞,较功为最,赏银一定(锭),受行省剖付遥授大王桥巡检、管军百夫长"[3],就是个人论功之例。

---

[1] 胡祗遹撰,魏崇武、周思成校点:《胡祗遹集》,第368页。
[2] 姚燧撰,查洪德编校:《姚燧集》,第313页。
[3] 李修生主编:《全元文》第11册,南京:江苏古籍出版社,1999年,第128页。

军功记录的官私文书

优异的战斗表现和捕斩的敌人数量，将记录在有形的介质上，以便在战争结束后核对、统计和上报军功。《武经总要》的《赏格》篇有"行赏约束"，规定战后要及时核定军功："主将于贼退后、诸军未散时，对众叙定。"主将还应向上级提交详细可靠的报告，"具官任、军分、姓名、本属主帅并官军贼众多少、彼此杀获输失之数，及夺得军资器械、并战时月日、战处去州县远近，仍具部署等姓名闻奏"；对立功的个人，主将也要交付"印纸"，"开坐色件付身"，即写明立功情况和件数交付当事人，作为论功和核查的依据[1]。可见，军功文书非一纸文书，而是互相干连勘合的一组文书。

军功文书在元朝应该出现较早，但正式的文书规范，应该是忽必烈至元中后期才确立的。在这一时期，经过灭南宋（官方文献多称"渡江军功"）和远征日本、安南、缅国、爪哇等多场对外战争，如何严格规范军功评定和赏赐制度，成为需要元朝积极应对的问题。为此，元朝可能陆续出台了一些规范军功评定程序的法律。

《元史·世祖本纪》至元二十年（1283年）夏四月乙巳条记载：

---

[1] 曾公亮等撰，陈建中、黄明珍点校：《武经总要》前集卷14，第228—229页。

命枢密院集军官议征日本事宜，程鹏飞请明赏罚，有功者军前给凭验，候班师日改授，从之。[1]

《元典章》保存的另一件官文书《军功合指实迹》也显示，元朝努力通过规范军功文书来规范军功制度：

至元二十二年十二月，御史台承奉中书省札付：

吏部呈："今后到选人员，虽行省咨保从军渡江、经涉艰险、多负劳苦，不见开写明白实迹，似难升等。拟合移咨行省照勘，委于至元十一年十二月内随大军渡江者，合为定例。除管军官并首领官渡江获功升转，并追捕叛贼、札立奇功者已有定例外，据行省、行院受宣敕有职人员，并令史、译史、通事、宣使、奏差，及曾受行省、行院札付有出身人员，经涉艰险并有军功者，亦合指定自几年月日于何处地面负过艰险军功实迹，保勘明白，以凭依例升用。所据已除人员，任回通理。如蒙准呈，今后到选人员，省札到日，照依上例定夺。"都省准呈。[2]

文书明确说明，至元二十二年之前，"管军官并首领官

---

[1] 宋濂等撰:《元史》卷12《世祖本纪九》，第253页。
[2] 陈高华等点校:《元典章》第1册，第145页。

渡江获功升转，并追捕叛贼、札立奇功者已有定例"。相反，行省、行院的文职正官、首领官和吏员的军功迁转制度不够完善，特别是军功文书不够规范，"不见开写明白实迹"，因此，应该比照已有的军官体例，开写明白可靠的实迹。至少从这一年开始，元朝文武官员的军功申报文书，都要求统一"指定自几年月日于何处地面负过艰险军功实迹，保勘明白"。这些都属于官僚系统内部流通和保存的军功文书。

此外，建立军功的当事人，也会存留相关记录，以备迁转、查照等不时之需。在这方面，刘国杰家族的《刘氏先茔碑》，可算一种非常特殊的记录。作者阎复在篇首说明，自己撰写碑文的缘由，是元初女真将领刘国杰"因友人户部郎中唐君仲辉，持家传及平生战绩，踵门致谒"，于篇末又附记："以战多爵赏，附诸篇末，尚俾来者知刘氏起家，有自以为臣子忠孝之劝云。"因此，除略叙刘国杰的家世外，碑文有一大段文字，胪列了刘国杰的"平生战绩"。由于《先茔碑》是刘国杰生前托阎复撰写的，因此，这段文字不是他的完整军功履历。不过，阎复的自叙暗示，刘国杰给他提供的《家传》可能是一篇首尾完备的文字，同时他带来的"平生战绩"，很有可能只是一组军功凭验文书，该载了军功实迹和功赏情况（具体到赏赐数目）。阎复从中总结提炼出了一千余字的简历，附在碑文之末。这段叙次军功的文字，依稀反映出个人持有的军功凭验文书的面貌，弥足珍贵，兹分段完整引用如下：

次曰（刘）国杰，是谓辅国公，国宝其字也。幼读
书，长习骑射，以门阀从军，攻下□海，有功，擢军马
队长。

至元六年，王师有事于宋，以材勇应选为管军千
户。襄、樊之役，分屯万山堡。宋人伺我军渡江樵采，
发兵万五千人欲捣其虚。堡中兵可战者不满数百，阵既
成列，公首出□敌，众因乘之。宋人败走，斩首四千余
级。主帅嘉其功，赏银百两。

俄奉军前行中书省檄摄万户，提兵二千人钞略荆
南、归、峡等州，深入敌境，转战数百里，俘获生口万
计。师还，赏银百两。

复与宋人战于城下，杀掠甚众，赏银五十两。

樊城外藩曰东土城，主帅命公取之，竖云梯先登。
俄中火炮，夷其左股，裹创力战，遂平其城。奏功于朝，
特降玺书、金符，加武略将军。

襄阳被围既久，城中乏食，宋人有矮张都统者潜师
运粮以入，省檄命公以八十艘邀其归路。宋人制为轮船
数百，结筏相连，状若城堡，舟师运机其中，一夕，顺
流而走。公先获间者，侦知出期，中流逆击之，举火声
炮。我军继至，鏖战三十余里，舟中之血没踝，生获矮
张都统。樊城来汉水，宋人置椿概水中，以成辅车之势。
公驭戈船溯流而上，断拔椿檠，与宋人战，尽毁樊城南
面木栅，埋其壕堑。进攻外城，城上矢石如雨，会日暮

我军引退，诘旦，复选锐卒，坎堙以登，拔之。未几，樊城亦下。是役也，公身被数创。寻奉诏旨入朝，赏银百两及内府锦衣、弓矢、鞍辔，再加武德将军、管军总管。

渡江之役，大军次郢，宋人筑黄园城堡以绝要津，省檄付公三百人，径往夺其城堡。大军既进，郢将赵都统率骑兵袭其后，公还击走之，斩首七百余级。行省上其功，诏赐金虎符，加武节将军。

继取沙洋、新城二堡，皆宋人阨塞处也。师次阳逻渡，公先以五十艘退其守兵，进攻城堡，凡三昼夜乃拔，以功赏银二百五十两。

次丁家洲，宋将孙虎臣万艘横江，以御我师。公时以选锋当前，大军既合，敌众溃乱。追奔逐北，直抵芜湖，以功超受管军万户。

是后，略地江南，累功赏银至千两。

维扬之役，诏公以五千人立扬子桥堡，以扼宋兵往来。宋将张都统率数万人暮夜来寇，我师严备。宋人既失利，迟明开门纵兵追击，彼众大败，自相蹂践沟港为之断流，遂禽张都统。有诏褒谕，赐名曰霸都，盖国朝骁勇之称。扬州粮援既绝，守将李庭芝弃城遁走，追袭至泰州，斩首千余级。江淮悉平，奉诏入朝，赏银千两及锦衣、弓矢、鞍辔之属。仍赐玺书、金虎符，金书西川行枢密院事，未赴。

有诏统侍卫军镇抚北方，师还，迁镇国上将军、汉军都元帅，赐以内府锦衣、玉带、弓矢、鞍辔，及宝钞五千缗。

复领侍卫军万人北至金山，屯田和林，安集归化户，民所全活者余数万。□还，加辅国上将军。

以海夷未宾，再迁征东行中书省左丞，驻兵广陵。会福建逋寇黄华作乱，乌合至十余万，公将二万人讨平之。二十一年冬，入觐京师。会置沿江行枢密院事节制诸道戍兵，诏公佥书院事，行中书省左丞如故。[1]

类似的战功记录，还见于刘因《怀孟万户刘公先茔碑铭》前半部分。碑文胪列了军官刘潭从渡江灭宋直至镇守海南期间的战绩、斩获、军职及散官升迁的信息，应该也是依据了刘氏后人提供的军功记录材料。[2]

除了元人文集中的碑传史料，以各种形式流传迄今的元朝官文书，也有部分反映了军功文书的面貌。明隆庆二年（1568年）刊休宁《璜溪金氏族谱》中转抄的15件元代公文书中，有一件《麟一府君袭职咨》，这是元江浙行省移咨枢密院的公文，事由是前镇守平江十字翼万户府镇抚金震祖，因病申请由长子金午袭职。公文前半部分是金震祖对自身军功的详细说明，依据的也应该是金氏保存的一纸军功凭

---

[1] 阎复：《静轩集》卷5，《元人文集珍本丛刊》影印藕香零拾本。

[2] 刘因撰，商聚德点校：《刘因集》，第149页。

验文书：

据平江十字翼万户府申："近准徽州路关：据休宁县申：准忠翊校尉、前镇守平江十字翼万户府镇抚金震祖关该：

"'会验当职，徽州路休宁县附籍民户。元统三年（1335年）六月内因为上都唐其势等叛乱，跟随右阿速卫舍住指挥一同随从大师秦王答剌罕右丞相与剌剌、和尚等对阵相杀。有剌剌等败阵，在逃赴北，当职与舍住指挥跟随马札儿台答剌罕知院将引官军前往迤北怯鲁伦地面出军，跟捉答里、剌剌、和尚。昼夜相杀，生擒答里等，押赴上都。自备财力，多负劳苦。蒙枢密院于至元四年（1338年）四月十一日阿保〔鲁〕秃怯薛第〔二〕日，延春阁后咸宁殿内有时分，速古儿赤拜拜、必阇赤沙剌班、云都赤脱脱、宝儿赤怯薛官人笃怜帖木儿、殿中教化、给事中当道驴、亦思剌瓦僧吉等有来，本院官马札儿台答剌罕知院、哈八儿委大尉知院、泼皮知院、福定知院、只延不花同知、阿鲁灰帖木儿同知、只儿骇副枢、当僧同签、阿剌不化叅议、阿鲁灰经历、定住都事、客省副使兀奴罕、教化、蒙古必阇赤太平、也先等奏，交金震祖于江浙行省所辖十字路万户府镇抚赵衍致仕阙里，就带前官牌面做镇抚。委付呵，奉圣旨：那般者。钦此。'

当日交付火者秃满迭儿

大皇大后根底启呵。奉懿旨：那般者。敬此。"[1]

军功核准和评定的程序

除了有可靠而规范的记录，军功核准和评定也需要一套规范的流程。元朝的军功核准和评定制度，大体分为四级，其中，以皇帝批准或特恩为最高级，我们着重考察此外的三级连同相配套的监察制度。

军功核准和评定的最初一级，自然是立功官兵的直接上级，笔者总括称为"直接统兵官"。《武经总要》的《赏格》篇规定，将士立功，首先必须经过"主将即时对定，明其姓名申奏，不得以随身牙队亲识移换有功人姓名"[2]。这里的主将，就是指直接统兵官。至元十五年（1278年）的《省谕军人条画》（二十三款）也规定：

　　一，攻城野战，但遇敌人对阵相杀者，将委实向前出力获功头目军人，对众推详明白端的，从总把军官开坐花名获功实迹，保呈行省、行院，依理保奏，给降官

[1] 转引自阿风、张国旺：《明隆庆本休宁〈珰溪金氏族谱〉所收宋元明公文书考析》，《中国社会科学院历史研究所学刊（第九集）》，北京：商务印书馆，2015年，第430—431页。关于徽州的元代军功家族，可参见章毅：《元代徽州路的军功家族》，《安徽史学》2015年第3期。

[2] 曾公亮等撰，陈建中、黄明珍点校：《武经总要》前集卷14，第228页。

赏。慢功者，亦对众人指证是实，取勘无词招伏，申上断罪。无得中间看循恩酬，虚申功过，引惹违错。[1]

根据《条画》，核准军功的第一级是"总把军官"，也就是元初军官等级"万户、总管、千户、百户、总把"的最低一阶，与百户大致平级，大概也兼指直接统军的百户。这一级的责任是"开坐花名获功实迹"，并向上一级申报。

要注意的是，"直接统兵官"是一个相对的、总括的概念，不限于军官等级中的最低一级：从百户和总把直到第二级"行省、行院"之间的所有军职，都可以暂时纳入"第一级"的范围。南下平宋的荆湖行省大军，在渡江后分兵四万，由阿里海牙统率经略湖广。姚燧《湖广行省左丞相神道碑》记载，在此期间，阿里海牙有权颁布便宜赏令："自今功者，健儿升长百夫，百夫长千夫，千夫长万夫，万夫取进止。"[2]

此外，行省（军功核准和评定的第二级）以下的统军司、宣慰司、万户府等，也可以是军功核定或申报的第一级。罗国英《总把刘氏先茔之铭》记载，刘成在元灭南宋的江淮战场"累树奇勋"，"江淮已定，□万户府保□行中书省，给

[1] 陈高华等点校：《元典章》第 2 册，第 1169—1170 页。
[2] 姚燧撰，查洪德编校：《姚燧集》，第 190 页。

降剖付，充管军请俸百夫长"[1]。胡祇遹撰《萧千户神道碑铭》也提到，萧世昌以斩获论功，"为山东路统军司荐申行中书省，省拟上闻升迁，不幸以明岁正月十有六日感风疾而殁"[2]《通制条格》的《赏令》，专门有《军功》一节，其中收录的一份文书记载，八番顺元等处宣慰司（元朝在今贵州境内设置的土司）令史冯梦弼，两次收捕反贼有功，他的军功申报文书，是由总兵官宣慰使都元帅燕帖木儿开具并上报八番顺元宣慰都元帅府，后者上报湖广行省，行省行移中书省，由中书刑部做出"候本人考满，于应得资品上拟升一等"的决定[3]。可以说，较为完整地体现了宣慰司上功行省、行省上功都省的三级程序。

元朝确立行省制后，行省之下的所有直接统兵官，都应将战功汇总到行省（或行院），等待批准和继续向上申报，这是军功核准和评定的第二级。《省谕军人条画》（二十三款）的"保呈行省、行院"，就明确揭示了这一点。王恽《史公家传》也提到：

（史天泽）初总卫钓鱼也，有边将蒲察琚者隶焉，

---

［1］李修生主编：《全元文》第 11 册，第 128 页。

［2］胡祇遹撰，魏崇武、周思成校点：《胡祇遹集》，第 368 页。

［3］方龄贵：《通制条格校注》卷 20，第 572 页。又见韩国学中央研究院编：《至正条格》校注本《条格》卷 30，《至正条格》收录的文书删减严重，不复可见宣慰司上功行省的环节。

日有言，偃蹇不为下。公含容之。明年，浑都海平，行
台上功相府，独琚名阙。公问焉，或以前事对。公曰：
"闻平夷陇右，若功最多，其可后哉！"即命具完文以
进，遂均赏赉。[1]

《家传》说的"总卫钓鱼"，是指1258年秋，史天泽扈蒙
哥汗进攻南宋，驻军合州钓鱼山。"浑都海平"指在阿里不
哥之乱中川陕地区的战事。因此，这里的"行台"不是后来
的行御史台，而是中统元年设置的陕西四川行中书省（又称
秦蜀行中书省、陕蜀行省、陕西行省）[2]，却沿用了大蒙古国
在中原的地方机构"行台"之名。"行台"上功"相府"（史
天泽时为中书右丞相），就是由第二级军功核准单位向第三
级军功核准单位上报。可以说，行省作为第二级军功核准单
位，早在忽必烈统治初年已经初步确立。

南下平宋的荆湖行省的活动记录，也多反映了行省总汇
地方军功的职能。《平宋录》记载，至元十二年（1275年）
正月，元朝军队连续占领黄州、开州、江州后：

丞相（伯颜）定渡江人员功赏……丙申，丞相议江
右已归附州军官员名爵及进取事体、功赏等事，令左右

---

[1]《王恽全集汇校》，第6册，第2281—2282页。
[2]李治安：《元代行省制度》（上），第324—326页。

司员外郎石天麟同万户额森卜驰驿赴阙敷奏。[1]

又同年三月：

> 癸酉，至建康，大犒三军……庚寅，遣员外郎石天
> 麟等皆诣阙奏事。至尊大悦，凡渡江获功人员及士卒升
> 赏军务等事，皆可其奏。[2]

《元史》还记载，至元十五年十二月，江南初步平定之
后，伯颜"以渡江收抚沙阳、新城、阳罗堡、闽、浙等郡获
功军士及降臣姓名来上，诏授虎符者入觐，千户以下并从行
省授官。"同时，"扬州行省上将校军功凡百三十四人，授官
有差"[3]。

行省评定和上报军功的另一条生动记载，来自《元
史·董士选传》。元成宗初年，江西发生了刘六十叛乱，董
士选时为江西行省左丞，主动请缨，顺利平定了叛乱。事后，
董士选派人去大都报告叛乱平息，中书平章不忽木询问来使：
"董公上功簿邪？"使者回答：行前，董左丞嘱咐，如果朝廷
问起军功赏赐，就说董某作为地方官，未能保境安民，"得

---

[1] 刘敏中：《平宋录》，丛书集成初编本，第7页。
[2] 刘敏中：《平宋录》，丛书集成初编本，第8页。
[3] 宋濂等撰：《元史》卷10《世祖本纪七》，第207页。

免罪幸甚，何功之可言！"使者呈递董士选的奏章，只汇报惩罚了数名贪官污吏，只字不提平叛破贼之功。[1]

许有壬《刘平章神道碑》也提到，至元中后期在湖广等地镇压叛乱的刘国杰，"屡有功"，但"行省权臣抑不以闻"，湖广行院建立后，才得以顺利上报[2]。可见，由行省总汇地方军功，所谓行省"上功簿"，在忽必烈统治时期是一种常制。

休宁《珰溪金氏族谱》保存的元代公文书中，有一件《元拟授麟二府君榷茶副提举咨》。文书显示，元末至正十二年（1352 年），义军金申、汪序和汪子渊三人与蕲黄红巾军项奴儿部作战有功，授负责茶叶专卖的榷茶副提举和负责治安的巡检等官。三人的军功，首先由负责镇压红巾军的方面统帅平章政事三旦八上报（包括军功实迹和拟定等次，如金申是"论其功绩，难同捕获常盗，理宜优加擢用"，汪序和汪子渊是"从而加力，擒获以次贼首"）。江浙行省接到申报后，将自己的具体处理意见（升擢方案）"右咨中书省伏请照详"。这件文书既反映了从第一级直接统兵官到第三级都省的完整流程，又形象说明了行省的裁量权在评定军功中的关键作用：

---

[1] 宋濂等撰：《元史》卷 156《董士选传》，第 3677 页。
[2] 许有壬撰，傅英、雷近芳校点：《许有壬集》，郑州：中州古籍出版社，1998 年，第 556 页。

皇帝圣旨里，江浙等处行中书省：准平章政事三旦八荣禄咨："见遵承朝命，剿捕徽、饶等处反贼，近师次建德。云云。议得蕲、黄反逆贼首伪元帅项奴儿等纠集逆徒，鼓煽凶焰，侵越江浙，攻焚省治，残破江东、浙西州县四十余处。似此大恶，罪不胜诛。有休宁县义士金申自备衣财，倡义率众备御，奋身向前，亲获贼首伪元帅项奴儿等解官。论其功绩，难同捕获常盗，理宜优加擢用。及义士汪序、汪子渊，虽是一体获贼，终因金申首先擒获，然后从而加力，拟合量加擢用。开申。

　　得此。详得义士金申虽是擒获反逆贼首伪元帅项奴儿等，缘本贼始因克复广德，大势官军杀散逃窜，到来休宁县，及被本县官典追踪袭捕，众败食尽，力不能支，致被金申率众擒获。若依剿捕反贼事例授与五品流官，即与身先士卒、临阵对敌擒获不同。合将金申量与从七品流官。其汪序、汪子渊从而加力擒获以次贼首伪千户赵普实、伪镇抚蒋普义等六名，量于巡尉内任用。除将金申等委任后项职名，出给执照，令各官即便领职署事，照会宁国等路榷茶提举司及徽州路依上施行。外，据所受文凭，咨请备咨，颁降施行。"准此。本省合行移咨，伏请照详施行。须至咨者：

　　总计获功人三名，拟任下项职名

　　金申拟充宁国等路榷茶提举司副提举，任回，依例流转。

汪序拟充徽州路休宁县南岭巡检。

汪子渊拟充徽州路歙县王干巡检。

右咨

中书省伏请照详，谨咨。

至正十三年月印日具官某押。[1]

最终，行省或者与行省相当级别的地方军政机构汇总的军功，由中央的枢密院，或由枢密院会同中书省，共同评定并报皇帝批准执行，这是第三级。

陆文圭《武节将军吕侯墓志铭》记载，至元十八年（1281年），武节将军、管军上千户吕德从讨处州叛贼平八有功，"行省第功，拟管军总管，咨枢密院，不报"[2]。这就是由枢密院单独评定军功。不过，对比较重大的军事行动，由中书省和枢密院共同评定，似乎更加合理。至顺二年（1331年）夏四月，元朝颁布的两都之战中拥护元文宗的军队的迁赏格，就是两府合议确定的：

中书、枢密臣言："天历兵兴，诸领军与敌战者，

[1] 转引自阿风、张国旺：《明隆庆本休宁〈珰溪金氏族谱〉所收宋元明公文书考析》，《中国社会科学院历史研究所学刊（第九集）》，北京：商务印书馆，2015年。

[2] 李修生主编：《全元文》第17册，南京：江苏古籍出版社，2000年，第671页。

宜定功赏。臣等议，诸王各金百两、银五百两、金腰带一、织金等币各十八匹，诸臣四战以上者同，三战及一战者各有差。"[1]

吴澄《平章政事李公墓志铭》也记载，至元十五年（1278年），崖山之战后，李恒与张弘范二位蒙古汉军都元帅，共同拟定参战将士的军功（"分议水陆战功赏"）。不久，张弘范病卒，李恒一人拟定军功并上报。后来，李恒调任湖广，其子李世安留下等候消息。《墓志铭》指出，当时的军功赏赐，"密院（枢密院）所拟，中书（中书省）每抑之"，李世安力劝中书省官："坚敌在前，非有重赏，何以得人死力？张帅及吾父，奉旨专赏罚、生杀之柄。今大功既成，岂可失信？不然，此去再有征伐，谁肯捐躯命哉？"于是，朝廷最终认可了李恒的军功申报。[2]

可见，武官的迁赏，是由枢密院先拟订方案，再由中书省和枢密院共同奏准，其中，中书省的话语权，似又在枢密院之上。相反，文官随军征讨建立的军功，可能由中书省单独论定。中书省右司的刑房科，其职能有六，"三曰功赏"，就是都省内部负责核定军功和捕盗功的专门机构[3]。《通制条

[1] 宋濂等撰：《元史》卷35《文宗纪四》，第781页。
[2] 李修生主编：《全元文》第15册，南京：江苏古籍出版社，1999年，第634页。
[3] 宋濂等撰：《元史》卷85《百官志一》，第2123页。

格》和《至正条格》的"军功"部分，都收有一组有关文官捕盗军功的文书，大都是刑部拟议，都省批准，应该就是遵循了类似的程序[1]。

元朝军功核准和评定的程序，尽管呈现"直接统兵官→行省→两府→皇帝"四个级别，还有必要做一些重要的补充和修正。

第一，这四个级别，代表了比较成熟的元朝制度。在大蒙古国时期，甚至元朝初年，军功核准和评定制度不会如此齐整。在这一时期，这种权力大量掌握在地方武装势力手中。乔惟忠是河北军阀张柔下属的将领，与金军累战有功。元好问《千户乔公神道碑铭》记载：

> 岁甲午（1234年），朝廷第功。张公因陛奏："臣之副乔惟忠，出入百战，功最多，乞加宠擢。"于是特恩，以宝书金符，授公行军千户。[2]

元好问《龙山赵氏新茔之碑》记载，赵振玉是真定军阀史氏下属的将领，他的军功是通过"幕府"（史氏军阀）向蒙古统治者上报的：

---

[1] 韩国学中央研究院编：《至正条格》校注本《条格》卷30，第111页。
[2] 姚奠中主编：《元好问全集》（上），第681页；同样的记载又见郝经《乔千户行状》（郝经撰，秦雪清点校：《郝文忠公陵川集》，507页）。

幕府启太师（木华黎），复赵州庆源军之号，以侯（赵振玉）为节度使，兼赵州管内观察使。己丑十月，改河北西路按察使，兼帅府参谋。辛卯秋，复授庆源。丁酉秋（1237年），幕府以侯前后功上于朝，宣授今职。[1]

第二，在特殊情况下，军功核准和评定，没有严格逐级上报，而是出现越级。例如，至元十六年（1279年）入觐忽必烈的大将高兴，"悉献江南所得珍宝"，趁机"奏所部士卒战功，乞官之"，忽必烈一高兴，恩准他可以"自定其秩，颁爵赏有差"[2]。另外，在叛乱迭起的至正中后期，各地率军作战的军阀，也多越过第二级行省，甚至第一级两府，"具姓名以军功奏闻，则宣命敕牒随所索而给之，无有考核其实者"。《元史·百官志》评价，军功核准和评定制度崩坏的结果，就是"名爵日滥，纪纲日紊，疆宇日蹙，而遂至于亡矣"[3]。

军功监察

以御史台为首的元朝监察体系，也负责纠察军功核准和评定过程中的非法行为。至元五年（1268年）颁布的《设立

---

[1] 姚奠中主编：《元好问全集》（上），第692页。
[2] 宋濂等撰：《元史》卷162《高兴传》，第3804页。
[3] 宋濂等撰：《元史》卷92《百官志八》，第2327页。

宪台格例》明确规定：

　　一，军官凡有所获俘馘，申报不实，或将功赏增减隐漏者，委监察并行纠劾。[1]

　　至元十四年，元朝设立江南行御史台。当时南方平叛战事迭起，元朝特意要求以相威为首的行台官员监督军功申报，《行台体察等例》规定：

　　一，管军官申报战守功劳，循私不实者，纠察。[2]

　　《元典章》收录的一件大德元年（1297年）的台宪文书（《体覆获功人员》）也要求，各地上报军功，不仅要本处官司"保勘明白"，还要有廉访司的"体覆"，才能通过行省上报中央[3]。大德六年，改为另选不干碍官司"体覆"，监察体系只负责事后的"体察"：

　　大德六年十月，中书省议得：今后应有首告捕获作耗叛乱首从贼徒者，宁息之日，从总兵官随即考究实

[1]陈高华等点校：《元典章》第1册，第145页。
[2]陈高华等点校：《元典章》第1册，第150页。
[3]陈高华等点校：《元典章》第1册，第171页。

绩，开具某年月日何人首告某处某贼作耗，某年月日某人于何处与贼如何相杀获功，将杀死捉获首从人数，合合备细缘由，从实保勘明白，别无争功之人，行移行省、宣慰司，再行委官体覆是实，以凭定夺。但有妄冒不实者，监察御史、廉访司依例体察，仍将妄冒人员并保勘体覆官吏黜降断罪。[1]

《通制条格》收录的另一件皇庆二年（1313年）文书，更是清晰地呈现出上述程序。这份由湖广行省提交中书省的咨文，报告了八番顺元宣慰司所属的令史齐庭桂随军平定云南叛贼，立下了"用箭射死歹蛮三名，割到首级，夺讫马疋"的军功，接着说明，"总兵官保勘体覆是实，廉访司体访得委有前功，连到的本牒文"。中书省收到咨文后，交刑部拟出奖赏意见，最终批准："齐庭桂，根同宣慰使收捕叛贼马助，与军一体相杀获功，保勘体覆相同，如后本人考满，于应得资品上拟升一等。"[2]

因此，元朝军功核准和评定体系的完整运作程序如下：

（1）直接统兵官（保勘）廉访司（体覆）

（2）行中书省 行台（体察）

---

[1] 方龄贵:《通制条格校注》卷20，第570页。同内容的文书又见《元典章·吏部》收录的《给由开具收捕获功》，见陈高华等点校:《元典章》第1册，第409页。

[2] 方龄贵:《通制条格校注》卷20，第573—574页。

（3）中书省、枢密院、御史台（体察）

（4）皇帝

军功的功用

经过保勘、体覆、上请和核准，军功便记入官员的个人履历。元朝颁布的《解由体式》规定，官员任满迁调之际开写的证明文书，要写明"本官根脚元系是何出身（谓承袭、承继、荫叙、吏员、儒业、军功等）"，此外，在任职总结中，"若有军功实迹，立款开申"[1]。

在常规的武官铨选迁调中，有军功资历的武官享有一定程度的优先权，特殊军功资历还享受特殊优待。《元典章·吏部·选格》中保存的《军官降等承袭》：

至元十五年□月，枢密院：

正月十五日，塔鲁田地里有时分，孛罗副枢等奏："军官每为他每有功上，升迁做大名分了呵，他每元旧职事又教他的孩儿弟侄承袭。今后罢了呵，却交别个有功底军官每承管。若阵亡了底，教承袭；病死底，降等承袭。总把、百户病死年老，不教承袭。这般呵，怎生？"奏呵，奉圣旨："行底是。那般者。"钦此。[2]

---

[1]陈高华等点校：《元典章》第1册，第397—399页。
[2]陈高华等点校：《元典章》第1册，第263—264页。

起初，军官升任高级军职，原先的军职由他的"孩儿弟侄"继承。至元十五年（1278年）的新法规定，这类承袭来的"元旧职事"，如果因故被免，要优先任命有军功资历的其他军官，只有阵亡或病死军官的子弟，才有资格继续原级或降级承袭军职。这就是《元史·选举志》说的："军官有功而升职者，旧以其子弟袭职。阵亡者许令承袭，若罢去者，以有功者代之。"[1]

此外，《元典章·吏部》"选格"门中的《渡江军官承袭》，又对平宋战争中建立军功的低级武官（百户、总把）的铨调做了补充规定：

> 至元十七年十一月，行中书准枢密院咨：
>
> 七月初二日，大安阁有时分，本院官奏："黄蕲宣慰使史塔剌浑呈：'渡江总把、百户为有功升，与千户已上军官一体承袭。'俺商量得，总把、百户一体承袭呵，怎生？"奏呵，奉圣旨："承袭者。"钦此。[2]

这就是《元史·选举志》说的"渡江总把、百户有功升迁者，总把依千户降等承袭，百户无递降职名，则从其本

---

［1］宋濂等撰：《元史》卷82《选举志一》，第2038页。
［2］陈高华等点校：《元典章》第1册，第264页。

等"[1]。"平宋功"（或"渡江功"）得到了特殊的照顾。

在铨调时，从军有功的文官也会得到一定程度的优先照顾。至元十九年（1282年）中书省修订的《江淮官员迁转格例》规定：

一，元拟江淮官员，若有倡优、店肆、屠沽之家，诸官奴隶及经刺断之人，或财赂行求得官，并诈冒虚凑月日，别无所受文凭，似此人员合行罢去，元受追收，再不叙用。——前件，依准所拟。若有军功实迹者，另行定夺。

一，管军官转入管民官者，已受宣敕者，依例升用。外，未经换受人员，若勾当满考者，及有军功者，斟酌定夺。如无军功者、不满考者，发遣行省，量才区处。——前件，依准所拟。

……

一，已到选官员内，有军前获功，如行省咨文内已经保勘者，斟酌定夺。如本官告状，自行称说，行省不曾保勘，难为信凭，比依常例定夺，仍呈省行移取勘是实后，照依例升转。

一，上项官员，除钦奉特旨及蒙古人员不拘此例外，若有军前获功，及从前经涉艰难、多负劳苦者，比

---

[1] 宋濂等撰：《元史》卷82《选举志一》，第2038页。

照上例，斟酌定夺。[1]

元朝的军功制度，还应该包括因军功而升迁散官。至元十一年，元朝订立了《军官以功升散官格》，详情今天已经无法确知。不过，因军功而升迁武散官，因为实际战况和战绩彼此很难通约，金朝、宋朝和明朝都颁布过多种功赏迁转格，元朝恐怕也难以拘于一格[2]。

---

[1] 陈高华等点校：《元典章》第1册，第241—244页。
[2] 参见李鸣飞：《金元散官制度研究》，第305—306页。

余论　宋、明之际的蒙元制度碎片

一、汪克宽、明太祖与古典军礼的复兴

明初修成的《元史》,《礼乐志》恰恰缺少"军礼"部分，注明别见《兵志》。孰料《兵志》也一样疏阔，根本无从别见。这一缺陷，大概不能完全用《元史》修纂的草率仓促来开脱，而是暗示，元末和明初的儒家文化精英，对蒙元帝国的"军礼"存在认知上的隔膜、失焦和盲点。在元朝统治崩溃前30年修成的《经世大典》中，这种认知缺陷，就已经暴露无遗。《经世大典·礼典》的篇目次第，今见于《礼典总序》，分为三篇，上篇包括《朝会》《燕飨》《行幸》《符宝》《舆服》《乐》《历》《进讲》《御书》《学校》《艺文》《贡举》《举遗逸》《求言》《进书》《遣使》《朝贡》《瑞异》；中篇包括《郊祀》《宗庙》《社稷》《岳镇海渎》《三皇》《先农》《宣圣庙》《诸神祀典》《功臣祀庙》《谥》《赐碑》《旌

表》；下篇包括《释》《道》[1]。其中，可有"皇帝亲征类于上帝""皇帝亲征祃于国门""皇帝射于射宫"这类唐宋军礼的一席之地？蒙元帝国那些独具内亚特色的军事仪俗，显然更加没有资格入大雅之堂。

汪克宽曾应洪武之聘，入局协修《元史》。汪克宽是少数留下过涉及"军礼"的礼学著述的元人。他在元末撰有《经礼补逸》九卷，采用了"吉、凶、军、宾、嘉"的五礼分类体系，卷七为《军礼》，篇幅不及全书十分之一。《军礼》卷的条目"二十有五"，多是销声匿迹多时的古礼，如"振旅""茇舍""蒐田"，甚至有"致师"。各条目下简单罗列了一些先秦儒家经典中的礼仪记载，只字未提唐宋国家的军事礼仪。四库馆臣对这种做法也颇有微词，批评汪氏"实考典文，非考故事，乃多载《春秋》失礼之事，杂列古制之中"[2]。

元明之际的儒家文化精英，在对"元朝国家礼仪"的想象和重构中，不仅不了解何为"蒙元帝国的军事礼仪"，甚至没有给"唐宋国家的军礼"留下一席之地，正是因为，经历了辽宋金元的历史动荡，唐宋国家的军礼，也出现了衰颓乃至断裂的局面。

---

[1] 李修生主编：《全元文》第21册，南京：江苏古籍出版社，2001年，第687页。
[2] 永瑢等撰：《四库全书总目》（上册）卷20，北京：中华书局，1965年，第161页。

"五礼"的成立和发达，同上层建筑尤其是国家权力的结构密切相关。渡边信一郎将传统中国的社会秩序分为"礼"和"法"两个层面，"礼的秩序"包括国家组织秩序、五伦社会秩序和日常生活秩序。渡边认为，"五礼"或者说"王朝礼仪"，特别依附、伴生于国家组织秩序[1]。其实，五礼中的"军礼"对国家组织秩序的依赖程度最严重，对这一秩序变迁的免疫力也最脆弱。

丸桥充拓追溯了古代军事礼仪在唐宋时期的变革，他注意到，"就军礼而言，唐朝前期与宋代前期是两大高峰期，唐代后期则处于低迷期"[2]，并且，"进入唐宋变革期后，军礼的形式发生了巨大的改变"，"就连举行军礼本身都变得可有可无"，宋代后期"军礼全面衰退"，丧失了象征性媒介功能。出现这一局面，是因为"军礼"依附的"大一统"帝国秩序已经瓦解，君臣关系和国家控制手段等等，也悄然转变[3]。丸桥用"军礼"的"空洞化"甚至"退场"来描述这一过程。不难想象，蒙元帝国的意识形态、合法性建构和权力组织，与唐宋国家存在巨大差异。这种差异似乎加速了古典"军礼"的"退场"。

此外，古典"军礼"，不仅根植于唐宋的国家—社会秩

[1]〔日〕渡边信一郎：《天空の玉座：中国古代帝国の朝政と儀礼》，東京：柏書房，1996年，第106页。

[2]〔日〕丸桥充拓，张桦译：《唐代军事财政与礼制》，第270页。

[3]〔日〕丸桥充拓，张桦译：《唐代军事财政与礼制》，第291—292页。

序，同样也根植于对这一秩序的信仰。唐初以迄北宋，包括礼学在内的主流学术，与王朝的统治结构遥相呼应。包弼德指出，唐代学者仍然相信一个统一、完整的社会政治秩序和文化传统。这个传统来自"先王"对"天地昭然垂示之文"的取法，可以通过研习儒家经典获得[1]。唐代儒士认为："朝廷为文化和价值观负责；没有一个强有力的王朝，世界就没有秩序。"相反，程朱理学"把价值的终极基础，转向存在于自我之中的完整和协调的过程（即普遍赋予的理）"[2]。在宋元思想的向内转向中，《开元礼》那种宏伟盛大的王朝礼仪景观不再重要，关键是一种普遍的、抽象的道德秩序，"礼即是理也"，"天下无一物无礼乐。且置两只椅子，无序便乖，乖便不和"（程颐）[3]。王朝礼仪的威严场景与集体认同感，一旦被消解为"两只椅子"，作为"建构理想化的帝国秩序"（丸桥充拓）的手段的古典礼制，尤其是"军礼"，在宋元之际，自然也就逐渐丧失了活力。

元代儒学进一步夸大了两宋理学的空疏流弊。袁桷在《庆元路鄞县学记》中批评说，程朱理学在元代取得官学地位后："急功近利者，勦取其近似，以为口耳之实。天人礼乐，损益消长，切于施为，所宜精思而熟考者，一以为凡近

---

[1]〔美〕包弼德，刘宁译：《斯文：唐宋思想的转型》，南京：江苏人民出版社，2017年，第395页。
[2]〔美〕包弼德，刘宁译：《斯文：唐宋思想的转型》，第540—541页。
[3]〔美〕包弼德，刘宁译：《斯文：唐宋思想的转型》，第405页。

迁缓而不讲。至于修身养心，或相背戾而不相似，则缘饰俨默，望之莫有以窥其涯际。"[1] 理学笼罩下的元代礼学，自然也不为后世特别是清代学者所许可。四库馆臣就批评汪克宽《经礼补逸》：

> 克宽究心道学，于礼家度数，非所深求，于著书体例，亦不甚讲。[2]

不过，汪克宽既是"究心道学"的元儒，为何又要撰写《经礼补逸》？这就不得不说到唐宋军礼在宋、明之际的另一番奇遇——明代的复兴运动。

汪克宽著述颇丰，既涉经学，亦涉理学。根据《四库提要》节录的程敏政《书后》，《经礼补逸》迟至明中期尚未梓行。该书卷首有曾鲁的序，题为洪武二年（1369年），三年后（1372年）汪氏身故。曾鲁夸赞汪氏"笃志古学，老而弥厉，著书满家，真古所谓乡先生者也，间出是书以相视"。可见，《经礼补逸》在元末就已撰成，却只在小范围示人。曾鲁是洪武二年修《元史》的总裁官，同年，汪氏应召入局修史。曾鲁看到《经礼补逸》，大概是二人同在南京之时。

---

[1] 袁桷著，李军等校点：《袁桷集》上卷，第300页。
[2] 永瑢等撰：《四库全书总目》（上册）卷20，北京：中华书局，1965年，第162页。

最值得注意的是，曾鲁在序中惋惜，在元代，礼学衰微，以致汪克宽不能才尽其用：

> 臣能而君不知好，则议论无益于当时。必有大有为之君，而复有善制作之臣，因治定功成之余，以明中和之化，而后礼乐之兴可必然。则此其时也！惜乎先生老且病矣，明良在上，宁不有徵于斯文矣乎？[1]

洪武初年，曾鲁参编了《大明集礼》，由此跻身显宦，出任礼部侍郎。序中说的"大有为之君""治定功成之余""明良在上"，都有所指，那就是明太祖朱元璋。明太祖在即位伊始就"考礼定乐"，"礼"成为洪武秩序建构的一大重要关节[2]。

洪武元年闰七月，朱元璋就"诏定军礼"，诸臣历考先秦、北魏、唐宋的"旧章"，"定为亲征、遣将诸礼仪奏上"。洪武三年编成《大明集礼》，恰以"吉、凶、军、宾、嘉"分类，其中"军礼三，曰《亲征》，曰《遣将》，曰《大

---

[1] 汪克宽：《经礼补逸》，影印文渊阁四库全书本，曾序。
[2] 关于"礼"（ritual 或 ceremonial devices）在"洪武之治"中的关键地位，参见 Edward L. Farmer: *Zhu Yuanzhang and Early Ming Legislation: The Reordering of Chinese Society Following the Era of Mongol Rule*, Leiden: E.J.Brill, p.90, pp.106–110.

射》"。[1]"吴王好剑客,百姓多创瘢;楚王好细腰,宫中多饿死",当时身在南京的汪克宽,向曾鲁出示《经礼补逸》,大约也有以在元朝不售之学干谒明太祖的意思。

洪武三年制定的军事礼仪,《明会典》中尚保存了概貌。《会典》卷五十三包括"《巡狩》《亲征》《论功行赏仪》《献俘》《宣捷》"五个部分,亲征礼一条记载:

> 按《大明集礼》,天子亲征。祭告天地、宗庙、社稷、祃祭旗纛。所过山川皆行祭告。师还,奏凯献俘于庙社,以露布诏天下,然后论功行赏。盖自我二祖(太祖、成祖)行之。今具列其仪以备考。洪武三年定。[2]

从明初对亲征礼的具体规定看,有"祭告天地""告太庙""祃祭""祭所过山川""凯还""宣露布""论功行赏""诸将受赏具表笺称谢"等环节,与唐宋的皇帝亲征礼比较,大同小异[3]。《明史·礼志第十一(军礼)》的条目则有"《亲征》《遣将》《祃祭》《受降》《奏凯献俘》《论功行

---

[1] 《明太祖实录》卷33,洪武元年闰七月庚戌;卷56,洪武三年九月乙卯,台北:台湾"中央研究院"历史语言研究所校印,1962年,第581页、第1113—1114页。

[2] 申时行等修:《大明会典》,北京:中华书局,1989年,第342页。此本系缩印自1936年商务印书馆万有文库排印万历重修《明会典》。

[3] 对《开元礼》(兼比较《后齐仪注》)中出征仪式的仔细分剖,见〔日〕丸桥充拓,张桦译:《唐代军事财政与礼制》,第222页。

赏》《大阅》《大射》《救日伐鼓》"[1]，军礼色彩不强的"大射"、全无军礼色彩的"救日伐鼓"，纷纷归队，真是尽复唐宋旧观。

二、《大明律》中的蒙元军律

中原传统和内亚传统的军事礼仪，在元、明之际发生了曲折的更迭。若以唐宋军礼在宋、元、明三代的嬗变为主线，蒙元帝国显然造成了一个特殊的"断层"。那么，明代军事法是否同样摈弃了"胡元"的"陋政"，直追唐宋？

明太祖早就鄙夷蒙古政治简陋、法令粗疏[2]。洪武三十年（1397年）颁定的《大明律》，虽然与榜文峻令相先后，却具有唐宋律典的法定地位，彻底抛弃了元朝用例的做法。洪武七年的《大明律》一准于唐，最终定本"仍照唐律者固多，而增减亦复不少"[3]。兰德彰（John D. Langlois，Jr）认为，《唐律》与《宋刑统》，是凌驾一切个人与机构的根本大法，具有儒教国家的"宪章"性质，与元朝的蒙古至上主义观念

---

[1] 张廷玉等撰：《明史》卷57《礼第十一》，北京：中华书局，第1431—1442页。

[2]《明太祖实录》卷26，吴元年十月甲寅条，第389页。

[3] 薛允升撰，怀效锋、李鸣点校：《唐明律合编》，北京：法律出版社，1999年，第1页。

扞格不入[1]。明太祖重建唐宋式的"礼律"，显然意图与"胡元"划清界限。

然而，明初重建的军事法，对蒙元帝国的军事法是有所继受和发明的。正如薛允升所言："尝阅《元史·刑法志》，亦间有与《明律》相符者，知《明律》又承用元律也。"[2]

《大明律》按"六曹"（吏户礼兵刑工）分类，《兵律》下归入了唐宋律典中的《卫禁》《厩库》，改《擅兴》为《军政》，又增入《关津》《邮驿》等内容。因此，薛允升《唐明律合编》在《兵律》的《军政》篇下评论：

> 唐为《擅兴律》，明改为《军政》，隶于《兵律》。而兴造诸事，另列于篇，改隶《工律》焉。[3]

沈家本也在《明律目源流》中指出：

> 此（《军政》）即汉之《兴律》也。魏附以擅事，曰《擅兴》。晋复去《擅》为《兴》，梁仍为《擅兴》。北齐

[1] John D. Langlois, Jr: Law, Statecraft, and The Spring and Autumn Annals in Yüan Political Thought, In: Hok-lam Chan & William Theodore De Bary (eds.), *Yüan Thought: Chinese Thought and Religion Under the Mongols*, Columbia University Press, 1982, pp.89–90.
[2] 薛允升撰，怀效锋、李鸣点校：《唐明律合编》，第1页。
[3] 薛允升撰，怀效锋、李鸣点校：《唐明律合编》，第419页。

改为《兴擅》。后周合于缮事，曰《兴缮》。隋开皇复为《擅兴》，唐承之。元改为《军律》。明复改此名。[1]

　　薛、沈二氏都认为，明律《军政》篇的前身，就是唐宋律的《擅兴》篇，却没有沿用"擅兴"这个篇名，《军政》篇收录的法条，也非唐宋之旧。在笔者看来，《军政》篇是名实兼备、名副其实的军事法专篇，彻底排除了工役兴造相关的法规。唐宋律的《擅兴》篇，囊括"兵役法、工程建筑法规以及军事特别法规"[2]。军事法脱离这一混合形态，单独成篇，这一总体趋势，从《经世大典》的《军律》篇，到《至正条格》的《擅兴》篇，再到《大明律》的《军政》篇，面目愈来愈清晰。

　　体例或形式只是一方面，在具体内容上，明律《军政》篇也受到了元朝军事法的影响。

　　历代统治者无不严厉禁止民间私藏甲、弩、矛、稍等制式兵器。《唐律疏议》的《擅兴》篇设有"私有禁兵器"一条，元朝更对前代"私家听有"的弓、箭、刀、楯一概禁断，对兵器的制造、贮藏、买卖、使用许可，也严加管制[3]。《至正条格》的《擅兴》篇（存目），就设有"私有兵

---

[1] 沈家本：《律目考》，载氏著《历代刑法考》，第 1356 页。
[2] 杨廷福：《唐律初探》，天津：天津人民出版社，1982 年，第 108 页。
[3] 陈高华等点校：《元典章》第 2 册，第 1217—1234 页。

器""擅点军器库""执把兵器围猎"多个条目，较之《唐律疏议》更加烦琐。明律《军政》篇中也有多条规定："私卖军器""毁弃军器""私藏应禁军器"。[1]明律加强军器管制，应该是沿袭了元朝的做法。

明律《军政》篇还设有"激变良民"一条："凡牧民之官，失于抚字，非法行事，激变良民，因而聚众反叛，失陷城池者，斩。"[2]"激变良民"是薛允升认为属于《大明律》新添而"《唐律》俱无文"的数条之一[3]。薛氏引沈之奇《明律辑注》说："古来横征暴敛、贪残酷虐之吏，使民侧目重足，朝夕不保，有一二发愤者起，奋臂一呼，莫不响应……律有激变之条……意深远矣。"[4]这条法律不见于唐宋律，如果真如沈氏所言，贪官污吏官逼民反，是一种常见历史现象，为何迟迟到《大明律》才出现相关罚条？其实，这条法律的设立，应该仿效了《至正条格》的《擅兴》篇中的"激变猺人"：

至治元年六月，刑部议得："信宜县主簿赛哥，于本管地面猺人处，聘散盐钞，勒要麻蜡等物，激变猺

---

[1] 怀效锋点校：《大明律》卷 14，第 111—112 页
[2] 怀效锋点校：《大明律》卷 14，第 111 页。
[3] 薛允升撰，怀效锋、李鸣点校：《唐明律合编》，第 426 页。
[4] 薛允升撰，怀效锋、李鸣点校：《唐明律合编》，第 427 页。

人，杀死军民。罪经释免，罢职不叙。"都省准拟。[1]

最确凿的证据，来自《军政》篇最末一条"夜禁"。这条规定："一更三点钟声已静，五更三点钟声未动"，这一期间擅自在户外活动，就违犯了宵禁[2]。《夜禁》可以追溯到《唐律》的《杂律》篇的"犯夜"，不过，"一更三点钟声已静""公务急速、疾病、生产、死丧，不在禁限"(《唐律》仅言"公务急速及吉凶、疾病之类")，这些措辞，显然直接来自中统五年（1264年）颁行的"夜禁之法"：

> 一更三点，钟声绝，禁人行；五更三点，钟声动，听人行（有公事急速、丧病、产育，不在此限）。[3]

"夜禁"竟然入《军政》篇，颇为薛允升所诟病。薛氏认为，这条规定"《唐律》载在《杂律》，最为合宜。明改入《军政》门，义无所取"[4]，他大概未见过《至正条格》的《擅兴》篇。《擅兴》篇设有"重击禁钟"条，是首次将"夜禁"的规定纳入军事法规专篇，位置与《军政》的"夜禁"完全重合，恰恰是本篇最末一条，绝非偶然。

---

[1] 韩国学中央研究院编:《至正条格》校注本《断例》卷13，第311页。
[2] 怀效锋点校:《大明律》卷14，第115页。
[3] 陈高华等点校:《元典章》第3册，第1903页。
[4] 薛允升撰，怀效锋、李鸣点校:《唐明律合编》，第435页。

此外，《至正条格》的《断例》部分，不仅在《擅兴》中有"重击禁钟"，在《杂律》中还有"夜禁""诬执犯夜"两条。这两条才相当于《唐律》的《杂律》篇的"犯夜"[1]。《至正条格》"重击禁钟"条下收录的断例今已不存，顾名思义，应该是指"一更三点钟声绝"后，看守禁钟的戍军、巡军人等，由于玩忽职守或居心叵测，再次击响了禁钟。对这种行为的处罚，自然属于军事法《擅兴》。同时，《至正条格》编纂者又在《杂律》篇设置了"夜禁""诬执犯夜"，也就是"犯夜"的正条，保存了《唐律》的遗意[2]。相形之下，《大明律》将"夜禁"正条收入《军政》，确有东施效颦之嫌，无怪薛允升讥其"义无所取"。《至正条格》和《大明律》都有"唐律"复出之名，在某些细节上，《至正条格》竟然比《大明律》更贴近或说墨守"唐律"，相当令人讶异[3]。

元明易代之际，蒙元帝国的军事礼仪和军事法，二者的遭际发生了两歧的分化。内亚色彩浓重的军事礼仪，在唐宋变革期古典军礼"退场"的大背景下，由于偶然的历史因素

---

[1] 韩国学中央研究院编：《至正条格》校注本《断例》卷目录，第 164 页。

[2] 在《元典章》中，关于夜禁的正条（即"一更三点钟声绝"）也未入《兵部》，而是在《刑部》的"诸禁"中，同样相当于《杂律》。见陈高华等点校：《元典章》第 3 册，第 1903—1904 页。

[3] 张帆师曾在《评韩国学中央研究院〈至正条格〉校注本》一文中与韩国学者商榷过《至正条格》相关法条的"反汉化"和"蒙古本位"的问题（《文史》2008 年第 1 期）。我们尚可补充说，从《至正条格》反映出的立法原则和技术上看，它显然距离"汉文化传统"的唐律又近了一步。

登上了历史舞台，在短期内绽放出异彩，继而，在元末明初被历史遗忘，被古典军礼的复兴掩盖。相反，明初的军事法，在立法技术和具体内容上，却保留了某些蒙元帝国的遗响。与军事礼仪不同，军事法更多属于一种规训和惩罚的技术手段，同文化传统、意识形态等的关系不是那么密切，更容易在不同社会结构和文化土壤之间移植。尽管蒙元帝国的军事礼仪和军事法，二者最终结局不同，后世尤其是明代的军事礼仪和军事法，或是在其刺激下的回应，或是对其做了局部的继受和改造，不论是哪种情况，蒙元帝国的军事礼仪和军事法都留下了遗产。

主要参考文献

一、史料

（一）汉文

蔡美彪：《元代白话碑集录》（修订版），北京：中国社会科学出版社，2017年。

陈得芝、邱树森、何兆吉辑点：《元代奏议集录》，杭州：浙江古籍出版社，1998年。

程钜夫撰，张文澍校点：《程钜夫集》，长春：吉林文史出版社，2009年。

杜佑撰，王文锦、王永兴、刘俊文等点校：《通典》，北京：中华书局，1988年。

方龄贵校注：《通制条格》，北京：中华书局，2001年。

国家图书馆善本金石组编：《辽金元石刻文献全编》，北京：北京图书馆出版社，2003年。

胡祗遹撰，魏崇武、周思成校点：《胡祗遹集》，长春：吉林文史出版社，2008年。

　　黄溍：《金华黄先生文集》，《四部丛刊初编》影常熟瞿氏上元宗氏日本岩崎氏藏元刊本。

　　怀效锋点校：《大明律》，北京：法律出版社，1999年。

　　柯劭忞：《新元史》，北京：中国书店，1988年。

　　李逸友编著：《黑城出土文书（汉文文书卷）》，北京：科学出版社，1991年。

　　李修生等编：《全元文》，南京：江苏古籍出版社，1999—2005年。

　　刘俊文点校：《唐律疏议》，北京：法律出版社，1999年。

　　刘敏中撰，邓瑞全、谢辉点校：《刘敏中集》，长春：吉林文史出版社，2008年。

　　刘敏中：《平宋录》，守山阁丛书本。

　　刘因撰，商聚德点校：《刘因集》，北京：人民出版社，2017年。

　　马端临：《文献通考》，杭州：浙江古籍出版社，2000年。

　　《名公书判清明集》，中国社会科学院历史研究所宋辽金元史研究室点校，北京：中华书局，1987年。

　　彭大雅、徐霆撰，许全胜校注：《黑鞑事略校注》，兰州：兰州大学出版社，2014年。

　　《圣武亲征录》，王国维校注，《王国维遗书》第8册，上海：上海书店，1983年。

　　沈之奇注，怀效锋、李俊点校：《大清律辑注》，北京：法律出版社，2000年。

《石刻史料新编》（共四辑），台北：新文丰出版公司，1982年。

宋濂等撰：《元史》，北京：中华书局，1976年。

苏天爵辑，姚景安点校：《元朝名臣事略》，北京：中华书局，1996年。

苏天爵：《滋溪文稿》，北京：中华书局，1997年。

苏天爵辑：《国朝文类》，《四部丛刊初编》影元至正西湖书院刊本。

陶宗仪：《南村辍耕录》，北京：中华书局，1985年。

脱脱等撰：《宋史》，北京：中华书局，1977年。

脱脱等撰：《金史》，北京：中华书局，1975年。

王士点、商企翁编，高荣盛点校：《秘书监志》，杭州：浙江古籍出版社，1992年。

王颋点校：《庙学典礼（外二种）》，杭州：浙江古籍出版社，1992年。

王晓欣点校：《宪台通纪（外三种）》，杭州：浙江古籍出版社，2002年。

王恽著，杨亮等校注：《王恽全集汇校》，北京：中华书局，2013年。

魏初：《青崖集》，《文渊阁四库全书》本。

吴澄：《吴文正公集》，《元人文集珍本丛刊》第3—4册影台北"中央"图书馆藏成化刊本，台北：新文丰出版公司，

1985年。

吴师道著，邱居里、邢新欣校点：《吴师道集》，长春：吉林文史出版社，2008年。

薛允升撰，怀效锋、李鸣点校：《唐明律合编》，北京：法律出版社，1999年。

许衡撰，毛瑞方等校点：《许衡集》，长春：吉林文史出版社，2010年。

徐元瑞等撰，杨讷点校：《吏学指南》，杭州：浙江古籍出版社，1988年。

阎复：《静轩集》，《元人文集珍本丛刊》第2册影藕香零拾本，台北：新文丰出版公司，1985年。

姚燧撰，查洪德点校：《姚燧集》，北京：人民文学出版社，2011年。

耶律楚材撰，谢方点校：《湛然居士文集》，北京：中华书局，1986年。

虞集：《道园学古录》，《四部丛刊初编》影明景泰翻元小字本。

虞集：《道园类稿》，《元人文集珍本丛刊》第5—6册影台北"中央"图书馆藏明初覆刊元抚州路学刊本，台北：新文丰出版公司，1985年。

陈高华、张帆、刘晓、党宝海点校：《元典章》，北京：中华书局、天津：天津古籍出版社，2011年。

袁桷撰，李军等校点：《袁桷集》（下卷），长春：吉林文史出版社，2010年。

赵珙：《蒙鞑备录》，王国维遗书本，上海：上海书店，1983年。

曾公亮等撰，陈建中、黄明珍点校：《武经总要》，北京：商务印书馆，2017年。

《至正条格》，韩国学中央研究院影印校注本，首尔：韩国学中央研究院，2007年。

（二）蒙古文

阿尔达扎布译注：《新译集注〈蒙古秘史〉》，呼和浩特：内蒙古大学出版社，2005年。

余大钧译注：《蒙古秘史》，石家庄：河北人民出版社，2001年。

Rachewiltz, Igor de, *The Secret History of the Mongols: A Mongolian Epic Chronicle of the Thirteenth Century*, 2vols, Boston: Brill, 2006.

村上正二：《モンゴリ秘史：チンギス.ハン物語》，東京：平凡社，1970年。

小澤重男：《元朝秘史全訳続考》，東京：風間書房，1989年。

（三）拉丁文、波斯文、阿拉伯文

柏朗嘉宾著，耿昇译：《柏朗嘉宾蒙古行纪》，北京：中华书局，2002年。

道森编，吕浦译：《出使蒙古记》，北京：中国社会科学出版社，1983年。

多桑著，冯承钧译：《多桑蒙古史》，北京：中华书局，1962年。

马可·波罗著，冯承钧译：《马可波罗行纪》，上海：上海书店出版社，2006年。

拉施特编，余大钧、周建奇译：《史集》，3卷本，北京：商务印书馆，1986年。

剌失德丁编，波伊勒英译，周良霄译注：《成吉思汗的继承者》，天津：天津古籍出版社，1992年。

鲁布鲁克著，何高济译：《鲁布鲁克东行纪》，北京：中华书局，2002年。

乌马里著，李卡宁摘译：《乌马里〈眼历诸国记〉（选译）》，载《蒙古史研究参考资料》，呼和浩特：内蒙古大学蒙古史研究所编，1984年，新编第32—33辑。

志费尼著，何高济译，翁独健校订：《世界征服者史》，南京：江苏教育出版社，2005年。

Ibn al-Athir, *The Chronicle of Ibn al-Athīr for the Crusading Period from al Kāmil fi'l-ta'rīkh,* trans.by D.S.Richards, Part.3, Burlington: Ashgate, 2007.

Ibn Batoutah: *Voyages d'Ibn Batoutah: Texte Arabe, Accompagné d'une Traduction*, par C. Defrémery et B.R. Sanguinetti. Paris: Imprimerie Nationale, 1893–1922.

Khwandamir, *Habibu's-siyar, Tome Three: The Reign of the Mongols and the Turks: Genghis Khan-Emir Temur,* Trans. Wheeler M. Thackston, Cambridge, Mass.: Harvard University Press, 1994.

Alī al-Dīn Ata Malikī Juwaynī, *Tārīkh-i Jahāngūsā'ī,* ed. by Qazwīnī, Leyden: Grill, 1937.

Alī al-Dīn Ata Malikī Juwaynī, *Tārīkh-i Jahāngūsā'ī,* trans. by John Andrew Boyle, *The History of the World Conqueror,* Manchester: University of Manchester Press, 1958.

Mubammad Ibn-Ahmad al- Nasawī: *Histoire du Sultan Djelal ed-din Mankobirti Prince drr Kharezm par Mohammed En- Nasawī,* ed. and trans. by Octave Victor Houdas, Publications de 1'Ecole des Langues Orientates Vivantes: III serie, 1891.

Шихаб ад-дин ан-Насави: *Сират ас-султан Джалал ад-Дин Манкбурны,* пер. З. М. Буниятова, М.: Восточная литература. 1996.

Rashīd al-Dīn, *Jāmi'al-Tawārīkh,* ed. by Muhammad Rawshan, Tehr ā n: Nashr-i Alburz, 1953.

Rashīd al-Dīn Fadhl-allāh Hamādānī, *Shu'ab-i Panjgāna,* İstanbul, Topkapı-Sarayı Müzesi kütüphanesi, MS. Ahmet Ⅲ 2937. （Shu'ab）

Richard J.: *Au-delà de la Perse et del'Arménie. L'Orient latin et la découverte de l'Asie intérieure. Quelques textes inégalement connus aux origines de l'alliance entre Francs et Mongols（1146–*

1262), Turnhout: Brepols, 2005.

Thackston, W. M. trans. & annot., *Rashiduddin Fazlullah's Jami u t-tawarikh*, Harvard University Department of Near Eastern Languages and Civilizations, 1998.

Ibn Fadhl Allah al-'Umari, Das Mongolische Weltreich: Al-'Umarī's Darstellung der mongolischen Reiche in seinem Werk Masālik al-abṣār fī mamālik al-amṣār, Wiesbaden: Harrassowitz, 1968.

Abd Allah b. Fadl Allāh Sīrāzī Wassāf, ed.by Hammer-Purgestall, *Geschichte Wassafs*, Wien: Hof-und Staatsdr., 1856.

Abd Allah b. Fadl Allāh Sīrāzī Wass ā f, *Tārkh-i Wassāf* (Tajziyat al-Ams ā r wa Tazjiyat al A'sar), Bombay: 1269/1853.

Abd Allah b. Fadl Allāh Sīrāzī Wassāf, *Tahrīr-i Tārkh-i Wassāf,* digested by Abd al-Mohammad Ajatī, Tehrān: Bonyade Farhang-i Iran, 1967.

Anastasius van den Wyngaert: *Sinica Franciscana, Vol 1, Itinera et relationes Fratrum Minorum saeculi XIII et XIV*, Ad Claras Aquas: Collegium S. Bonaventurae, 1929.

（四）藏文、亚美尼亚文、匈牙利文

蔡巴·贡噶多吉著，陈庆英、周润年译：《红史》，拉萨：西藏人民出版社，2002年。

达仓宗巴·班觉桑布著，陈庆英译：《汉藏史集：贤者喜乐赡部洲明鉴》，拉萨：西藏人民出版社，1999年。

А.Г. Галстяна, Армянские источники о Монголах: извлечения из рукописей XIII-XIV вв, М.: Изд-во восточной лит-ры, 1962.

Hansgerd Göckenjan und James R.Sweeney, *Der Mongolensturm, Berichte von Augenzeugen und Zeitgenossen 1235-1250*, Wien-Köln: Verlag Styria Graz, 1985.

二、今人论著

（一）中文著作

白寿彝总主编，陈得芝主编：《中国通史》第8卷，上海：上海人民出版社，1997年。

陈高华：《元史研究新论》，上海：上海社会科学院出版社，2005年。

陈高华、钱海皓总主编，季德源主编：《中国军事制度史：军事法制卷》，郑州：大象出版社，1997年。

陈学会主编：《中国军事法制史》，北京：海潮出版社，1999年。

陈得芝：《蒙元史研究丛稿》，北京：人民出版社，2005年。

陈世松、匡裕彻、朱清泽等：《宋元战争史》，成都：四川人民出版社，1988年。

党宝海：《蒙元驿站交通研究》，北京：昆仑出版社，2006年。

韩儒林主编：《元朝史》（修订本），北京：人民出版社，2008年。

韩儒林：《穹庐集》，石家庄：河北教育出版社，2000年。

李天鸣：《宋元战史》，台北：食货出版社，1988年。

李治安：《元代政治制度研究》，北京：人民出版社，2003年。

李治安：《忽必烈传》，北京：人民出版社，2004年。

李治安：《元代分封制度研究》（增订本），北京：中华书局，2007年。

李治安、王晓欣编著：《元史学概说》，天津：天津教育出版社，1989年。

刘晓：《元史研究》，福州：福建人民出版社，2006年。

刘迎胜：《西北民族史与察合台汗国史研究》，南京：南京大学出版社，1994年。

刘迎胜：《察合台汗国史研究》，上海：上海古籍出版社，2006年。

南京大学历史系元史研究室编：《元史论集》，北京：人民出版社，1984年。

南京大学历史系元史研究室编：《内陆亚洲历史文化研究——韩儒林先生纪念文集》，南京：南京大学出版社，1996年。

史卫民：《中国军事通史》第14卷《元代军事史》，北京：军事科学出版社，1998年。

王曾瑜：《金朝军制》，保定：河北大学出版社，1996年。

王曾瑜：《宋朝军制初探》（增订本），北京：中华书局，

2011年。

萧启庆:《元代史新探》,台北:新文丰出版公司,1983年。

萧启庆:《内北国而外中国:蒙元史研究》,北京:中华书局,2007年。

萧启庆:《元代的族群文化与科举》,台北:联经出版事业股份有限公司,2008年。

杨志玖:《元史三论》,北京:人民出版社,1985年。

姚大力:《蒙元制度与政治文化》,北京:北京大学出版社,2011年。

余大钧:《一代天骄成吉思汗——传记与研究》,呼和浩特:内蒙古人民出版社,2002年。

张帆:《元代宰相制度研究》,北京:北京大学出版社,1997年。

张明:《宋代军法研究》,北京:中国社会科学出版社,2010年。

周良霄、顾菊英:《中国断代史系列:元史》,上海:上海人民出版社,2003年。

吴海航:《元代法文化研究》,北京:北京师范大学出版社,2000年。

吴海航:《中国传统法制的嬗递:元代条画与断例》,北京:知识产权出版社,2009年。

周健:《比较军事法:中国军事法的传统》,北京:海潮出版社,2002年。

（二）中文论文

陈高华：《论元代的军户》，《元史论丛》第1辑，北京：中华书局，1982年。

黄时鉴：《木华黎国王麾下诸军考》，《元史论丛》第1辑，北京：中华书局，1980年。

黄时鉴：《关于汉军万户设置的若干问题》，《元史论丛》第2辑，北京：中华书局，1983年。

李涵、杨果：《元枢密院制度述略》，《蒙古史研究》第3辑，呼和浩特：内蒙古大学出版社，1989年。

刘晓：《元朝断事官考》，《中国社会科学院研究生院学报》1998年第4期。

刘晓：《〈大元通制〉断例小考——从〈五服图解〉中的两件〈通制〉断例说起》，《法律史论集》第3卷，北京：法律出版社，2001年。

刘晓：《再论〈元史·刑法志〉的史源——从〈经世大典·宪典〉一篇佚文谈起》，《北大史学》第10期，北京：北京大学出版社，2004年。

刘晓：《宋元时代的通事与通事军》，《民族研究》2008年第3期。

刘晓：《〈大元通制〉到〈至正条格〉：论元代的法典编纂体系》，《文史哲》2012年第1期。

史卫民、晓克、王湘云：《〈元朝秘史〉"九十五千户"考》，

《元史及北方民族史研究集刊》第9期，南京：南京大学，1985年。

史卫民：《蒙古汗国时期蒙古左、右翼军千户沿袭归属考》，《西北民族研究》，1986年第1期。

史卫民：《忽必烈与武卫军》，《北方文物》1986年第2期。

史卫民：《元代侍卫亲军组织的职能》，《中国史研究》1987年第3期。

史卫民：《元代军队的兵员体制与编制系统》，《蒙古史研究》第3辑，呼和浩特：内蒙古大学出版社，1989年。

史卫民：《元代侍卫亲军建置沿革考述》，《元史论丛》第4辑，北京：中华书局，1992年。

史卫民：《元朝前期的宣抚司与宣慰司》，《元史论丛》第5辑，北京：中国社会科学出版社，1993年。

史卫民：《元代蒙古军都万户府的建置及其作用》，《甘肃民族研究》，1988年第3、4期合刊。

王晓欣：《元代新附军述略》，《南开学报》，1992年第1期。

王晓欣：《元代新附军问题再探》，《南开学报》，2009年第2期。

晓克：《北方草原民族侍卫亲军制探析》，《内蒙古社会科学》，2007年第5期。

杨玉萍：《20世纪以来蒙元军事研究综述》，《青海民族研究》，2007年第2期。

姚大力：《论蒙元王朝的皇权》，《学术集林》第15卷，上海：上海远东出版社，1999年。

姚大力：《论元朝刑法体系的形成》，《元史论丛》第3辑，北京：中华书局，1986年。

姚家积：《元代的"驱军"和军驱》，《中国史研究》1985年第1期。

叶新民：《关于元代的"四怯薛"》，《元史论丛》第2辑，北京：中华书局，1983年。

叶新民：《元代的钦察、康里、阿速、唐兀卫军》，《内蒙古社会科学》，1983年第6期。

张帆：《元朝的特性——蒙元史若干问题的思考》，《学术思想评论》第1辑，沈阳：辽宁大学出版社，1997年。

张帆：《论金元皇权与贵族政治》，《学人》第14辑，1998年。

张帆：《论蒙元王朝的"家天下"政治特征》，《北大史学》第8辑，北京：北京大学出版社，2001年。

周良霄：《元代投下分封制度初探》，《元史论丛》第2辑，北京：中华书局，1983年。

周思成：《元代军律中的"临阵先退者处死"刍议》，《军事历史》2015年第2期。

周思成：《〈元史·镇海传〉中的"四射封赐"新论——蒙元法制史研究札记》，《北方文物》2014年第4期。

周思成：《13世纪蒙元帝国军队的战利品获取和分配方式详说》，载于《隋唐辽宋金元史论丛》第7辑，上海：上海古籍出版社，2017年。

（三）学位论文

丛海平：《元代军事后勤制度研究》，南开大学博士学位论文，2010年。

杜鹏：《元代侍卫亲军研究》，西北师范大学硕士学位论文，2012年。

李鸣飞：《金元散官制度研究》，北京大学博士学位论文，2011年。

马晓林：《元代国家祭祀研究》，南开大学博士学位论文，2012年。

邱轶皓：《蒙古帝国的权力结构（13—14世纪）——汉文、波斯文史料之对读与研究》，复旦大学博士学位论文，2011年。

温海清：《金元之际的华北地方行政建置——〈元史·地理志〉腹里部分研究》，复旦大学博士学位论文，2008年。

姚大力：《论蒙古游牧国家的政治制度》，社会科学院博士学位论文，1986年。

（四）工具书

蔡美彪主编：《中国历史大辞典：辽、夏、金、元史卷》，上海：上海辞书出版社，1986年。

韩儒林、陈得芝等编：《中国大百科全书·中国历史》分卷《元史》分册，北京：中国大百科全书出版社，1985年。

陆峻岭、何高济，《元人文集篇目分类索引》，北京：中华书局，1979年。

罗依果、楼占梅著：《元朝人名录》（全三册），台北：南天书局有限公司，1988年。

罗依果、楼占梅著：《元朝人名录补篇》，台北：南天书局有限公司，1996年。

王德毅主编：《元人传记资料索引》，台北：新文丰出版公司，1979—1982年。

G.Doerfer, *Türkische und Mongolische Elemente im Neupersischen*, Band I, Wiesbaden: Franz Steiner Verlag, 1963.

W. Radloff: *Versuch eines Wörterbuches der Türk-Dialekte*, 4 tomes, Saint-Pétersbourg., 1893–1911.

（五）译著

巴菲尔德著，袁剑译：《危险的边疆：游牧帝国与中国》，南京：江苏人民出版社，2011年。

巴托尔德著，张锡彤、张广达译：《蒙古入侵时期的突厥斯坦》，上海：上海古籍出版社，2007年。

大庭脩著，林剑鸣等译：《秦汉法制史研究》，上海：上海人民出版社，1991年。

傅海波、崔瑞德编，史卫民、刘晓等译：《剑桥中国辽西夏金元史》，北京：中国社会科学出版社，1998年。

符拉基米尔佐夫著，刘荣焌译：《蒙古社会制度史》，北京：

中国社会科学出版社，1980年。

箭内亘著，陈捷、陈清泉译：《元朝制度考》，台北：台湾商务印书馆，1963年。

大卫·摩根：《〈成吉思汗大札撒〉再思考》，《元史及民族与边疆研究集刊》第十八辑，上海：上海古籍出版社，2006年。

莫里斯·罗沙比著，赵清治译：《忽必烈和他的世界帝国》，重庆：重庆出版社，2008年。

丹尼斯·塞诺著，北京大学历史系民族史教研室译：《丹尼斯·塞诺内亚研究文选》，北京：中华书局，2006年。

丸桥充拓著，张桦译：《唐代军事财政与礼制》，西安：西北大学出版社，2018年。

（六）日文论著

愛宕松男：《東洋史学論集》第四卷《元朝史》，東京：三一書房，1988年。

安部健夫：《元代史の研究》，東京：創文社，1972年。

本田実信：《モンゴル時代史研究》，東京：東京大学出版會，1991年。

池内功：《フビライ政權の成立とフビライ麾下の漢軍》，《東洋史研究》43-2，1984年。

大藪正哉：《元代の法制と宗教》，東京：秀英出版，1983年。

大葉昇一：《モンゴル帝國＝元朝の軍隊組織—とくに指揮系統と編成方式について》，《史学雑誌》95編7號，1986年。

島田正郎：《モンゴルにおける狩猟の慣習（上，下）——遊牧の民における所有の問題》,《法律論叢》28-1,-4，1954年，1955年。

岡本敬二：《元代の法律》,《歴史教育》(9-7)，1961年。

箭内亙：《元代社會の三階級》,《蒙古史研究》，東京：刀江書院，1966年。

井戶一公：《元朝侍衛親軍の成立》,《九州大学東洋史論集》第10期，1982年。

井戶一公：《元代侍衛親軍の諸衛について》,《九州大学東洋史論集》第12期，1983年。

瀧川政次郎：《蒙古慣習法と元典章》,《北窓》(5-56)，1944年。

前田直典：《元朝史の研究》，東京：東京大学出版社，1977年。

萩原守：《モンゴル民族の法制史の歴史》，松原正毅編著，《ユーラシア草原からのメッセージ》，東京：平凡社，2005年。

仁井田陞：《元代刑法考》,《蒙古学報》(2)，1941年。

仁井田陞：《中國法制史》，東京：岩波書店，1952年。

杉山正明：《モンゴル帝國と大元ウルス》，京都：京都大学学術出版會，2004年。

松田孝一：《河南淮北蒙古軍都萬戶府考》,《東洋学報》第68卷第3、4號合刊。

岩村忍：《元典章刑部の研究——刑罰手続き》,《東方学報》(24)，1954年。

岩村忍：《モンゴル社會經濟史の研究》，京都：京都大学人文科学研究所，1968年。

有高巖：《元代の司法制度——特に約會制に就て》,《史潮》(6-1)，1936年。

有高巖：《元代の訴訟裁判制度の研究》,《蒙古学報》(1)，1940年。

植松正：《元代江南政治社會史研究》，東京：汲古書院，1997年。

齋藤忠和：《北宋の軍法について》，梅原郁編：《中國近世の法制と社會》，京都：京都大学人文科学研究所，1993年，第211—348頁。

齋藤忠和：《〈武経総要〉に見える宋代軍法の條文について》,《立命館文学》(523)，1992 (3)，第1494—1517頁。

齋藤忠和：《宋代の階級法に関する一試論——宋代軍法研究の一環として》,《立命館文学》(518)，1990 (9)，第1014—1037頁。

（七）西文论著论文

Allsen, Thomas T., "Guard and Government in the Reign of The Grand Qan Möngke, 1251–1259" , *Harvard Journal of Asiatic Studies*, 46: 2, 1986.

Allsen, Thomas T., *Mongol Imperialism: The Policies of the*

Grand Qan Möngke in China, Russia, and the Islamic Lands, 1251–1259, Berkeley and Los Angeles: University of California Press, 1987.

Atwood, C.P., *Encyclopedia of Mongolia and the Mongol Empire*, New York: Facts On File, 2004.

Ch'en, Paul Heng-chao, *Chinese Legal Tradition under the Mongols*, New Jersey: Princeton University Press, 1979. Nicola di Cosmo, ed: *Military Culture in Imperial China*. Cambridge, MA: Harvard University Press, 2009.

Endicott-West, Elizabeth, "Imperial Governance in Yuan Times", *Harvard Journal of Asiatic Studies*, no 46.2, 1986.

Endicott-West, Elizabeth, *Mongolian Rule in China, Local Administration in the Yuan Dynasty*, Cambridge: Harvard University Press, 1989.

Hsiao Ch'i-ch'ing, *The Military Establishment of the Yuan Dynasty*, Cambridge: Harvard University Press, 1978.

Langlois, J.D., ed. *China under Mongol Rule*, New Jersey: Princeton University Press, 1981.

H.Desmond Martin, The Mongol Army, *Journal of the Royal Asiatic Society of Great Britain and Ireland*, No.1（Apr, 1943）.

Timothy May, *The Mongol Art of War*, Yardley, PA: Westholme Publishing, 2007.

Ostrowski, Donald, "The Tamma and the dual-administrative

structure of the Mongol Empire", *Bulletin of the School of Oriental and Africa*, University of London, vol. 61. no.2, 1998.

Paul Ratchnevsky: *Un code des Yüan*, Paris: Collège de France, 1972.

Schurmann, Herbert. F., "Mongolian Tributary Practices of the Thirteenth Century", *Harvard Journal of Asiatic Studies*, 19:3/4, (Dec., 1956).

Schurmann, Herbert. F., "Problems of political organization during the Yüan Dynasty." In vol. 5 of *Trudy XXV Mezhdunarodnogo kongressavos tokovedov*. Moscow: Izdatel'stvo Vostochnov Literatury, 1963, pp.26–30.

С.Л. Тихвинский, Отв.ред, *Татаро-Монголы в Азии и Европе, Сборник статей,* М.: Наука Страниц, 1977.

图书在版编目（CIP）数据

规训、惩罚与征服：蒙元帝国的军事礼仪与军事法 /
周思成著 .—太原：山西人民出版社，2020.5
ISBN 978-7-203-11351-5

Ⅰ．①规… Ⅱ．①周… Ⅲ．①蒙古族－军礼－文化研究－
中国－元代 Ⅳ．①K892.98

中国版本图书馆CIP数据核字(2020)第051169号

规训、惩罚与征服：蒙元帝国的军事礼仪与军事法

著　　者	周思成
责任编辑	王新斐
复　　审	贾　娟
终　　审	来普亮

出 版 者	山西出版传媒集团·山西人民出版社
地　　址	太原市建设南路 21 号
邮　　编	030012
发行营销	010-62142290
	0351-4922220　4955996　4956039
	0351-4922127（传真）　4956038（邮购）
E-mail	sxskcb@163.com（发行部）
	sxskcb@163.com（总编室）
网　　址	www.sxskcb.com
经 销 者	山西出版传媒集团·山西新华书店集团有限公司
承 印 厂	鸿博昊天科技有限公司

开　　本	880mm×1230mm　1/32
印　　张	12.75
字　　数	300 千字
版　　次	2020 年 5 月　第 1 版
印　　次	2020 年 5 月　第 1 次印刷
书　　号	ISBN 978-7-203-11351-5
定　　价	78.00 元

如有印装质量问题请与本社联系调换